John Lukacs

Cinco Dias em Londres

Negociações que mudaram o rumo da II Guerra

Tradução:
Teresa Resende Costa

Jorge Zahar Editor
Rio de Janeiro

Este livro é dedicado a
Philip e Marjorie

Título original:
Five Days in London: May 1940

Tradução autorizada da primeira edição norte-americana
publicada em 1999 por Yale University Press,
de New Haven, EUA, e Londres, Inglaterra

Jorge Zahar Editor Ltda.
rua México 31 sobreloja
20031-144 Rio de Janeiro, RJ
tel.: (21) 2240-0226 / fax: (21) 2262-5123
e-mail: jze@zahar.com.br
site: www.zahar.com.br

Capa: Sérgio Campante

Ilustração: Winston Churchill (1874-1965) fazendo o "V" da vitória
© Hulton Archive, Getty Images

CIP-Brasil. Catalogação-na-fonte
Sindicato Nacional dos Editores de Livros, RJ.

L98c Lukacs, John, 1924-
Cinco dias em Londres: negociações que mudaram o rumo da II Guerra / John Lukacs; tradução, Teresa Resende Costa. — Rio de Janeiro: Jorge Zahar Ed., 2001.

Tradução de: Five Days in London: May 1940
Inclui bibliografia
ISBN 85-7110-612-6

1. Guerra Mundial, 1939-1945 — História diplomática. 2. Guerra Mundial, 1939-1945 — Grã-Bretanha. 3. Halifax, Edward Frederick Lindley Wood, Conde de, 1881-1959. 4. Churchill, Winston, Sir, 1874-1965. I. Título.

01-0886 CDD 940.532
CDU 940.53

Sumário

Prefácio

A minha história desta história não tem uma origem verificável. Há 40 anos, ou talvez há 50, eu começava a achar que os últimos dias de maio de 1940 pudessem ter sido decisivos para o desfecho da II Guerra Mundial. Essa idéia ou pensamento, ou simplesmente intuição, seria, conforme era minha convicção, que a fase mais importante da II Guerra Mundial se deu em data anterior a dezembro de 1941, ou seja, antes da entrada dos americanos na guerra, coincidindo com a primeira retirada dos alemães às portas de Moscou — depois desse fato, Hitler poderia ainda vencer grandes batalhas, mas não a guerra. A partir desse pensamento inicial, tomei a decisão, em 1968, de escrever uma obra mais extensa, *A última guerra européia, 1939-1941*, que acabou sendo publicada em 1976. Foi durante essa época, em 1970, que o governo inglês decidiu abreviar de 50 para 30 anos o tempo em que a maior parte de seus documentos deveria permanecer em segredo. Assim, passei algumas semanas em Londres em 1971, quase todo o tempo no Public Record Office (PRO). Devo ter sido um dos primeiros a ler e a pesquisar a documentação do PRO referente a maio-junho de 1940. O que li confirmava minhas suspeitas (se aquilo era o que parecia ser), isto é, que aqueles dias em Londres foram verdadeiramente cruciais, não só por causa da catastrófica situação militar em Flandres e na França, mas também porque a situação de Churchill dentro do Gabinete de Guerra era muito mais difícil do que a maioria das pessoas, inclusive historiadores da época, imaginava. No entanto, devido ao alcance e ao tamanho da estrutura inusitada de *A última guerra européia*, não pude dedicar mais do que três páginas ao fato, todas elas na primeira parte, o trecho narrativo do livro.

Passaram-se 16 anos. Durante esse tempo escrevi quatro ou cinco livros, cada qual sobre um tema diferente. Em 1989, meu editor, colaborador e amigo John Herman, da Ticknor & Fields (hoje falecido), perguntou-me o que eu imaginava pudesse ser meu próximo livro. Pensei um instante e disse: Um livro sobre 1940 — mais precisamente sobre os oitenta dias que vão de 10 de maio a 31 de julho de 1940, marcados pelo duelo entre Winston Churchill e Adolf Hitler. Enquanto escrevia *O duelo*, passei novamente algumas semanas na Inglaterra freqüentando o Public Record Office e alguns outros arquivos. Em *O duelo*, cerca de 14 ou 15 páginas são dedicadas à última semana de maio de 1940. Então, sete anos depois de ter terminado o manuscrito de *O duelo*, resolvi retomar a história daqueles dias, animado pelo diretor responsável da Yale University Press, meus atuais editores. Em 1997 e 1998, voltei a Londres duas vezes, levado pelos meus trabalhos agora mais volumosos e profundos, graças às muitas fontes pesquisadas e aos documentos particulares consultados. *Habent sua fata libelli:* esta é a história do presente livro.

Assim, pode-se dizer que este livro se mostra como a conclusão de uma trilogia bastante assimétrica: três páginas em *A última guerra européia*, 15 em *O duelo* e, agora, cerca de 200 neste. Ou de algo que tem a ver com uma história macrocósmica ou microcósmica. Outro dia, um amigo me disse em tom sério e ao mesmo tempo brincalhão: "Seu próximo livro será sobre *Três horas em Londres?*" Não, não será.

Devo, no entanto, advertir que não apenas a abrangência mas também as estruturas dos livros acima mencionados são muito diferentes. As de um historiador algo desorganizado. Não sou especialista em política inglesa e tampouco em história social ou militar. Contudo, cabe aqui uma observação. Durante os últimos 15 ou 20 anos, alguns historiadores ingleses têm escrito valiosos artigos e livros que falam de Churchill, Halifax e da política dos tempos da guerra, algumas partes tratando desses cinco dias de maio de 1940. Mesmo correndo risco de parecer presunçoso, ousaria dizer que levo certa vantagem sobre muitos deles. É o meu conhecimento de Hitler — ou melhor, minha familiaridade com documentos e certos materiais relativos a ele no que toca especialmente a esse momento de 1940. Pois sem entender o que Hitler disse e pensou e como esteve perto de vencer a guerra em maio de 1940, aquele "duelo" secundário entre Churchill e Halifax e o Gabinete de Guerra fica parecendo menos importante. Uma centelha de dúvida, talvez, ou o conflito entre duas personalidades, ou até uma nota de pé de página na história política da moderna Inglaterra. Houve e há razões que nos levam a examinar e tratar desta maneira esses cinco dias em Londres, em maio de 1940. Este tratamento não necessariamente resulta da estreiteza da abordagem ou de uma excessiva especialização. Visões muito estreitas são geralmente úteis enquanto certo tipo de amplitude pode ser redutora. Neste livro, entretanto, tento combinar a acuidade minuciosa de um especialista com uma perspectiva mais ampla, consciente de que a perspectiva é um componente da própria realidade: em suma, de que durante aqueles cinco dias em Londres, o perigo, não apenas para a Inglaterra mas para todo o mundo, foi bem maior e mais intenso do que a maioria das pessoas ainda hoje supõe.

Agradecimentos

Lembro-me de poucos livros meus em que tenha tanto a agradecer como neste. Faço isso não seguindo uma ordem de importância, mas de acordo com a seqüência dos trabalhos.

Desejo expressar meu apreço pela Yale University Press, com a qual minhas relações jamais foram perturbadas pelos problemas e aborrecimentos que costumam assediar a maioria dos autores, e mais especialmente agradeço ao editor chefe da Press, Jonathan Brent, e à excelente editora de manuscrito Brenda W. Kolb. Também agradeço a Earhart Foundation e a seu secretário, Antony Sullivan que, como muitas vezes no passado, sempre se mostraram prontos, solícitos e generosos, oferecendo-se para ajudar financeiramente minhas pesquisas na Inglaterra.

Sou ainda grato a meu principal assistente de pesquisas no Public Record Office, András D. Bán, cuja segurança, precisão e total conhecimento da complexidade dos arquivos do PRO foram de inestimável valor. A Joanna Shaw Myers que, voluntariamente, me acompanhou a Cambridge, auxiliando-me no percurso dos imensos (e excepcionalmente bem catalogados) Arquivos de Churchill. A Philip Bell e Brian Bond, especialistas ingleses na história moderna da Grã-Bretanha, por seus excelentes conselhos e uma orientação que se mostrou fundamental, como também é o caso de David Astor, David Dilks, M.R.D. Foot e Andrew Roberts. Entre os especialistas americanos em história literária, os meus agradecimentos são especialmente dirigidos a Samuel Hynes. Igualmente expresso minha gratidão ao bibliotecário do Foreign

Office de Londres, bem como aos arquivistas e zeladores do Churchill College e do Trinity College, da Universidade de Cambridge; da documentação de Neville Chamberlain, na biblioteca da Universidade de Birmingham; dos diários e documentos de Halifax do Borthwick Institute of Historical Research, na Universidade de York; do Mass-Observation Archives na Universidade de Sussex de Falmer — Brighton, dos diários de Nicolson, na biblioteca do Balliol College da Universidade de Oxford, da documentação de Astor na biblioteca da Universidade de Reading e da biblioteca do King's College em Londres — todos, sem exceção, foram não apenas acessíveis mas, com freqüência,especialmente atenciosos. Edward Baptist, na Universidade da Pennsylvania, ajudou-me na busca de livros e artigos não muito disponíveis. Helen Hayes, antiga pesquisadora e bibliotecária do Chestnut Hill College foi quem, pressionada pelo prazo exíguo, datilografou um manuscrito bastante rasurado, de difícil leitura. Minha mulher, Stephanie, lê tudo — ou quase tudo— que escrevo; seus comentários, em geral espirituosos e mordazes, são reflexos de uma personalidade brilhante e encantadora, uma bênção para um manuscrito como este e para a vida de um homem.

1997-98
Pickering Close,
Pensilvânia

capítulo 1

O destino numa encruzilhada

Momento de decisão. Dois relatos. — O temor da avalanche alemã.— Quinzena Negra. — Problemas relativos ao estado de ânimo inglês. — A desconfiança de Churchill. — Opiniões e sentimentos. — "Calmo por fora, angustiado por dentro."

Este livro procura reconstituir a história dos cinco dias que poderiam ter mudado o mundo. O cenário é Londres e os cinco dias, que começam numa sexta-feira e terminam numa terça, vão de 24 a 28 de maio de 1940. Nessa ocasião, ali em Londres, Adolf Hitler esteve muito perto de vencer a II Guerra Mundial — a sua guerra.

Um homem que sabia o quanto Hitler estivera perto de alcançar sua suprema vitória foi Winston Churchill. Alguns anos depois da guerra, ele deu o título *O destino numa encruzilhada* ao quarto volume de suas *Memórias de guerra*. Esse volume trata do ano de 1942, no fim do qual os alemães voltavam de diversas frentes de batalha. Em novembro de 1942, ele disse ao povo inglês que aquele ainda não era o começo do fim, mas talvez o fim do começo. Em novembro de 1942, militarmente, nosso destino viu-se diante de uma encruzilhada nos campos de batalha do Egito, Norte da África e Rússia: o momento de decisão das forças armadas. Até então a Inglaterra não tivera condições de vencer a guerra. No final, os Estados Unidos e a Rússia iriam ter. Mas em maio de 1940, Churchill era o único homem que não estava disposto a perdê-la. Naquele momento, em Londres, ele salvou a Grã-Bretanha, a Europa e a civilização ocidental. Mas com relação àquele instante em que nosso destino se encontrava numa encruzilhada, suas *Memórias de guerra* — sobretudo sua *História da Segunda Guerra Mundial* — guardam grande silêncio.

Na história dos países e dos povos um momento de decisão é quase sempre uma batalha ou um episódio durante uma revolução: mais precisamente, uma mudança súbita nos acontecimentos e no desenrolar de uma batalha ou durante uma revolução. Um momento de decisão não é um marco; este é um lugar numericamente fixado, previsível, linear e seqüencial. Um momento de decisão pode ocorrer na mente de alguém; ele pode significar uma mudança de direção; ele tem conseqüências que são múltiplas e imprevisíveis, conseqüências que, na maioria das vezes, são reconhecíveis somente em retrospecto. Um momento de decisão pode algumas vezes ser previsto, mas não com certeza. No caso em questão, o momento chegou tarde, numa terça-feira, em 28 de maio. Foi o desfecho de uma luta da qual, naquele instante preciso, Churchil saiu vencedor. Ele declarou que a Inglaterra, não importa o que acontecesse, prosseguiria lutando. *Não importa o que acontecesse:* não haveria negociação com Hitler. Abaixo, segue, em suas próprias palavras, o que ele disse ao gabinete do Ministério das Relações Exteriores:

> Era terça-feira, 28 de maio, e nessa semana eu ainda não havia ido à Câmara. De nada adiantaria fazer um pronunciamento mais longo nesse meio tempo e tampouco os parlamentares haviam manifestado tal desejo. Mas todos compreendiam que o destino de nosso exército, e talvez não apenas isso, poderia, já àquela hora, estar decidido. "A Câmara" — disse eu — "deveria preparar-se para notícias duras e cruéis. Tenho apenas a acrescentar que nada do que possa acontecer nesta batalha deverá isentar-nos da obrigação de defender a causa mundial à que nos dedicamos; nem deverá destruir-nos a confiança no poder de marcharmos em frente, como em outras ocasiões de nossa história, em meio à dor e à desgraça, para a derrota final de nossos inimigos." Não via muitos de meus colegas de fora do Gabinete de Guerra, a não ser individualmente, desde a formação do governo, e achei por bem fazer uma reunião em minha sala na Câmara dos Comuns com todos os ministros de Estado, exceto os membros do Gabinete de Guerra. Éramos talvez 25 em torno da mesa. Descrevi o curso que os acontecimentos haviam tomado, e lhes mostrei simplesmente em que situação estávamos e tudo que se achava em jogo. Em seguida, com displicência, sem emprestar qualquer significado especial ao fato, disse: "Naturalmente, aconteça o que acontecer em Dunquerque, continuaremos lutando."

> Ali ocorreu uma demonstração que, considerando o caráter da reunião — 25 políticos experientes e todos parlamentares, que representavam os diferentes pontos de vista, certos ou errados, de antes da guerra —, surpreendeu-me. Uma porção deles pareceu pular da mesa e correr até a minha cadeira, gritando e dando tapinhas nas minhas costas. Não resta dúvida de que se eu tivesse, naquela conjuntura, demonstrado um mínimo de vacilação na condução do país, teria sido arremessado para fora do recinto. Tinha certeza de que todos os ministros prefeririam morrer em breve e ver suas famílias e propriedades destroçadas a ceder. Quanto a isso representavam a Câmara dos Comuns e quase toda a população. Coube-me, naqueles dias e meses que estavam por vir, expressar seus sentimentos nas ocasiões apropriadas. Isso eu podia fazer, porque eram os meus também. Havia um brilho branco, irresistível, sublime, que ia de uma ponta a outra de nossa ilha.[1]

Esta é uma passagem inspirada — churchilliana, imaginativa, descritiva, notável. Não é desprovida de veracidade. Percebe-se nela também um vislumbre daquilo que talvez fosse a maior virtude de Churchill, a magnanimidade: sua inabalável decisão de morrer, se preciso fosse, era apenas uma maneira de representar a decisão dos outros.[2] Mas o que não foi expresso é significativo. Aqui, e de fato em todos aqueles longos capítulos de *Suas horas mais admiráveis*, Churchill nada escreveu sobre os quatro dias precedentes, quando tivera de lutar para conseguir sua vontade no Ministério da Guerra. Ele planejara convocar aquela reunião, de certo modo extraordinária, do Ministério das Relações Exteriores, onde, como sabia, seus partidários eram potencialmente atuantes e efetivamente numerosos. Além do mais, o que ele disse na ocasião *não* foi dito "com displicência, sem emprestar qualquer significação especial ao fato".

Sobre essa reunião, há uma descrição mais completa nas memórias e no diário de Hugh Dalton. Em essência, seu tom não difere muito do de Churchill. Dalton era admirador de Churchill ("Ele é de fato magnífico. O homem, o único homem que temos para uma hora como esta").

---

1 Churchill, *Their Finest Hour*, p.99-100.

2 "Não resta dúvida de que se eu tivesse, naquela conjuntura, demonstrado um mínimo de vacilação na condução do país, teria sido arremessado para fora do recinto." Por quem? Por eles? E quem iria suceder-lhe? Havia alguém lá mais determinado a combater Hitler do que Churchill?

Mas alguns dos detalhes de Dalton merecem ser observados. "Ele estava determinado" — disse Dalton a respeito de Churchill — "a preparar a opinião pública para as notícias ruins, e naturalmente seria dito, com certa razão, que o que estava agora acontecendo no norte da França seria, por muitos séculos, a maior derrota militar dos ingleses." Churchill disse, recorda-se Dalton:

> "Tenho pensado cuidadosamente nesses últimos dias se não faria parte de minhas obrigações considerar a possibilidade de entabular negociações com Aquele Homem".[3] Seria tolice pensar que, se tentássemos fazer a paz agora, conseguiríamos melhores termos dos alemães do que se resolvêssemos a questão pelas armas. Os alemães iriam exigir nossa frota — chamariam a isso "desarmamento" —, nossas bases navais, e muito mais ainda. Seríamos um país escravo, embora um governo inglês fantoche fosse estabelecido — "sob Mosley ou alguém do gênero". E qual seria nossa situação no fim de tudo isso? Por outro lado, dispúnhamos de imensas reservas e vantagens. Portanto, ele disse: "Nós prosseguiremos e iremos resolver a questão pelas armas, aqui ou em qualquer lugar, e se finalmente toda essa história terminar, que não seja pela rendição, mas somente quando estivermos cambaleando sem sentido pelo chão."[4] Houve um murmúrio de aprovação ao redor da mesa, sendo que, segundo imagino, os mais audíveis foram os de Amery, Lord Lloyd e o meu [Dalton]. Praticamente nada mais foi dito. Nem mesmo a mais leve expressão de discordância... Estava mais do que claro que, enquanto o Old Umbrella (Velho Guarda-chuva)[5] — nem ele nem outros membros do Gabinete de Guerra estiveram nessa reunião — queria desertar cedo demais, as inclinações de Winston pendiam inteiramente para o outro lado.

---

3 Esta primeira frase é de Dalton em *The Fateful Years*, p.335. O restante coincide com o mesmo trecho do diário em *The Second World War Diaries of Hugh Dalton*, p.27-9.

4 Inserção de Dalton à margem: "E se esta longa história de nossa ilha chegar efetivamente a um fim, que ela termine somente quando cada um de nós jazer sobre o solo sufocado pelo próprio sangue ." (É possível que, anos mais tarde, Dalton tenha mostrado este trecho do diário a Churchill, que então acrescentou ou corrigiu a frase.)

5 Apelido de Chamberlain. Dalton se enganou: o principal porta-voz das negociações foi Halifax e não Chamberlain. Ver mais adiante, do capítulo 2 ao 5. Também o episódio relatado na frase "pulando, gritando e dando-me tapinhas nas costas" sucedeu no final da reunião e não durante. Dalton: "Quando nos separamos, muitos haviam levantado e se dirigido a ele, quanto a mim, dei-lhe uns tapinhas no ombro do alto de minha estatura maior que a dele..."

Dezoito dias antes, em 10 de maio, Churchill havia se tornado primeiro-ministro. Depois, na tarde desse dia, ele foi levado de volta do Buckingham Palace para o Ministério da Marinha, onde então vivia. Atrás do chofer, ele ia sentado ao lado do inspetor W.H. Thompson, seu guarda-costas. Churchill mantinha-se em silêncio. Thompson achou, então, que deveria felicitá-lo. "Desejava que este cargo tivesse chegado numa ocasião melhor, pois o senhor terá uma enorme tarefa pela frente." Lágrimas encheram os olhos de Churchill. Ele disse a Thompson: "Só Deus sabe o quanto ela é grande. Espero que não seja tarde demais. Tenho muito medo de que seja. Tudo que podemos fazer é dar o melhor de nós mesmos."[6] Durante os 14 dias seguintes foi um desastre sobre outro. Vejo-me compelido a fazer um resumo do começo, para depois, retornar aos cinco dias em Londres.

* * *

"Espero que não seja tarde demais. Tenho muito medo de que seja". Observe que Churchill disse isso num momento de triunfo pessoal, e antes da guerra na Europa Ocidental começar a estender-se. Mas ele jamais subestimara Hitler. O que ainda não sabia era que a quinzena seguinte veria os maiores triunfos de Hitler: inimagináveis, irresistíveis, talvez definitivos.

Quase 60 anos depois desses acontecimentos, no final do século XX, a noção mais difundida é a de que Hitler era um fanático, um ditador, que começou uma guerra e colocou o mundo quase todo contra ele, uma guerra que estava destinado a perder. Há alguma verdade nesse ponto de vista, mas não inteiramente. Seu erro pode ser resumido em seis palavras: ele não estava destinado a perder. Ele representava uma enorme tendência nas questões mundiais do século XX. A força dessa tendência consistia na energia, na disciplina, na confiança e obediência, na vitalidade do povo alemão, que ele conseguiu unir de uma maneira que superava tudo que já fizera qualquer outro líder da história desse povo. Ele podia contar com o apoio de um exército nacional cujos feitos se revelaram terríveis e causaram a admiração do mundo. Além do

6 Thompson, *Sixty Minutes with Winston Churchill*, p.444.

mais — fora da Alemanha e na cabeça de muitas pessoas —, o governo de Hitler, seu regime, suas idéias representavam uma força nova e original ao lado das alternativas desgastadas que eram a democracia liberal e o comunismo "internacional". Por dez anos a avalanche só fez crescer, pisoteando e passando por cima de obstáculos que desapareciam sob seu caudal irado. Em maio de 1940, a avalanche não *parecia* apenas irresistível: era realmente irresistível em muitos lugares e de muitas maneiras.

Hitler tornou-se chanceler da Alemanha em 30 de janeiro de 1933. O significado disso, para não falar de sua importância, passou praticamente despercebido. A prova está nos relatos e nos comentários de quase todos os principais jornais do mundo.[7] Sua competência foi subestimada e, na época, até ridicularizada. A elite política conservadora alemã, que contribuiu para a composição que lhe garantiu a nomeação para a chancelaria, pensava poder manobrá-lo. Aconteceu o oposto. Ele fez dela sua servidora. E o mais importante: bem depressa transformou-se no mais popular dos líderes da história alemã, talvez o povo mais culto do mundo. A amargura e a humilhação sentidas pela quase totalidade dos alemães com a derrota na I Guerra Mundal foram aos poucos se atenuando; o que sucedeu foi uma onda crescente de auto-suficiência nacional. De uma maneira espantosa Hitler ganhou a confiança da maior parte do povo alemão.

Por algum tempo seu talento de estadista continuou sem ser reconhecido. Isso também iria mudar muito rapidamente. Em três anos o Terceiro Reich substituiu a França na qualidade de principal força européia, apesar das múltiplas alianças que os franceses tinham com outros governos e de Hitler, até aquela data, não ter feito um só pacto. Tratado após tratado, que restringiam a Alemanha nos planos militar, político, econômico e diplomático, iam sendo por ele desprezados. Seu

7 Churchill percebeu o que Hitler representava em outubro de 1930, dois anos e meio antes de Hitler tornar-se chanceler. Jantando na embaixada alemã em Londres, o conselheiro da embaixada, um descendente de Bismarck, achou as palavras de Churchill suficientemente significativas para reportá-las a Berlim: "Hitler, naturalmente, declara que não pretende iniciar uma guerra mundial, mas Churchill acredita que Hitler e seus seguidores vão agarrar a primeira oportunidade para recorrerem novamente às armas."

prestígio — mesmo entre os que não eram alemães — não diminuía, ao contrário. Rapidamente, as lideranças de muitas nações européias passaram a buscar sua simpatia — ou pelo menos não queriam dar a impressão de que se lhe opunham. Mussolini achou conveniente alinhar-se com o líder alemão que lhe parecia um verdadeiro representante dos tempos vindouros. Menos ingênuas eram as inclinações do governo britânico, do Partido Conservador Britânico e de boa parte da população inglesa. A tendência era no mínimo duvidar das intenções da nova Alemanha. Sua política de acalmar os alemães tinha muitos motivos. Procuraremos esclarecer alguns deles mais adiante. Essas inclinações já eram visíveis durante o governo do primeiro-ministro Stanley Baldwin, mas o primeiro representante e proponente delas foi Neville Chamberlain, que se tornou primeiro-ministro em 1937. Quanto a acalmar os alemães quem se opôs a isso com mais clareza e determinação foi Winston Churchill, cuja reputação em 1937, no plano político e no público, possivelmente chegara ao ponto mais baixo de sua longa carreira.

Foi justamente essa a época que Adolf Hitler escolheu para planejar a introdução de seu poder em terras além das fronteiras alemãs e transformar o mapa da Europa. Ainda havia pessoas que o achavam incompetente como estadista. Bem depressa elas iriam ficar estarrecidas ou, pelo menos, desnorteadas. Em novembro de 1937, Hitler recomendou a seus generais que ficassem preparados para a guerra, ainda que essa contingência não fosse imediata, uma vez que a França, e a Inglaterra como sua dependente, haviam provavelmente descartado a Áustria e a Tchecoslováquia. A avaliação era correta. Uma quinzena depois ela se viu reforçada pela decisão de Chamberlain (ignorando naturalmente os planos de Hitler) de enviar seu homem de confiança, Lord Halifax, à Alemanha numa visita de boa vontade, que certamente incluiria um encontro com Hitler. Halifax foi, como era de seu feitio, cauteloso (nesse caso, mais cauteloso que prudente), mas sugeriu a Hitler que o governo britânico não se oporia à Alemanha desde que as ambições desse país fossem alcançadas sem guerra. Em fevereiro de 1938, Anthony Eden demitiu-se de seu cargo de ministro das Relações Exteriores de Chamberlain; seu lugar foi ocupado por Halifax. Churchill lembrou-se em suas *Memórias de guerra* que ele imediatamente percebeu os sinais de mau augoro que estavam por trás dessa mudança: ele, que adorava dormir, passaria agora boa parte da noite em claro.[8]

1938 foi o ano de Hitler. Em março, ele ocupou e anexou a Áustria sem disparar um só tiro, recebendo mesmo o apoio entusiástico das massas austríacas. Imediatamente, voltou-se para a Tchecoslováquia, que conseguiu desmembrar e da qual anexou boa parte do território, onde viviam milhares de falantes da língua alemã, ao Grande Reich Alemão; o restante foi relegado à condição quase de satélite. E isso a despeito de, diferentemente da Áustria, a Tchecoslováquia possuir pactos militares com a União Soviética e sobretudo com a França, ao lado da qual a Grã-Bretanha parecia posicionar-se. Parecia posicionar-se: eis o ponto crítico. A França não entraria em guerra a não ser junto com a Inglaterra, e a Inglaterra não estava disposta a fazê-lo. A principal razão era o despreparo britânico — militar, com certeza; contudo, além e sob esses cálculos realísticos, havia o despreparo — do povo, da opinião e das lideranças nas colônias — para uma outra guerra européia em nome da salvação da Tchecoslováquia. E mais. Tinha-se também de levar em conta a opinião de Chamberlain, que não era a de simplesmente retardar uma guerra, mas a de evitar um confronto com Hitler, a quem estava inclinado a conceder o benefício da dúvida, ainda que em situações extremas. Por isso a conferência de última hora em Munique, quando a Tchecoslováquia já se tinha rendido e ele, Chamberlain, se sentira não só aliviado, mas também — pelo menos temporariamente — animado pela perspectiva de um entendimento anglo-germânico que poderia significar a "Paz em Nosso Tempo". Churchill atacou Chamberlain, mas sem resultado. Em excelente discurso na Câmara dos Comuns, declarou que aquilo tudo estava errado, que "a derrota que experimentamos é total e implacável". Seu discurso foi notável e profético, mas somente em retrospecto. A não ser entre aqueles que constituíam uma pequena e aflita minoria, a reputação e a influência de Churchill continuavam em baixa; ele fora praticamente censurado por seus próprios eleitores. A isso devemos acrescentar que, com relação a um importante aspecto, Churchill se enganara. Teria sido desastroso

8 Sobre outra importante noite sem dormir na vida de Lord Halifax em 1938, ver p.69.

para as democracias do Ocidente começar uma guerra em outubro de 1938.[9] Talvez ele estivesse certo moralmente falando, mas na prática estava errado.

Hitler, nessa mesma ocasião, aparecia como o maior líder e estadista que os alemães haviam conhecido em mil anos — e também como o mais poderoso líder nacional da Europa, talvez mesmo do mundo. Mas lhe faltava a clássica marca do estadista. Era impiedoso, pressionado por uma profunda sensação de que o tempo trabalhava contra ele. Não sentia disposição para assimilar suas conquistas e consolidar seus triunfos. Em março de 1939, cometeu um grave erro: marchou sobre Praga, incorporando o que restava da estraçalhada Tchecoslováquia ao seu Grande Império Germânico. Dessa maneira, quebrou a palavra dada seis meses antes ("minha última exigência territorial" e assim por diante), e também não honrou o que afirmara ser seu principal objetivo: a unificação, num único Reich, de todos os povos germânicos, à exclusão dos não-germânicos, seguindo o princípio da autodeterminação nacional (um princípio que, ai de nós, fora proclamado e advogado por Woodrow Wilson). O resultado foi uma guinada instantânea, embora atrasada, da opinião inglesa. O primeiro impulso de Chamberlain foi aceitar o inevitável, ou seja, a ocupação da Tchecoslováquia por Hitler, o resultado final de um processo que, afinal, havia sido preordenado em Munique. Mas a pressão da opinião pública e da imprensa dessa vez foi forte demais. Até o ministro das Relações Exteriores de Chamberlain, Halifax, não era mais a favor de ser conciliador com Hitler. A influência de Halifax contribuiu bastante para o discurso de Chamberlain em Birmingham, três dias antes da chegada de Hitler a Praga. Era na realidade uma declaração do governo britânico: "até aqui tudo bem, mas não vá além". Uma semana depois de Praga, Hitler tirou da Lituânia outra fatia do antigo território alemão, e o aparelho de propaganda começou uma campanha contra a Polônia. Dessa vez, o governo britânico deu por antecipação uma garantia à Polônia com o objetivo de deter Hitler. Não funcionou; de todo modo, até Chamber-

---

9 Ele também estava errado ao acreditar, em 1938, que a Rússia de Stalin entraria em guerra do lado dos tchecos. Isso ele escreveu em 1948, no primeiro volume de sua *Segunda Guerra Mundial*. Contudo, Stalin estava menos inclinado a honrar seu pacto militar com os tchecos do que estavam os franceses.

lain se viu obrigado a vislumbrar a possibilidade de uma guerra. Foi então que a reputação de Churchill começou a crescer. Ele não tinha o hábito de dizer "eu não disse?", mas com relação a Hitler, parecia não haver necessidade de provar que era ele quem estava certo. Durante o verão de 1939, Chamberlain ainda estava inclinado a encontrar alguma forma de conciliação com Hitler. Mas as condições eram difíceis demais e os constrangimentos muito grandes para isso. No dia em que Hitler invadiu a Polônia, Chamberlain convidou Churchill a ir ao seu gabinete, como primeiro lord do Almirantado. Até o último momento Chamberlain mostrou-se relutante em declarar guerra à Alemanha. Mas por volta de 3 de setembro não teve outra saída.

Hitler esperava que isso não acontecesse. Estava errado. Mas não em relação ao fato de Chamberlain e os ingleses irem para a guerra relutantes — realmente, com exceção de suas declarações de guerra, os ingleses e os franceses pouco ou nada fariam, a não ser nos mares. A idéia, ainda aceita, de que enquanto o exército alemão estivesse lutando na Polônia uma ofensiva por terra dos aliados através da chamada Linha Siegfried seria não só possível mas decisiva é insustentável: ela não era possível porque não fora planejada, e não fora planejada porque não era possível. O resultado foi oito meses do que os jornalistas americanos apelidaram de Guerra do Faz-de-conta (Guerra Relutante seria talvez o termo mais apropriado). Nesse meio tempo, a popularidade de Churchill cresceu a ponto de muitas pessoas mostrarem-se inclinadas a fechar os olhos para seus erros. A situação passou dos limites quando Hitler invadiu a Dinamarca e a Noruega em abril de 1940 — talvez a mais ousada de suas manobras durante toda a guerra. A resposta dos ingleses foi lastimável. A marinha britânica perdeu de vista os alemães, sendo incapaz de impedir seu desembarque ao longo da costa da Noruega; nos pontos em que as tropas inglesas conseguiram aportar, foram logo obrigadas a se retirar de uma forma quase vergonhosa, tendo sido superadas pelo poderio alemão em quase todos os lugares. Churchill, em grande parte, foi responsável por isso. Foi sua tentativa de marcar uma presença inglesa ao longo da costa norueguesa que fez Hitler invadir esse país; as diretrizes transmitidas por Churchill às esquadras inglesas em geral eram fruto de sua teimosia.

Mesmo assim, a derrota na Noruega derrubou o governo de Chamberlain. Iniciou-se, na Câmara dos Comuns, um debate acalorado e confuso, estimulado pela sensação cada vez maior de que Chamberlain não era a pessoa certa para conduzir a Grã-Bretanha numa guerra. Houve uma significativa votação em que bom número dos membros do próprio Partido Conservador o abandonou. Churchill posicionou-se a seu favor, incondicionalmente leal, embora sabendo que sua hora podia ter chegado. Em 9 de maio, Chamberlain concluiu que devia renunciar. Era necessária a formação de um governo de coalizão nacional que incluísse ministros do Partido Trabalhista. Seu sucessor preferido era Halifax. A maioria dos conservadores preferia Halifax. O rei preferia Halifax. Havia ainda muita desconfiança (mesmo que momentaneamente encoberta) com relação a Churchill. Mas Halifax hesitava. Havia talvez três razões para isso. Ele era membro da Câmara dos Lordes, o que apresentava um problema constitucional, embora contornável. Ele poderia ou não ser aceito pelo Partido Trabalhista, embora isso também não pudesse ser dado como certo. O que o fez decidir foi sua própria maneira de encarar a questão: num gabinete seu, o combativo Churchill seria incontrolável. No fim daquela tarde de 10 de maio, Churchill foi ao Buckingham Palace, e saiu de lá como primeiro-ministro.

Oito anos mais tarde, ele escreveria ter sentido "um profundo alívio": "Finalmente eu tinha autoridade para conduzir toda a cena".[10] Contudo, não havia ele dito ao inspetor Thompson: "espero que não seja tarde demais"? À garupa do cavaleiro sentou-se a sombria angústia.*

Com toda razão. Existe uma coincidência profética nesse dia histórico. "Coincidências são trocadilhos do espírito" (Chesterton). Cedo nessa manhã, começou a invasão da Europa ocidental. Hitler, que não só a planejara mas escolhera qual seria seu principal alvo — aqui novamente ele seria subestimado, agora como líder militar e estrategista —, estava em seu quartel-general, perto da fronteira da Alemanha com a Bélgica, observando o desenvolvimento da campanha. Essa notícia estrondosa no dia 10 de maio nada tinha a ver com a ascensão de

10 Churchill, *Their Finest Hour*, p.667.

* Alusão ao verso de C.S. Calverley (1831-84): "*Black Care, at the Horseman Back*". (N.T.)

Churchill ao posto de primeiro-ministro; isso já estava praticamente decidido na véspera. Tampouco há qualquer evidência de que, quando as notícias sobre a nomeação de Churchill chegaram a Hitler no final do dia, ele tenha sido afetado por elas. Hitler sentia desprezo por Churchill não apenas pela oposição acirrada que lhe movia, mas também pelo que sabia do caráter e dos hábitos pessoais de Churchill; subestimava-o — erradamente, pelo que se viu, embora isso só ficasse claro muitos meses mais tarde. Achava que Churchill não fosse permanecer muito tempo no cargo, que seu jeito e seus instintos belicosos não eram compartilhados pela maior parte das autoridades inglesas.

Mais uma vez Hitler não estava de todo errado. Quando Churchill apareceu na Câmara dos Comuns três dias depois de sua nomeação, foi saudado com pouco ou nenhum entusiasmo pelo Partido Conservador, do qual muitos membros pareciam viver uma ressaca emocional depois de um doce estado de embriaguês, algo envergonhados com os rompantes de emoção que influenciaram na queda de Chamberlain. Lord Davidson escreveu a Stanley Baldwin: "Os *tories* não confiam em Winston... Uma vez absorvido o primeiro impacto da guerra, é possível que um governo mais forte possa surgir."[11] Churchill tinha consciência do quanto dependia do Partido Conservador e de Chamberlain. Tratava esse último com um misto de prudência e magnanimidade. ("Estou em suas mãos", escreveu a Chamberlain.) Trouxe para seu Ministério alguns nomes novos, mas basicamente sua composição não se alterara muito. Tudo isso é conhecido dos historiadores, mas voltaremos a falar de certos indícios que comprovam a falta de confiança em Churchill. Em 13 de maio, ao proferir seu famoso discurso "sangue, suor, fadiga e lágrimas", hoje tão impressionante quando lido e tão emocionalmente sincero, ele não foi muito bem recebido por diversos conservadores da Câmara.

Mas o que temos hoje de considerar é a força da torrente de acontecimentos dramáticos e aterradores: o fato é que a primeira quinzena de Churchill como primeiro-ministro foi um período de desastres estrondosos. Desastres para a Inglaterra e Churchill, triunfos para a Ale-

---

11 Citado em Gilbert, *Finest Hour*, p.327. Diário de Colville (Arquivos de Churchill, referido como CA, adiante), 11 de maio: "Parece haver certa tendência, em Whitehall, para acreditar que Winston será um completo fracasso e que Neville retornará."

manha e Hitler. Achava-se ali a prova de um novo modelo de exército totalmente forjado por um espírito férreo de confiança nacional, orientado por um novo modelo de generalato, dotado de uma nova visão e de um novo arcabouço para um novo tipo de operações militares. Três dias depois de sua investida, os alemães romperam as linhas de defesa francesas em Sedan. A Holanda rendeu-se. Bruxelas foi abandonada. No décimo dia, os alemães chegaram ao Canal da Mancha, o que não conseguiram fazer durante toda a I Grande Guerra. Os exércitos franceses e ingleses em Flandres e na Bélgica foram apanhados numa armadilha. Em muitos lugares os franceses praticamente nem chegaram a lutar. Duas vezes Churchill foi a Paris, voando sobre o Canal e levando um pouco de ânimo às suas lideranças, mas sem grandes resultados. Alguns dos chefes militares e políticos franceses começavam a considerar a possibilidade de um armistício com os alemães mediado por Mussolini. Este, no entanto, estava prestes a declarar que a Itália entraria na guerra do lado dos alemães. O plano para um contra-ataque franco-britânico, que consistia em abrir uma brecha por entre os blindados,[12] não chegou a concretizar-se. Os ingleses, e Churchill, se viram então obrigados a pensar numa maneira de remover a Força Expedicionária Britânica (BEF) através do Canal — se é que isso fosse de alguma forma possível. As tropas inglesas e francesas foram empurradas para Boulogne e Calais, cidades cercadas pelos alemães. Se os franceses combateram mal ou sequer combateram, os ingleses na Bélgica, por sua vez, não se saíram melhor (exceto, talvez, no ar, mas aí também suas tentativas de bombardear pontes importantes se mostraram inúteis). Em terra, não fosse por uma contra-ofensiva frustrada em Arras, a BEF não teria entrado em nenhum verdadeiro combate com os alemães; sua retirada foi mais ordenada que a dos franceses, mas continuava sendo uma retirada.

Os alemães pareciam invencíveis, o mundo estava aturdido. E também Hitler. Ele mal acreditava na própria sorte. Pelo menos uma vez, foi mais cauteloso do que muitos de seus generais. Pelo menos uma vez, sua autoconfiança — sua grande qualidade, que, durante toda sua vida, repousou numa percepção instintiva e feroz da fraqueza de seus

---

12 Em 15 de maio, Churchill falou aos chefes do comitê sobre "esta batalha do Bulge".

oponentes — ficou algo abalada. Estava nervoso e preocupado. Realmente não se tinha dado conta do que eram capazes as tropas alemãs. Naqueles dias em que se deram os mais rápidos avanços de seus exércitos — nos dias 17 e 18 — ele não parou de avisar aos generais dos perigos de uma contra-ofensiva franco-britânica, que jamais aconteceu. Havia um outro assunto, provavelmente mais importante, que lhe ocupava a mente. Achava que os ingleses logo reconheceriam a inutilidade de uma guerra contra ele. Acreditava que os dias de Churchill como líder estavam contados, que os ingleses não tardariam a livrar-se dele e a reagir favoravelmente à sua oferta de paz. Em 21 de maio, disse ao general Franz Halder: "Estamos buscando um acordo com a Inglaterra nos termos de uma divisão do mundo." Os ingleses veriam a luz, e quanto mais cedo melhor. Ele, Hitler, estava no topo de uma grande onda, representando o Presente, talvez o Futuro. Churchill estava lutando na praia, representando um Passado inútil e antiquado. Hitler também acreditava possuir a confiança e a fé da vasta maioria dos alemães, mais do que Churchill com relação aos ingleses. Estava ele de todo errado? Sim e não. Não, porque isso era como as coisas *pareciam*, e ao passo que, a longo prazo, o que acontece pode não ser idêntico àquilo que as pessoas pensam que acontece, a curto prazo ambas as visões são inseparáveis. Sim, porque a maioria da população inglesa se recusava a admitir o quanto Hitler estivera perto de uma vitória definitiva e o quanto os ingleses estiveram perto de uma derrota definitiva. O espírito marcial britânico mostrava-se vacilante, e não estava — ainda — contaminado pela força de Churchill.

* * *

Num memorando secreto ao Gabinete de Guerra, Robert Boothby (membro do Parlamento [MP], conservador e churchilliano) escreveu em 20 de março que os alemães hitleristas representavam "a concepção incrível de um *movimento* — jovem, viril, dinâmico e violento — que caminhava irresistivelmente para a derrubada de um mundo velho e decadente, e isso devemos ter sempre em mente, pois é a principal fonte da força e do poder nazistas."[13] No mesmo dia em que a verdadeira

---

13 CA, p.20-1. Em 19 de junho, Boothby voltou a este mesmo argumento numa carta a Churchill.

guerra estourou no Ocidente, Chamberlain escrevia em seu diário que Joseph Kennedy (o derrotista embaixador americano) lhe disse não ver como a Inglaterra poderia agüentar-se sem os franceses: "Eu lhe disse que também não via como."[14] Em 15 de maio, o tenente-general Henry Pownall fazia uma avaliação em seu diário do que havia acontecido aos franceses no Meuse e em Sedan: "Três exércitos batendo em retirada por causa da iniciativa mostrada por um comandante de batalhão alemão."[15] Em 17 de maio, o Ministério da Informação sugeriu ao Gabinete de Guerra "manter a população mais informada sobre a gravidade da situação, pois a maior parte das pessoas está completamente alheia."[16] Possivelmente a maior parte, mas não todas as pessoas. Entre 14 e 15 de maio, cerca de 200 mil pessoas faziam fila nos postos de polícia locais para alistarem-se nos Local Defense Volunteers, logo batizados com o nome de Home Guard. No entanto, no dia 17 de maio, o fotógrafo da alta sociedade Cecil Beaton, enquanto viajava para os Estados Unidos, escreveu em seu diário: "Meu ânimo ficou seriamente abalado; quando se conversa com as pessoas, cada uma se mostra mais deprimida que a outra... Um clima de pânico está tomando conta das altas camadas."[17] O general Sir Edmund Ironside, chefe do Imperial General Staff, escreveu em seu diário nesse mesmo dia: "No momento, parece o maior desastre militar de toda a história."[18]

No dia 18, Sir Samuel Hoare escreveu em seu diário: "Neville completamente nocauteado. Tudo acabado. Os Estados Unidos de nada adiantarão. Impossível usar nosso exército, e se o fizermos ele sairá para

---

14 Diário de Chamberlain, 10 de maio, NC2/24 A.

15 Pownall, *Chief of Staff*, com uma excelente introdução de Bond. O general Pownall era muito inteligente, mas nem sempre foi um bom juiz de caráter. Em 1939, ele elogiou o general francês Huntziger: "uma ótima cabeça sobre seus ombros" (214). Huntziger foi o responsável, entre outras coisas, pelo despreparo da defesa francesa nas Ardenas e no Meuse. Sobre Leslie Hore-Belisha, ministro da Guerra de 1938 a 1939, ele escreveu: "um político judeuzinho, um obscuro charlatão, de cabeça oca". Sobre Churchill, em 1936: "Churchill, naturalmente, é um caso sem esperança".

16 Gabinete de Guerra 65/ 7-17 de maio.

17 Citado em Calder, *The People's War*, p.106,

18 *Ironside Diaries*, p.316-7 . O mesmo Ironside, algum tempo antes, em março: os alemães se mostraram medíocres, "seu ataque no Ocidente seria uma jogada terrível para eles" (241).

a luta inteiramente desequipado."[19] (E isso antes mesmo de os alemães terem alcançado o Canal da Mancha.)

Nesse mesmo dia, Churchill, no final de um despacho para o general Ismay, pela primeira vez levantou a possibilidade de uma rendição dos franceses: "Os chefes do estado-maior devem avaliar se não seria melhor enviar somente a metade da chamada Armoured Division à França. Devemos sempre estar preparados para o fato de que os franceses podem oferecer termos de paz muito vantajosos e, com isso, todo o peso recairá sobre nós."[20] Em 19 de maio, regressando do gabinete e passando pela "feia escada do Ministério da Guerra para chegar à [sua] sala, o general Ironside disse a Anthony Eden: Este é o fim do Império Britânico. Ele pronunciou as palavras de forma categórica, como se fosse mera afirmação de um fato militar. Acreditava que, sozinhos, não nos agüentaríamos mais do que uns poucos meses."[21] Em 19 de maio Oliver Harvey escreveu em seu diário: "Derrotismo em Londres nas classes mais ricas."[22] Nesse mesmo dia, Chamberlain observava em seu diário: "A cena ... a cada hora que passa fica mais negra." Um dia depois: "Nada que pudesse trazer alívio." No dia 21: a situação é "desesperadora". No dia 23: "Outro dia sombrio." Os franceses "nada fizeram", seus generais foram "abaixo da crítica," e seus soldados, "com algumas exceções ... não lutaram e nem mesmo marcharam."[23]

À noite, no dia 21, o novo secretário de Churchill, John Colville: "Jantei no apartamento de Betty Montagu ... tentei sem sucesso não falar de guerra .... É claro que todo o horror da situação transparecia nas pessoas."[24] Em 22 de maio, Charles Waterhouse, um parlamentar

---

19 *Hoare Diary,* 18 de maio, XII/2, citado numa excelente tese de doutorado: Esnouf, "British Government War Aims and Attitudes", p.189.

20 CA, 20/13.

21 Eden, *The Reckoning*, p.107 (Mas também: "Um dia no Gabinete de Guerra, quando as notícias haviam sido mais desalentadoras do que de costume, o primeiro-ministro olhou para mim por cima da mesa e observou: — Já é tempo desse nº 17 aparecer, não?" — O nº 17 era o favorito de Churchill nas mesas de roleta em Monte Carlo e Cannes.

22 Esnouf, "British Government War Aims and Attitudes", p. 90.

23 Chamberlain Diary, NC I/20, citado também em Lawlor, *Churchill and the Politics of War*, p.54-5.

24 Colville Diary, 21 de maio: "Mas acho que Betts representava todo o país quando disse que não seremos derrotados; mesmo que Paris e Londres caiam, nós venceremos." Em 23 de maio, Colville ainda não sabia escrever "Dunquerque".

conservador que não era amigo de Churchill, escrevia em seu diário: "Tudo está perdido, um tipo de atitude que se vê em muitos lugares."[25]

"Em muitos lugares" pode ser muito vago e — talvez — exagerado. "Tudo está perdido": esse tipo de derrotismo não era visível, pelo menos no grosso da população. Observe também que esses foram os dias (que vão de 21 a 24, de uma terça a sexta-feira), em que tanto a imprensa como o governo haviam esperado uma ofensiva franco-britânica em Arras-Amiens contra os alemães no Bulge (uma expectativa também criada por notícias falsas), quando também chegaram as notícias de mudanças no alto comando francês, que falavam da deposição do general Maurice Gamelin e de sua substituição pelo general Maxime Weygand, do qual muito se esperava, e quando ainda Boulogne, Calais e Dunquerque estavam em mãos dos aliados — na realidade, as duas primeiras cidades contavam com unidades embarcadas da Inglaterra para lá. Mas já dava para sentir rachaduras no estado de ânimo e a incompetência do Ministério da Guerra tornava-se decididamente flagrante. Os alemães começaram a sitiar Boulogne no dia 22. Os armamentos encomendados pelo Ministério da Guerra, transportados em sua maioria pelo navio *City of Christchurch*, foram pessimamente acondicionados e quase sempre não serviam para nada. "Às nove horas da noite, a tripulação e os estivadores recusaram-se a continuar [o descarregamento] devido a uma investida da Luftwaffe." Um oficial "teve até de colocar alguns membros da tripulação sob vigilância".[26] Nesse meio tempo, duas unidades inglesas de elite, o Primeiro Batalhão de Fuzileiros da rainha Vitória e a Brigada de Fuzileiros (os Green Jackets) foram embarcados para Calais nos dias 22 e 23, postos sob o comando do brigadeiro Claude Nicholson, um bravo oficial que iria morrer prisioneiro dos alemães. Como escreveu Airey Neave (um churchilliano): "Não importa o que se diga sobre o mérito ou não da decisão de Churchill de defender Calais até a morte, o fato é que a maneira como [esses regimentos] foram apressadamente despachados para a França foi vergonhosa .... [Na história deles], farsa e tragédia estão intimamente ligadas .... Suas ordens eram deprimentemente confusas e eles não

25 Em Roberts, *Eminent Churchillians*, p.159.

26 Neave, *The Flames of Calais*, p.50.

tinham qualquer idéia do que poderia acontecer quando chegassem a Calais." Lá também, no dia 23 de maio, os estivadores recusaram-se a trabalhar quando as bombas alemãs começaram a cair; um oficial da Brigada dos Fuzileiros teve de procurá-los e tirá-los à força dos "buracos e recantos em que se haviam metido".[27]

Durante esses dias cruciais, a conduta do comando em Londres, ou seja, a direção dos combates por intermédio do Ministério da Guerra, parecia marcada pela prostração, incompetência e confusão.

* * *

Durante esses dias, a posição de Churchill não estava — ainda — abalada. Talvez a proverbial lentidão da mente inglesa tenha contribuído para isso; talvez — e o que é mais provável — não houvesse até aquele momento uma alternativa para ele, nenhum porta-voz para assumir uma linha de conduta que não fosse a churchilliana. Mas a história de seu passado — seus erros, as esquisitices de seu caráter — era um fardo, embora ele próprio não visse isso dessa maneira. Precisamos, entretanto, fazer um levantamento de alguns desses componentes, junto com certas evidências da desconfiança com que muitos membros de seu próprio partido o olhavam durante esses dias e noites de rápido escurecimento.

"Embora aristocrata por nascimento, Churchill não era visto como um verdadeiro *gentleman*. Ao contrário, era em geral descrito como extremamente talentoso, mas um inegável 'grosseirão'. De forma alguma confiável, um homem de temperamento instável, capaz de julgamentos errados e de excessos retóricos (e também alcoólicos)... Durante a maior parte de sua carreira, ele foi cercado por uma detestável atmosfera de descrédito e inconveniência, tal como um produto particularmente caprichoso, sem raízes e anacrônico de uma ordem aristocrática decadente e cada vez mais desacreditada. Antes de 1940, não foi fácil para ele impor-se como homem sério, como o ser predestinado que ele se imaginava, no meio de pessoas bem informadas que o viam como algo pouco melhor do que um aventureiro grosseiro, quase des-

---

27 Ibid., p.56, 85.

classificado." Durante o período entre as duas guerras, ele manteve a imagem de "um vagabundo sem-vergonha, um parasita incorrigível". "Seus amigos quase invariavelmente eram oriundos de um ambiente vulgar". "Por volta da década de 1930 ... [ele] se tinha tornado quase uma paródia do aristocrata paranóico: intransigente, amargurado, apocalíptico e um reacionário da pior espécie."[28] Essas generalizações de David Cannadine carregam na tinta; são de certo modo exageradas, mas não destituídas de fundamento. Talvez mais equilibrada, mas em essência similar, é a síntese contida nas afirmações de Andrew Roberts. "A imagem do salvador nacional de Winston Churchill em 1940 está tão profundamente entranhada na psique inglesa que faz qualquer crítica à sua conduta durante esse ano soar quase como uma blasfêmia. No início desse *annus mirabilis*, entretanto, ele não era considerado a esplêndida personificação da glória britânica que, mais tarde, se tornaria. Era, antes, visto por muita gente da alta sociedade e do Partido Conservador como um vira-casaca, um aventureiro perigoso." Na melhor das hipóteses, "um delicioso patife desprovido de discernimento político"; na pior, "um ambicioso sem charme, inescrupuloso e inconfiável". A espirituosidade de Churchill e seu talento oratório não eram suficientes para sobrepujar as sérias objeções que se faziam ao seu senso crítico.[29] Além do mais, alguns de seus inimigos freqüentemente se referiam a ele como "meio-inglês" (sua mãe era americana e uma mulher de passado duvidoso) ou "mestiço".

Boa parte disso iria mudar em 1940. Mas não imediatamente. É claro que não faz parte de nosso trabalho descrever ou analisar os altos e baixos na longa história da reputação de Winston Churchill. Mas é nossa tarefa ocupar-nos dela durante a fatídica quinzena que vai de 10 a 24 de maio. Em 10 de maio, o rei visivelmente preferia Halifax, com quem ele e a rainha (que não gostava de Churchill) mantinham ótimas relações. (Haviam jantado juntos uma ocasião; Halifax também tinha a chave do jardim do palácio.) Além disso, havia "uma expectativa quase

---

28 Cannadine, *Aspects of Aristocracy*, p.132, 147, 159, 161. Nancy Astor para Stewart Perowne, 8 de janeiro de 1940: "Continuo não o querendo como primeiro-ministro" (Astor Papers 2/206, 1416).

29 Roberts, *The Holy Fox*, p.187-8.

unânime de que o Ministério de Churchill teria vida breve".[30] "Quase unânime" talvez seja exagero, mas aqui novamente tratava-se de algo substancial. Muitos, possivelmente a maioria, dos parlamentares conservadores não confiavam em Churchill. Aplaudiam Chamberlain, mas cruzaram os braços quando Churchill apareceu pela primeira vez na Câmara dos Comuns como primeiro-ministro. Churchill reparou no fato e lembrava-se dele (David Lloyd George achava que Churchill tinha medo de Chamberlain). Durante a quinzena negra, os adversários de Churchill não tinham muitas razões para mudarem sua maneira de pensar. Agora o loquaz fomentador de guerra estava tendo sua chance. E o que havia conseguido, como tantas vezes em seu passado falastrão? Nada a não ser desastres sobre desastres — a despeito do artifício de sua oratória, a despeito de suas habituais declarações, e não só a despeito mas em virtude de sua habitual confiança nos franceses.

Os termos "vigaristas", "gângsteres", "selvagens" aparecem em muitos diários e cartas da época com referência ao novo governo de Churchill. Entre os papéis de conceituadas figuras governamentais e das classes altas, os de Lord Hankey, que era ainda chanceler do ducado de Lancaster, são ilustrativos.[31] Em 10 de maio, escreveu Hankey a seu filho: "O resultado final de tudo isso é que hoje, quando a maior batalha da guerra, e provavelmente a maior batalha de nossa história, está acontecendo, quando o destino de todo o império está em jogo, nós temos um governo de políticos ... entre os quais conta-se um bom número de indivíduos inteiramente ineptos." Para Samuel Hoare, escreveu ele dois dias depois: "Que Deus ajude esse país ... que coloca sua existência nas mãos de um ditador cujas realizações passadas, ainda que inspiradas por certa imaginação, jamais tiveram sucesso! ... Um político imaturo, totalmente inexperiente .... A única esperança reside no forte núcleo formado por Churchill, Chamberlain e Halifax, mas só se os velhos e sábios elefantes conseguirem prender o elefante canalha, o que eu duvido." Hoare respondeu em 14 de maio: "Somos você e eu sócios na adversidade? Não sei!" Chamberlain, que (diferentemente de

30 Ibid., p.203.

31 Suas cartas nos CA; seu diário dos anos de 1938 a 1944 apresenta muitas lacunas deixadas pelas passagens que foram dele removidas.

Halifax) evitava criticar Churchill, mostrava-se crítico de seus métodos de governar, embora isso fique visível somente em seu diário e nas cartas para a irmã. Entre os chefes militares, o tenente-general Henry Pownall fez comentários mordazes em seu diário. Em 30 de abril, antes da mudança de governo, ele acusava: "Por melhor que seja o método [de Churchill], ele representa um perigo real, está sempre deixando-se seduzir por um objetivo, mas nunca avaliando se os recursos de que dispõe lhe permitem atingi-lo. E ele é *azarado.* Durante toda a última guerra foi um azarado; e isso é uma coisa real, um defeito ruim e perigoso." Em 20 de maio, com relação a um deslocamente para Amiens, diz Pownall: "um plano escandaloso (ou seja, winstonizado)". Em 24 de maio: "Mais uma vez os planos de Winston. Será que ninguém consegue impedir que ele fique tentando conduzir as operações como um supercomandante-em-chefe? Como pensa ele que vamos reunir oito divisões e atacar, como sugere? É possível que ele não tenha qualquer idéia de nossa situação e de nossas condições. Como preparar em cima da hora um ataque como este que envolve três nacionalidades? [Essa era uma análise injusta da presente situação] O homem está louco."[32]

Entretanto, aqueles que então estavam trabalhando com Churchill começaram a apreciar algumas de suas qualidades. Um exemplo significativo é o de certas passagens do diário de John Colville, por duas razões. A primeira é a conversão gradual e sem dúvida sincera de um jovem de classe alta, funcionário público, que de desconfiança passa a mostrar respeito por Churchill. A segunda é que o diário de Colville (escrito em bela caligrafia) é um documento desse período, seguramente de maio de 1940. Em 9 de maio conta ele: "Apostado ... um jantar regado a champagne que Mr. C. [Chamberlain] ainda estará como primeiro-ministro no final do mês ... Jantei com Mrs Henley e fomos depois dançar no Savoy ... Achei a filha de Churchill [Mary] bastante arrogante ... A atmosfera do Savoy estava abafada e eu me sentia exausto, debilitado, totalmente desinteressado." Na manhã seguinte (uma radiosa manhã e o dia D de Hitler): "Fui a cavalo a Richmond usando

32 Pownall, *Chief of Staff*, p.304, 323, 333.

um chapéu de verão. Ao apear, o empregado me informou que a Holanda e a Bélgica haviam sido invadidas. Nada pode parar [Churchill] de fazer as coisas a seu jeito — à força de chantagens ... Rab [R.A. Butler, que odiava Churchill] disse que a boa e imaculada tradição da política inglesa, aquela de Pitt versus Fox, fora vendida ao maior aventureiro da história política moderna ... esse golpe inesperado de Winston e seu bando ..."[33] Em 13 de maio: "Fui à Câmara para ouvir o novo primeiro-ministro ... Ele fez um pequeno [pequeno?] e brilhante discurso." E ainda: "Passei o dia vestindo um reluzente terno azul do Fifty-Shilling Tailors, barato e vistoso, que achei adequado para o novo governo." Três dias depois, percebe-se já algum respeito por Churchill no diário de Colville, embora, decifrando o telegrama de Churchill de Paris para o Ministério (que incluía trechos como "a mortal gravidade da hora"), Colville registra as observações de dois outros secretários: "Ele ainda continua pensando em seus livros" e "sua infernal retórica." E por volta do dia 18 de maio, uma certa admiração aparece: "Winston, com seu grande espírito de luta, cresce na crise e na adversidade ..." Colville começou também a avaliar o estilo displicente de Churchill: "Tal é a mudança que um posto elevado pode operar no amor inerente de um homem por ações ousadas e espetaculares."[34]

Em 19 de maio, Churchill fez seu primeiro pronunciamento pela BBC. Foi um bom discurso, mas que incluiu uma frase fatídica: "Quanto a mim, mantenho uma confiança inabalável no exército francês e em seus comandantes." Isso não era verdade. Sua confiança no exército

---

33 Muito mais tarde, em seus diários, Colville colou um recorte de jornal com um discurso de Butler, pronunciado em maio de 1943, em Londres: "Um imortal primeiro-ministro. Nunca, desde os tempos de Chatham, a Inglaterra havia ocupado uma posição tão proeminente entre as nações do mundo e nem possuíra um primeiro-ministro que conduzisse o exército, a marinha e a aeronáutica do mundo, para a salvação dos povos civilizados, como o está fazendo agora Mr. Churchill."

34 Diário de Colville, CA. A disposição de Butler para tecer intrigas contra Churchill fica também evidente nas cartas que escreveu a Colville nessa época. Em 17 de maio: "Realmente sinto muito que você já não faça mais parte de nosso grupo [ou seja, o de Chamberlain] e também o fato de você ter sido sacrificado em nome da coalizão. Deixe-me saber de fato o que você anda fazendo para que possamos nos encontrar. Espero que continuemos a nos ver para o bem do futuro; a vantagem de estarmos sempre em contato é que todos nós apredemos com as últimas experiências" (Butler Papers, GII 74, GII 75).

francês, longe de ser inabalável, estava na realidade minando-se. Ele já começara a considerar a possibilidade de os franceses abandonarem totalmente a luta. Durante os sete dias seguintes, tentou seguir dois cursos paralelos de ação que, no final, se provaram contraditórios. Um era essencialmente continental, o outro, essencialmente marítimo. Um consistia em deslanchar uma contra-ofensiva franco-britânica visando o Bulge alemão ou Snout; o outro, em preparar a remoção integral do exército britânico do continente. Pretendia-se ainda enviar mais tropas a Boulogne e Calais, mas unicamente com o propósito de retardar o avanço alemão que seguia para o último porto de Dunquerque de onde estavam sendo evacuados os contingentes ingleses. Churchill voou outra vez a Paris e parece ter retornado mais esperançoso. Mas no fim da manhã do dia 23, uma segunda-feira, disse ele ao Gabinete de Guerra: "Todo o sucesso do plano acertado com os franceses depende das forças francesas assumirem a ofensiva. Até este momento elas não deram quaisquer mostras de estarem fazendo isso ... Se o plano do general Weygand fosse bem-sucedido" — e hoje sabemos que Weygand jamais cogitou tal plano[35] — "significaria a libertação de 35 divisões que se encontram em grave situação. Se falhasse, seria necessário fazer um novo plano com o objetivo de salvar e trazer de volta ao país o máximo de nossas melhores tropas e armamentos com o mínimo de perdas possível."[36] *Com o mínimo de perdas possível.* Churchill sabia que isso era quase impossível. Seu diário doméstico registra que ele voltou então a seus alojamentos no Almirantado para almoçar e que fez um rápido jantar em 23 de maio. Mais tarde, depois do jantar, foi ao Palácio de Buckingham encontrar-se com o rei. Às dez e meia disse ao rei que se o plano francês falhasse, ele teria de ordenar o retorno da BEF à Inglaterra. "Essa operação significaria a perda de todos as armas, tanques, munições, bem como de tudo o que estava estocado na França", recordou o rei em seu diário. "A questão era se iríamos conseguir trazer de volta as tropas de Calais e Dunquerque. Só o pensamento de ser

35 Em 22 de maio, Weygand telefonou para Ironside dizendo que os franceses haviam recapturado Amiens, Albert, e Péronne. Isso não era verdade.

36 CAB 65/7, 23 de maio.

obrigado a ordenar esse movimento já é aterrador, *pois as perdas de vida serão provavelmente imensas.*" [37]

* * *

Tal era a situação quando caiu a noite de quinta-feira do dia 23 de maio de 1940. Pelo menos um quarto das tropas inglesas estava cercado pelos alemães, antes se retirando do que fazendo uma trégua, não dando qualquer combate às incursões de varredura do inimigo. Boulogne já caíra e Calais começava a ser cercada pelos alemães. Enquanto isso, o general Heinz Wilhelm Guderian, vindo do sul, aproximava-se de Dunquerque; outros generais alemães, provenientes do leste, iam cercando a retirada da BEF. Não eram muitas as tropas inglesas que haviam ficado no sul, no resto da França. E não havia muito do exército na própria Inglaterra.

A população inglesa tinha conhecimento do que se passava, mas não muito. O tom da BBC, sombrio, era apropriado à ocasião, não dando margem a interpretações e notícias errôneas, mas também não declarando o que significava o cerco alemão que acuava aproximadamente 250 mil combatentes ingleses. As notícias nos jornais eram em geral incorretas: davam a impressão de estar se travando uma grande e histórica batalha no norte da França, com poucas previsões para o desfecho. Mas em maio de 1940, rádio e imprensa ainda não refletiam exatamente o que o povo inglês pensava. Somos obrigados a voltar-nos para outras fontes a fim de tentar reconstruir alguma coisa do pensamento e do estado de ânimo do ingleses, ainda que de forma necessariamente incompleta. A razão disso é que, por volta de 1940, o mundo, ou pelo menos o mundo ocidental, havia ingressado na era democrática. "A opinião", escreveu Pascal 300 anos antes: "é a rainha do mundo." Mas, diferentemente de 300 anos atrás, agora a opinião (ou, mais precisamente, o pensamento) da maioria importava. Hitler sabia disso. Sabia que tinha a maioria esmagadora do povo alemão por trás de si. O que importava era se a grande maioria do povo inglês realmente estava por trás de Churchill. E se estava, por quanto tempo?

---

37 Do diário de Jorge VI, John Wheeler-Bennet, *King George VI.*

Churchill atravessando Horse Guards Parade, em 20 de maio: "No dia 19 de maio, Churchill tem sua fala transmitida pela primeira vez através da BBC. Foi um bom discurso, embora incluísse uma frase fatal: 'Quanto a mim, tenho uma confiança inabalável no exército francês e nos seus líderes.' Isso não era verdade..."

Antes de tentarmos fazer um esboço — necessariamente incompleto — dessa importante matéria, precisamos ter em mente duas condições. Raramente alguém tem consciência da diferença entre opinião pública e sentimento popular. Em outras palavras: o que é público não é necessariamente popular, e opinião não significa necessariamente a mesma coisa que sentimento. Há muitos exemplos na história — e estes de forma alguma dizem respeito somente à história das democracias — em que opinião pública e sentimento popular não só diferem, como quase sempre divergem.[38] No século XIX, a opinião pública era a das classes média e alta, não a das classes baixas ou trabalhadoras; no entanto, as pessoas da classe trabalhadora gradualmente transformaram-se em leitores de jornais e em eleitores. Essa distinção ainda era visível na Inglaterra em 1940, apesar de no caso em questão ela não ter sido um fator decisivo. Mas existia, e percebemos alguns de seus indícios — por exemplo, no "pânico" que parecia ter se apossado de algumas pessoas das classes mais altas em 18 e 19 de maio, embora nada dele transparecesse nos jornais e a maior parte ignorasse o que se passava. Isso quer dizer que somente alguns, aqui e ali (sobretudo em Londres), tomaram subitamente consciência da aparente gravidade da situação.

Outro círculo de pessoas entre as quais se notavam traços de derrotismo, na segunda metade do mês de maio, era o dos intelectuais. "O artista", escreveu certa vez Ezra Pound, "é a antena da raça." Mas em 1940 não era assim. Cyril Connolly, que não era derrotista (ele começou o seu *Horizon* em janeiro de 1940), tinha medo de que, no caso de um bombardeio alemão, as pessoas entrassem em pânico (George Orwell lhe disse que não concordava com isso). Nos escritos que sobreviveram e nas reminiscências dos escritores, o registro sobre maio de

---

38 É interessante o fato de Churchill, pelo menos num caso, ter intempestivamente confundido as duas coisas. Em 5 de fevereiro de 1940, ele disse ao proprietário de jornal Cecil King: "Naqueles tempos da guerra, a máquina governamental estava tão forte que podia permitir-se ignorar o sentimento popular." Mais diretamente, ele achava que o primeiro-ministro Chamberlain podia ter-se dado ao luxo de dizer: "Para os diabos com a opinião pública" (Bell, "British public opinion on the war", citado por Cecil H. King em *With Malice Toward None*. Bell acrescenta: "[E no entanto,] foi a opinião pública, expressada pela imprensa e pelo Parlamento, que acabaram derrubando o governo de Chamberlain" — e levando Churchill ao poder (ibid.).

1940 é confuso e desordenado. Em *Put Out More Flags*, obra de 1942, Evelyn Waugh escreveu sobre "aquele estranho e fatídico período antes do renascimento churchilliano." (O livro termina em junho de 1940: "Há um novo espírito se espalhando amplamente ... Percebo-o em todos os lugares.")[39] Dez anos depois, em *Men at Arms*, não existe uma única menção sobre o renascimento churchilliano; na realidade, Waugh dizia que detestava Churchill com sua retórica, no que era acompanhado por Malcolm Muggeridge (no caso dele, também, só depois da guerra terminada). Não há realmente um renascimento churchilliano, nada sobre maio de 1940 em *Valley of Bones*, de Anthony Powell, o sétimo romance da série *Dance to the Music of Time*, que é ambientado na primeira metade de 1940. Leitores cuidadosos podem detectar um elemento significativo na autobiografia de Kenneth Clark, *Another Part of the Wood: A Self-Portrait*, de 1974. Clark não foi um intelectual típico, sendo antes uma figura culta e bem situada nas altas esferas do *establishment*. Elegante e afável, foi durante anos muito ligado a Chamberlain. Nessas memórias, de algumas décadas depois da guerra, ele escreve falando com simpatia de Chamberlain, mas sem abandonar o lado crítico: "Eu de fato me posicionei francamente do lado de Mr. Churchill."[40] Francamente? Não — pelo menos não ainda — em maio de 1940.

Outra distinção que devemos ter em mente é aquela entre entendimento e saber. Novamente aqui apelamos a Pascal: "Nós entendemos mais do que sabemos." De acordo com a lógica, entendimento não é somente resultado do conhecimento; ele necessariamente vem depois do conhecimento. No entanto, há uma infinidade de instâncias e exemplos em que o entendimento precede o conhecimento, quando ele *leva* ao conhecimento. Permitam-me, portanto, fazer essa generalização: em maio de 1940, a maior parte dos homens e das mulheres ingleses

---

39 Waugh entrou para o exército e mantinha um diário. Em 19 de maio, há uma observação jocosa e cheia de admiração a respeito de Churchill. Em 20 de maio: "Retornei ao acampamento e encontrei más notícias sobre a guerra." Em 22 de maio: "Dei uma palestra para a companhia sobre a situação internacional e fiquei tão deprimido que mal pude continuar falando" (*Diaries*, p.469).

40 Clark, *Another Part of the Wood*, p.268. Com relação a Churchill: "Quando ele escreve à maneira gibboniana, não admiro sua prosa" (p.273).

entendia algumas coisas que ainda não *conhecia*. Ou então não entendiam algumas coisas sobre as quais não desejavam pensar, ainda que fossem capazes (uma tendência muito britânica). Daremos, espero, algumas ilustrações disso nas páginas que se seguem, e na realidade durante o desenrolar de todo este livro.[41]

Existem muitos livros e diários, bem como lembranças de pessoas e escritores, que tratam do final do verão de 1940 e da *Blitz*, mas não há muita coisa sobre maio de 1940. Uma exceção é *The Oaken Heart* (*O coração de carvalho*), da escritora de romances policiais Margery Allingham. O livro é uma espécie de diário que fala, para seus amigos americanos, sobre "Auburn", uma cidadezinha em Essex onde ela viveu. Uma vez que boa parte dele foi escrita durante a quinzena negra de maio de 1940, talvez valha a pena citar alguns de seus trechos mais significativos.[42] No dia 14 ou 15 de maio, Allingham ouviu a rainha Guilhermina falando pela BBC: "Dava mostras a nós, pessoas do campo, de ser uma boa rainha ... [mas] trouxe diretamente para a casa de muitos de nós um dado novo. *A coragem por si só não seria suficiente.* Pela primeira vez em toda a nossa história não conseguiríamos atingir nossos objetivos só com a coragem e a improvisação que a acompanha." Na manhã de domingo (muito possivelmente em 19 de maio), Allingham conversa com um antigo cabo da I Guerra Mundial: "Essa

41 "Era muito difícil parecermos intoleravelmente frios e prosaicos como os ingleses das peças estrangeiras, mas o perigo estava tão próximo, a extensão apavorante do desastre tão visível, que a única coisa a fazer era o que todo mundo estava fazendo: manter os olhos fixos à frente. Se olhássemos para os lados, se olhássemos ao redor, se déssemos asas à imaginação, sabíamos que poderíamos perder a cabeça. Sem dúvida a coisa a ser feita era encerrar nossas mentes numa moldura bem delimitada e mantê-las ali custasse o que custasse, ainda que isso nos fizesse um tanto estúpidos. Todas as pessoas que encontrei na cidade pareciam estar, instintivamente, fazendo isso" (Allingham, *The Oaken Heart*, p.170).

42 "Hoje, a verdadeira história desses dois meses de abril e maio de 1940 é conhecida de todos que sabem ler ... Ela constitui uma narrativa dura mas coerente, um fato sucedendo ao outro de maneira impiedosa e lógica, mas na época, em Auburn, (como a criança que está junto ao cordão de isolamento e nada pode ver porque está na primeira fila) tudo parecia sem a menor lógica. Aconteceu de ouvirmos certas coisas numa ordem ligeiramente diferente da verdadeira. Algumas, como a evacuação de Dunquerque, nós soubemos antes de muita gente falar sobre ela, mas outras, como a derrocada da França, só ficamos sabendo muito tempo depois" (ibid., p.154).

foi a primeira vez que ouvi alguém neste país pôr em dúvida a confiabilidade dos franceses, embora alguns círculos bem informados [em Londres] venham, há meses, cochichando de maneira constrangedora sobre isso. Mr. Parker disse que só esperava que houvesse algo como uma armadilha preparada em algum lugar, e que no passado se havia permitido avanços perigosos em função disso." Em 20 de maio: "A maneira como os alemães avançavam fascinava todos. Nos dias seguintes isso foi exaustivamente discutido por todo mundo que chegava e que encontrávamos na praça." E mais: "O capitão admirava a eficiência inimiga do ponto de vista puramente profissional. Você era obrigado a reconhecer a superioridade desse tal de Hitler, dizia ele, o cara sabia como tomar decisões rápidas."[43] Contrariamente à I Guerra Mundial, havia agora a perspectiva de uma invasão.

> Na manhã seguinte, ainda não tínhamos sido invadidos. Nenhum soldado alemão, disfarçado ou não, caíra do céu, e eu não podia deixar de desejar com Norry, que insistia em dizer "tudo isso vai passar", como se fosse uma pedra ou uma árvore, que ele nunca chegasse. Entretanto, sabíamos que só desejar era quase criminoso. Aquele apego a um "pensamento positivo" era jogado num clamor indignado contra nós como se fôssemos a causa do pecado; e no fundo nos ressentíamos disso. (Em Auburn, há uma tendência a levar tudo para o lado pessoal.) O otimismo nunca havia sido nosso forte, e em nossa época havíamos sido chamados de "derrotistas".
>
> Nesse meio tempo, as notícias foram ficando rapidamente alarmantes ... Fomos avisados para só usar o telefone em último caso e nos sentíamos isolados, completamente ignorantes.

"Entretanto por essa época, aproximadamente um ou dois dias mais tarde, notícias estranhas começaram a infiltrar-se em Flinthannock e ao longo do litoral. Eram mencionadas pelas pessoas mais inesperadas que, muitas vezes, nem conseguiam avaliar de imediato o terrível significado delas. O governo estava arregimentando pequenos barcos e homens para tripulá-los. Para quê? Será que as coisas iam tão mal assim?" Allingham continua: "Mas que movimento arriscado! Que jo-

43 Ibid., p.167, 154, 176, 187.

gada! Bem à moda do velho Churchill! Tão tragicamente improvisado e ao mesmo tempo tão tradicional!"[44]

Além dessas lembranças pessoais, existe outra que nos remete a valiosas pistas sobre as tendências da opinião pública e do sentimento popular na Inglaterra dessa época. Trata-se dos arquivos da "Mass-Observation", ou M-O, como passaram a ser conhecidos, preservados nos arquivos da Universidade de Sussex.[45] Nos Estados Unidos, um marco na história da pesquisa de opinião pública foi o estabelecimento do Instituto Gallup em Princeton, em 1935. Dois anos depois, dois ingleses de espírito empreendedor, Charles Madge e Tom Harrisson (que, segundo Dorothy Sheridan, "começou a observar pessoas por gostar de observar pássaros e ter interesse em história natural") criaram a M-O. Eles "começaram recrutando gente de modo a formar um amplo quadro de observadores que participariam de um estudo da vida cotidiana", com vistas principalmente a fins comerciais, mas, em 1938, estenderam suas atividades aos campos da política e da guerra. Em maio de 1940, passaram a transmitir suas matérias e até a dar sugestões ao Ministério da Informação. Contrariamente ao Gallup e a outras firmas que se dedicavam à pesquisa de opinião, eles não tinham pretensões de caráter "científico" e nem tentavam quantificar todos os seus dados. E justamente aí reside seu valor. São relatos de primeira mão, datilografados por observadores de senso comum, quase todos de classe média, entre os quais muitas mulheres inscritas como voluntárias. E até hoje, passados muitos anos, seus relatos ainda respiram um ar de autenticidade e de sincero interesse.[46]

---

44 Ibid., p.168, 175. A romancista Vera Brittain escreve por volta de 15 de maio: "Durante os dias seguintes, a beleza da Inglaterra aumentava à medida que as notícias iam ficando piores." Em 19 de maio: "Novamente, como no outono, Martin e eu, bem como outros chefes de família, tiramos os quadros das paredes, colocamos as coisas de valor no porão, pusemos sacos de areia nas passagens, mantivemos as banheiras cheias de água e fizemos mais arrumações desse tipo... Feito isso, fui ao cabeleireiro, pois se uma bomba cair em cima de mim, que seja com os cabelos penteados" (*England's Hour* p.30-1).

45 Dirigido pela excelente Dorothy Sheridan, que ainda trabalha como zeladora dos arquivos.

46 A documentação nos Arquivos da Universidade de Sussex mantém-se bem organizada. Para maio de 1940, ver "Morale Today": caixa DR 28 FR 124. Ela contém documen-

Abaixo, por exemplo, seguem-se itens extraídos do sumário de 16 de maio datilografados numa página (FR 124, C7 em nove longos parágrafos):

> Uma investigação excepcionalmente exaustiva foi feita hoje sob o impacto das últimas notícas procedentes da Bélgica e da França...
>
> As pessoas, hoje, se mostravam sem dúvida alguma mais preocupadas. Uma boa parte delas dá sinais de desespero, embora isso não signifique terem deixado de acreditar que no fim acabaremos vencendo. O sentimento com relação à superioridade de Hitler cresce ...
>
> As pessoas estão profundamente preocupadas em manter uma boa dose de otimismo nos dias de hoje, embora todos os observadores concordem que as atitudes e os tons às vezes desmentem as palavras ...
>
> As pessoas não consideram a possibilidade de sermos realmente derrotados. Simplesmente ainda não ocorreu para a maioria delas que nós podemos ser vencidos. A velha complacência foi abalada, mas persiste. Se de repente essa desmoronasse seria a derrocada moral.
>
> As mulheres estão muito mais preocupadas do que os homens, e algumas estão mostrando que têm verdadeiro pavor do futuro imediato. Elas são muito mais confusas do que os homens e muitas são totalmente incapazes de captar o que está acontecendo, sobretudo nas classes trabalhadoras.
>
> Em 19 de maio: "Nota-se hoje uma melhora no estado de ânimo. Especialmente em Londres, mas não em Lancashire."[47] "As pessoas continuam confiantes em que a longo prazo venceremos, mas existe ainda uma boa dose de derrotismo implícito ou inconsciente e sabe-se de algumas referências abertas à vitória alemã."

Nessa noite — 19 de maio — Churchill falou pela primeira vez à população inglesa pelo rádio. A reação de modo geral foi favorável, graças sobretudo à sua mensagem direta expondo a gravidade da situação. Em 20 de maio, "observadores da M-O relatam que a tensão era ligeiramente menor ... o pessimismo ligeiramente menos intenso e uma atitude ligeiramente mais despreocupada em face das notícias ...

---

tos de 18 de maio a 1º de junho, sem faltar um só dia: são 43 relatos cuidadosamente elaborados e datilografados provenientes de Londres, Bolton, Worcester e Ipswich.

47 "Em várias outras crises, verficou-se uma reação em Lancashire cujo atraso foi também de cerca de 24 horas."

"Um sentimento de grave circunspecção subsiste..." O Admiralty Arch foi fortificado para defender Whitehall contra ataques de pára-quedistas alemães que poderiam aterrissar em Trafalgar Square; passando o Arco, estão o prédio do Almirantado e St. James's Park.

um sentimento de grave circunspecção subsiste, resquício certamente da fala de Churchill ... As mulheres, nos tempos atuais estão decididamente mais preocupadas que os homens. O sentimento geral é de que devemos simplesmente continuar lutando." Em 21 de maio um observador perspicaz relata: "Não há um único ponto de vista que possamos com justiça rotular de 'opinião pública' — ele varia muito, não está ainda formado. A única coisa que resta é a crença de que a Inglaterra no fim acabará triunfando."

"As mulheres permanecem, como de costume, mais pessimistas do que os homens."

No dia seguinte, "supreendentemente", as investigações "revelam um moral em baixa ou, mais exatamente, uma angústia crescente."

> As mulheres estão particularmente deprimidas e hoje, pela primeira vez, algumas estão exibindo isso abertamente ... Por outro lado, muitos homens e algumas mulheres permanecem confiantes em que a situação não

seja tão ruim como se supõe, e quase sempre surgem comparações com a última guerra.

O medo de que uma invasão nazista seja *possível* já começa a aparecer.

A perplexidade e a aflição se fazem sentir hoje de uma maneira nunca vista, e a decepção com toda nossa antiga segurança e com as lideranças que já foram motivo de nosso orgulho representa uma grande tensão nas mentes simples de nossa gente.

A população de *Bolton* está bem mais calma que a de Londres. Três observadores lá fizeram o seguinte e pertinente comentário sobre essas minuciosas investigações realizadas na parte da manhã: "As pessoas estão de propósito enfiando suas cabeças na terra. Essa atitude é mais comum entre as mulheres". Os londrinos são mais pessimistas.

"O resultado dos pronunciamentos nos últimos dias de Churchill e Duff Cooper ... é o surgimento de uma sensação de alívio, não porque a situação seja sem gravidade, mas porque as pessoas sentem que estão a par do pior, o que é uma experiência nova para elas."

Talvez seja interessante notar que muitos observadores preferem falar em sentimento e não em pensamento (o que, naturalmente, ocorre com muita freqüência em inglês, mas talvez valha a pena notar que mesmo havendo superposição de significados continua a haver uma diferença entre opinião e sentimento). Portanto, em 23 de maio, "houve uma sensível melhora no estado de ânimo e uma calma geral pareceu reinar em oposição ao extremo nervosismo e pessimismo que visivelmente estavam em alta na véspera... por ora. A enorme tristeza que se abateu ontem sobre muitos em Londres, principalmente sobre a classe média mas também sobre algumas pessoas das classes trabalhadoras, já não é patente no dia de hoje."

"A sensação de que será exigido um grande esforço da população e de que nossos líderes têm competência para fazê-lo ... vem crescendo. Essa sensação teve a vantagem de liberar as pessoas do sentimento geral de apatia, inatividade e inutilidade que deprimia e afligia muita gente ... Esse novo sentimento reflete-se, hoje, textualmente em comentários do tipo: 'Logo estaremos fazendo alguma coisa'. 'Estou preparado para fazer tudo que estiver a meu alcance.' 'Bom, agora todo mundo está comprometido.'"

Já decorridos quase 60 anos, um historiador pode tentar fazer um resumo fundamentado em duas impressões gerais. Uma, a que diz respeito àquele 23 de maio, quando a maioria da população britânica não sabia o quão catastrófica era a situação de suas forças armadas. E outra a que se refere à confiança em Churchill que, de certo modo, passou a ser um elemento novo que começava a ter alguma influência. Contudo, dificilmente poderia haver melhor resumo do que a última frase do relatório "Morale Today", de 19 de maio: "A calma aparente e a angústia íntima dão o tom geral do dia de hoje."

capítulo 2

Sexta-feira, 24 de maio

A trégua ordenada por Hitler. — Os alemães antes de Dunquerque. — Calais. — Hitler e os conservadores. — As duas direitas. — Chamberlain. — Conciliadores. — Halifax. — O Gabinete de Guerra. — Churchill e Roosevelt. — A imprensa inglesa. — "A angústia levemente acentuada e o otimismo ligeiramente em declínio."

Cedo na manhã do dia 24 de maio, Hitler deixou seu quartel-general na fronteira com a Alemanha e tomou um avião para ir ao encontro do general Karl Rundstedt em Charleville, nas margens ocidentais do Meuse. Isso era incomum, pois Hitler tinha o costume de deitar tarde e acordar tarde (parece que a última vez que se levantou cedo foi em 3 de setembro de 1939, no dia em que os ingleses e os franceses declararam guerra à Alemanha). O que ele queria discutir com Rundstedt era obviamente importante. Tratava-se do rápido progresso dos exércitos alemães que cercavam as forças aliadas em Flandres e na Bélgica, empurrando os belgas para os últimos portos no Canal da Mancha, onde Boulogne já havia caído, onde o cerco de Calais estava prestes a começar e onde as tropas blindadas do general Guderian estavam a uns 25 quilômetros ao sul de Dunquerque, tendo já cruzado seu maior obstáculo, o canal Aa, em dois de seus pontos. Mas havia perigos a serem levados em conta: Guderian talvez houvesse avançado rápido demais. Sobre esse ponto Hitler e Rundstedt pareciam estar de acordo. Às 11 horas e 42 minutos daquela manhã a ordem foi expedida: o avanço de Guderian tinha de ser temporariamente interrompido.

Há uma boa quantidade de literatura (e de especulações) sobre as causas (e não as conseqüências) da trégua ordenada por Hitler. Os motivos e propósitos de Hitler não eram simples. Devemos tentar resumi-los, ou melhor, identificá-los. Num determinado nível (se assim podemos dizer) de seu raciocínio, ele estava preocupado com o desgaste dos veículos blindados alemães, que já há uma quinzena empreendiam contínuas manobras de escaramuças: essa preocupação estava de acordo com as de Rundstedt, que, na noite anterior, havia feito um levantamento das perdas. Talvez essa preocupação se escorasse também nas lembranças de Hitler da I Guerra Mundial, quando servira por quatro longos anos num terreno entrecortado por canais e cursos de água onde grandes exércitos que tentavam avançar acabavam atolados na lama. Mas o que se acha mais documentado e parece mais claro é o nervosismo de Hitler naquele momento. Ele ainda temia a possibilidade de uma contra-ofensiva que interceptasse o avanço das fileiras de tanques alemães. Em suma, ele — ainda — não acreditava na sua sorte.

Havia outra preocupação em sua mente. Qualquer historiador que se preze sabe como evitar interpretações monocausais de acontecimentos humanos — ou seja, a atribuição de um único motivo a uma dada decisão.[1] E ainda há outra distinção necessária: aquela entre motivos e propósitos (a primeira refere-se a um impulso do passado, enquanto a segunda, a uma força do futuro), uma vez que são raras as instâncias em que os propósitos de uma decisão são singulares ou exclusivos. Isso aplica-se também a Adolf Hitler, uma pessoa dissimulada com uma mente nada simples. Ao menos é possível que ele tivesse desejado não aniquilar toda a Força Expedicionária Britânica. "Não aniquilar" é talvez a expressão que mais perto chegue da verdade, ou melhor, da maneira como trabalhava sua mente. Há exemplos — e não são poucos —, tanto na área da política como na da guerra, em que é vantajoso para o vencedor deixar — ou forçar — seus oponentes a empreenderem uma fuga vigiada, pois se, ao contrário, todas as suas pontes forem queimadas, eles poderão lutar até o fim, com todo tipo de conseqüências imprevisíveis. É quase certo que foi o que passou pela cabeça de Hitler. Mas vendo em retrospecto, ele muito depressa irá exagerar em seus propósitos. "Ponte" — mais precisamente, "ponte de ouro" — é o termo usado por alguns alemães para explicar a decisão de Hitler de fazer uma pausa antes de atacar Dunquerque. Entre esses inclui-se Rundstedt, cujas reminiscências, no entanto, contêm elementos de um

1 Bond, *Britain, France and Belgium* (uma excelente descrição do confuso planejamento e compromisso dos aliados): "Os motivos de Hitler eram complexos", p.104.

discurso de defesa especial. Depois da guerra, Churchill, em suas *War Memoirs*, tomou bastante cuidado para não entrar em especulações sobre pontes de ouro; ele atribuiu a ordem de trégua mais a hesitações de Rundstedt do que de Hitler. Churchill não estava totalmente errado: falar em "ponte de ouro" seria um exagero, para dizer o mínimo. Mas um exagero, embora signifique uma falta de precisão, não necessariamente é algo totalmente desprovido de verdade. Outras pessoas do círculo de Hitler ouviram-no dizer: "O Führer deseja poupar os ingleses de uma derrota humilhante."[2] Depois de Dunquerque, veio a racionalização de Hitler: "O exército é a espinha dorsal da Inglaterra ... Se o destruirmos, lá se vai o Império Britânico. Não iríamos ou não poderíamos herdá-lo ... Meus generais não entenderam isso."[3] E perto do fim da guerra, em fevereiro de 1945: "Churchill foi totalmente incapaz de perceber o espírito esportivo do qual dei provas ao não permitir que se criasse um rompimento irreparável entre os ingleses e nós. Mas de fato nós nos abstivemos de aniquilá-los em Dunquerque."[4]

Os propósitos de Hitler eram confusos. Ele queria o exército britânico fora da Europa. Mas "não aniquilar" a BEF não significa que desejasse poupá-la. Três dias antes de ser dada a ordem de trégua, ele se deixou convencer por Hermann Goering de que a BEF, em sua retirada, poderia ser reduzida a pó pela Luftwaffe. Em 23 de maio, o major Engel, assistente de Hitler, observou em seu diário que Hitler e Goering haviam voltado a falar por telefone: "O marechal-de-campo acha que a grande tarefa da Luftwaffe está começando: aniquilar os ingleses no norte da França. O exército tem apenas de ocupar o terreno. Estamos cheios de ódio. O Führer está inspirado."[5] Em uma passagem de outro diário, também do dia 23 de maio, agora escrita pelo cauteloso Ernst von Weizsaecker, subsecretário de Estado, lê-se: "Se os ingleses vão entregar-se ou se vamos pacificá-los por meio de um bombardeio ..." Bem, o bombardeio não foi adiante. A ordem para uma trégua foi

---

2 O general da Luftwaffe Hans Jeschonnek, em 26 de maio, citado em Ansel, *Hitler Confronts England*, p.85.

3 Sua secretária, Christa Schroeder, em *Er War mein Chef*, p.105.

4 *The Testament of Adolf Hitler*, p.90.

5 Engel Diary, 23 de maio.

crucial: "Dunquerque ficará a cargo da Luftwaffe. Caso a captura de Calais se mostre difícil, este porto também deve ser deixado a cargo da Luftwaffe."

A ordem de trégua não foi enviada em código,[6] tendo sido imediatamente lida em Londres. (Ela foi levada ao comando do Ministério da Guerra pelo general A.E. Percival, oficial de defesa do estado-maior — um infeliz que, em menos de dois anos, seria o medíocre defensor de Cingapura, rendida aos japoneses na mais vergonhosa derrota das forças britânicas desse século. Nem o Ministério da Guerra, nem Churchill, nem Lord Gort, comandante da BEF, reconheceram sua imediata importância.[7] A confusão no Ministério era grande e a atmosfera estava carregada. Estavam preocupados com a situação em Calais. Boulogne havia se rendido aos alemães na noite anterior. Às duas horas da manhã, uma ordem foi enviada a Calais: "A evacuação era em princípio coisa decidida." O cerco de Calais estava prestes a começar; pela manhã os primeiros projéteis da artilharia começaram a cair sobre o porto. Dois grandes navios britânicos, carregados com tropas inglesas, abandonaram Calais tomando o rumo de Dover. Os alemães puderam ver isso com seus próprios olhos. Os ingleses estavam deixando o continente. Esse fato pode ter contribuído para a trégua ordenada por Hitler. Poucos minutos antes de ser ordenada a suspensão dos combates, o brigadeiro Claude Nicholson, comandante inglês em Calais, disse ao Ministério da Guerra por telefone que a evacuação prosseguiria, e que esperava tê-la concluído no dia seguinte. Pouco depois, o Ministério expediu uma contra-ordem relativa aos planos de evacuação: Calais devia ser mantida a todo custo. Por toda a tarde as tropas inglesas e francesas, que marchavam na direção das embarcações ancoradas no porto, fizeram meia-volta com ordens de permanecer em Calais. A confusão no Ministério da Guerra era pior do que a de Calais. Mais

---

6 Será apenas possível que Hitler não se importasse que os ingleses a lessem? Possivelmente, sim; provavelmente, não.

7 Entretanto, o general Pownall anotou o seguinte (*Chief of Staff*, p.337): "Interceptada uma mensagem alemã não codificada às 11:32 [na realidade, às 11:42], dizendo que o ataque à linha Dunquerque-Hazebrouk-Merville está por enquanto em suspenso. Seria uma mudança na nossa sorte? Parece bom demais para podermos contar com isso ... [Sim.] ... Naturalmente esses alemães estão quase todos lá, isso é certo. [Não]."

cedo, na manhã desse dia, Churchill soube da ordem de evacuação e, dirigindo-se ao general Ismay, fez um resumo da situação: "Isso é sem dúvida uma loucura. A única vantagem de evacuar Calais seria transferir as forças que agora estão lá para Dunquerque. Calais precisa ser mantida por muitas razões, mas sobretudo para manter o inimigo em sua linha de frente."[8] Pela tarde, a impetuosidade de Churchil chegara ao auge e ele novamente enviou uma mensagem a Ismay: "Não consigo entender a situação em Calais ... Os alemães estão bloqueando todas as saídas ... Ainda assim acho que as forças [alemãs] em ação são bastante modestas. Por que então não são atacadas? Por que Lord Gort não as ataca pela retaguarda enquanto arranjamos uma saída de Calais?" Isso parecia lógico a Churchill: uma versão menor de um ataque em duas frentes, cortando o avanço alemão. Na realidade a coisa não fazia o menor sentido.[9] Como relatou mais tarde Airey Neave, que lutara, fora ferido e capturado em Calais (e que posteriormente escapou de um campo de prisioneiros alemão): "A recomendação de Churchill a Gort para atacar a Décima Divisão Panzer quando a BEF estava isolada de Calais por pelo menos quatro divisões Panzer ... [é] uma prova da terrível ignorância daqueles que conduziam essa campanha em Whitehall."[10]

Havia outra razão para conservar Calais. Os franceses pressionavam os ingleses a permanecerem, a não evacuarem. De fato, pode ter parecido aos franceses que os ingleses estavam partindo, deixando-os inteiramente desamparados. Churchill avaliava bem a situação, tanto por suas implicações políticas como humanas. O general Weygand havia dado ordens para que se estabelecesse uma grande cabeça-de-ponte: os portos "podem ser conservados por longo tempo". Isso era um exagero despropositado. Contudo, Calais resistiu até a tarde do dia 26, e isso fez a diferença. Se Calais não tivesse sido defendida, duas outras divisões alemãs teriam se juntado a Guderian, empurrando os combates para o norte. Ele já estava no lado norte do canal Aa, antes de

---

8 CA, 4/150.

9 Ver Pownall sobre Churchill nesse dia ("O homem está louco", mais acima). Essa crítica violenta, no entanto, visava não os despachos acima, mas a primeira aprovação de Churchill do assim chamado grande plano Weygand.

10 CA 4/150; Neave, *The Flames of Calais*, p.122-3.

Dunquerque; no dia 24, havia somente uma pequena brigada inglesa e umas poucas unidades francesas entre ele e Dunquerque. "Tivesse isso acontecido", escreveu mais tarde Neave, "não haveria necessidade da intervenção de Hitler, que *fez Guderian perder a histórica oportunidade de vencer a II Guerra Mundial praticamente numa única manhã*." [11] Os grifos são meus. Talvez haja uma certa imprecisão — mais imprecisão do que exagero — na afirmação de Neave, mas não muita.[12]

Havia então, pelo menos temporariamente, uma diferença entre o Ministério da Guerra e Churchill. O comando em Londres desejava salvar as unidades britânicas em Calais. Eles, portanto, ainda teriam preferido a evacuação, ao passo que Churchill queria prosseguir lutando em Calais até o fim — em parte, como vimos, em função do efeito que isso teria sobre os franceses, e em parte porque, como ele corretamente reconheceu, retardaria o avanço alemão que se fazia na direção do último porto, Dunquerque. O Ministério da Guerra via-se obrigado a concordar com Churchill, embora com alguma relutância. Isso fica claro no telegrama que o Ministério enviou ao brigadeiro Nicholson (às 11:23 da noite) em 24 de maio: "A despeito da política de evacuação, passada para você essa manhã, o fato de as forças inglesas em sua área estarem agora sob o comando de Fagalde [o general Fagalde era um corajoso comandante francês na área de Calais], que não ordenou nenhuma — repito: nenhuma — retirada, significa que você aquiesce em prol da solidariedade das forças aliadas." Quando Churchill leu isso, cedo na manhã seguinte, ficou furioso. Enviou, então, uma mensagem ao general Ironside: "Peço que descubra quem foi o oficial responsável pelo envio da ordem de evacuar Calais ontem e por quem este infeliz telegrama, que vi esta manhã, foi redigido, e no qual se lê: 'em prol da solidariedade das forças aliadas'. Isso não é maneira de encorajar homens a lutar até o fim. Você tem certeza de que não há um

---

11 Neave, *The Flames of Calais*, p.107.

12 Digo imprecisão porque no momento da trégua ordenada por Hitler, a frente ofensiva de Guderian através do canal Aa não estava progredindo; eles estavam consolidando suas cabeças-de-ponte. Por outro lado, se Hitler ou Rundstedt tivessem ordenado Guderian a prosseguir com seu avanços em direção a Dunquerque, há razões para acreditar que ele teria chegado lá gastando apenas um dia de marcha, bem antes de um considerável número de tropas aliadas — provenientes do leste — ter alcançado a cidade.

resquício de opiniões derrotistas nos círculos do estado-maior?" Havia pelo menos um resquício de derrotismo em Ironside, a quem essa rápida nota era dirigida. Embora, não houvesse sinais de derrotismo entre os oficiais e soldados das unidades inglesas sob o comando de Gort (ainda a leste de Dunquerque, fazendo uma lenta retirada no sentido oeste), sinais de derrotismo eram visíveis no exército belga, onde alguns soldados flamengos não queriam combater os alemães. Em todo caso, quando Churchill leu o "infeliz telegrama", cedo pela manhã do dia 25, a bandeira com a suástica já tremulava na prefeitura de Calais. Nas cercanias do porto e dos cais marítimos, Nicholson e Fagalde ainda resistiram por mais um dia e meio.

* * *

Esta não é uma história militar de maio de 1940. Mas não é razoável, ou mesmo possível, separar o desdobramento militar da seqüência política dos acontecimentos. Tampouco é razoável separar os propósitos militares de Hitler de suas intenções políticas. As essências são as mesmas: convencer os ingleses a não se oporem a ele, pelo menos na Europa. Estavam os britânicos dispostos a deixar o continente, tanto melhor; ele poderia tê-los forçado a isso, mas de forma alguma iria levá-los a travar uma luta encarniçada contra ele. Bem, havia Churchill, mas este não era "os ingleses".

Este não é o lugar para se fazer uma análise detalhada da maneira como Hitler via os ingleses. Ele tinha certo respeito por seu Império e também por seus talentos como soldados (especialmente pelo que vira durante a I Guerra Mundial). Conhecia alguma coisa, mas não muito, de sua história. Não compreendia realmente o homem comum inglês ou os componentes de seu caráter. Mas à medida que a guerra prosseguia, seu respeito por eles foi rapidamente decaindo. Começou a depreciar seus talentos militares e, perto do final da guerra, virou-se contra eles com um ódio atroz — seus bombardeios sobre Londres e muitas de suas afirmações demonstram isso. Culpava os ingleses por terem preferido ficar contra ele e assim, como os poloneses, terem precipitado a guerra.

Mas estamos em maio de 1940. O que ele compreendeu depois (e havia concordado com Joseph Goebbels quando este dissera algo parecido em abril) foi que isso não era senão uma repetição em grande escala da luta que travara e vencera na Alemanha e que o havia conduzido ao poder. Ele e seus nacional-socialistas, apesar de terem começado em minoria, estavam destinados a vencer a luta, porque suas idéias tinham mais determinação e força que as de seus adversários. O fato de, durante as lutas de rua na República de Weimar, um soldado de cavalaria nacional-socialista valer dois ou três de seus adversários comunistas ou socialistas era conseqüência disso. Durante a guerra, Hitler acreditava que, da mesma maneira, um soldado alemão valia dois ou três poloneses ou franceses, ou talvez mesmo alguns soldados ingleses, não só em função da disciplina e dos equipamentos germânicos serem superiores, mas também porque um soldado alemão do Terceiro Reich encarnava uma ideologia nacional que era melhor e mais forte que as de seus inimigos. Daí 80 milhões de alemães serem mais capazes do que quase 100 milhões de oponentes da Europa ocidental, mesmo com todos os impérios que tinham atrás de si. Havia certa verdade nisso, mas não suficiente. Afinal, 80 milhões de alemães, por mais capazes que fossem, não se mostraram suficientemente competentes para resistirem às centenas de milhões de russos, americanos, ingleses, e outros que caíram sobre eles. Mas ainda não era assim em maio de 1940.

Havia outro componente na visão de Hitler que o levava a acreditar ser essa guerra uma mera repetição da luta que travara na Alemanha há cerca de uma década. Na ocasião, ele não seria capaz de ter alcançado o poder sem o apoio dos conservadores alemães. Em 1923, tentara um drástico levante nacionalista em Munique, desafiando inclusive as autoridades estabelecidas. O golpe falhou e, a partir daí, ele mudou de idéia, ou melhor, de tática. Chegaria ao poder com o apoio dos partidos conservadores, de seus políticos, sua imprensa e sua respeitável massa de eleitores. Dariam-lhe seu apoio não apenas por estarem impressionados com a massa de seus seguidores. Estariam inclinados a simpatizar, pelo menos até certo ponto, com seu nacionalismo, seu anti-semitismo e, sobretudo, com seu anticomunismo. Dessa forma, Hitler desarmaria sua oposição, ganhando certa respeitabilidade e apoio quando fosse necessário. As classes conservadoras achariam que Hitler dependia delas, que era seu parceiro; porém, uma vez no poder, *elas* logo se tornariam inteiramente dependentes *dele*. Isso foi, sem dúvida, o que aconteceu na Alemanha em 1933. Hitler tinha pouco respeito por essa gente; na verdade olhava a maioria (e certa ocasião o disse) com desprezo. O protótipo de um desses alemães conservadores era Alfred Hugenberg, líder do Partido Nacionalista e magnata da imprensa, com quem Hitler fez aliança em 1930 e de quem facilmente se livrou poucos meses depois de sua subida ao poder, não tendo qualquer problema com os antigos partidários de Hugenberg que, em sua maioria, se tornaram seus seguidores.

Mais tarde, a partir de 1935, quando suas ligações com os britânicos se tornaram muito importantes para ele, travou relações com pessoas das classes governantes inglesas e com membros da aristocracia e do Partido Conservador; encontrou-se com Halifax e posteriormente com Chamberlain, e ainda com vários outros, inclusive com o velho Lloyd George — e novamente, Hitler enxergou ou achou ter enxergado através dessas pessoas, como havia enxergado através de muitos de seus adversários e seguidores durante sua extraordinária trajetória. Ele achava que conhecia suas forças e fraquezas tal como, antes de 1933, havia conhecido as de seus potenciais inimigos conservadores. E tal como aqueles conservadores alemães que não desejaram se posicionar contra ele (e que certamente não estavam dispostos a se posicionar ao lado de liberais, socialistas e outros esquerdistas), era evidente que os anglófilos só também a contragosto pensariam na possibilidade de uma guerra contra ele, certamente não ao lado de franceses ou de outros europeus. Tal como aqueles conservadores alemães — que temiam o comunismo e se sentiam à vontade junto de Hitler e seu inquestionável e inflexível anticomunismo e antimarxismo — igualmente se sentiriam muito à vontade alguns daqueles conservadores britânicos. Na verdade, tal como aqueles conservadores alemães haviam feito, eles pareciam também querer conceder-lhe o benefício da dúvida e ver sua Nova Ordem como, no mínimo, uma alternativa para o comunismo e para o clima de um antiquado liberalismo parlamentar, decadente e corrupto. Hitler não entendeu suficientemente que os bretões não eram os germanos — que o patriotismo dos conservadores ingleses e o nacionalismo dos *Konservatives German* não era exatamente a mesma coisa. Mas quando chamava os apaziguadores ingleses de *meine Hugenberger*, meus hugenbergers, ele não estava de todo errado.

* * *

Como já vimos, muitos — provavelmente a maioria — dos conservadores da Câmara dos Comuns não gostavam particularmente de Churchill. Vimos também que aquela relutância em aplaudi-lo em parte se devia ao desconforto que lhes causava sua reputação pública e pessoal, seu passado. Mas havia mais do que isso. Esses membros do Parlamento — que formavam uma maioria esmagadora — foram eleitos em 1935, e nesse ano as políticas do governo, as inclinações de seu partido e, ao que parece, as da maior parte da população inglesa ainda não eram o que mais tarde seriam em 1940. Em 1935 e durante alguns anos seguintes, eles estavam dispostos, ou mais precisamente não se opunham, a dar à Alemanha um crédito de confiança. Desde essa época pelo menos uma dúzia de livros já foi escrita sobre a política do apaziguamento. Este não é o lugar para se fazer um resumo dessa história. Além disso, o "apaziguamento" como tal era uma questão mais do que descartada em 1940, quando Inglaterra e Alemanha já estavam em guerra. Mas a aceitação reticente — na realidade, a falta de entusiasmo por Churchill em maio de 1940 — tinha muito a ver com seu palavreado e postura contrários ao apaziguamento, inclusive com seus muitos ataques à política de Chamberlain, que só foram suspensos em setembro de 1939 — razão por que não podemos furtar-nos a dar uma rápida descrição dos antigos (e em maio de 1940 ainda latentes) adversários de Churchill.

A tendência britânica para apaziguar a Alemanha (o termo "apaziguamento" só se tornaria corrente em 1938) tinha diversas raízes. Entre elas, estava o reconhecimento gradual por parte dos ingleses de que a Alemanha recebera um tratamento injusto no Tratado de Versailles e nos anos que se lhe seguiram. Havia quase um desejo universal — do governo e da população (compartilhado pelo Patido Trabalhista e pelos pacifistas) — de evitar a todo custo o envolvimento inglês em outra guerra, especialmente em outra guerra européia. A essas inclinações de cunho amplo e popular somava-se o desejo de muitos conservadores e de pelo menos de uma parcela das classes altas de dar certo crédito aos, então, novos governos autoritários na Europa, devido, em grande parte, às suas aparentes mas firmes atitudes anticomunistas. Como escreveu Andrew Roberts em sua biografia de Halifax: "Embora seja hoje considerada vergonhosa e covarde, a política do apaziguamento já ocupou quase todo o terreno de uma elevada moralidade. A palavra foi originalmente sinônimo de idealismo, de magnanimidade do vencedor e da boa vontade na correção de erros passados".[13] Pragmatismo em vez de idealismo, poderíamos dizer, e uma tendência a não querer correr o risco de um envolvimento, mas Roberts não está inteiramente errado. Ele sem dúvida está certo ao citar Sir Samuel Hoare dizendo que em março de 1936 havia um "forte sentimento pró-alemães neste país" e que o então primeiro-ministro Stanley Baldwin temia a guerra, uma vez que "seu resultado provavelmente seria a Alemanha cair em mãos bolcheviques".[14] (Churchill e outros — tanto antes como depois da guerra — declararam que a única chance de deter Hitler seria enfrentá-lo quando ele reocupasse a Renânia em março de 1936, como se isso fosse coisa fácil de fazer. Eles estavam errados.)

Há uma fotografia de Baldwin e Chamberlain em que os dois estão se dirigindo para o Parlamento no início de 1937. Suas roupas são pretas e amarfanhadas, com colarinhos duros e altos, guarda-chuva e bengala; Baldwin tem a cabeça coberta por um alto chapéu-coco, enquanto Chamberlain usa uma reluzente cartola. Parecem duas encarnações oriundas de um vitorianismo inteiramente fora de moda — tão fora de moda quanto Hugenberg ou Hindenburg ou Schacht em 1933 ou 1934, quando vistos (e não somente quando lidos), e em contraste com o Hitler de "O triunfo da vontade": símbolos de uma velha — mas não muito — direita.

Precisamos entender que o grande conflito da década de 1930, do período anterior a junho de 1941 (quando Hitler invadiu a União Soviética) e mesmo depois dessa data em vários lugares, não era entre direita e esquerda, mas sim entre dois tipos de direita. Em certo sentido, "direita" e "esquerda" estavam se tornando cada vez mais categorias ou definições inapropriadas. Estaria Hitler à direita ou à esquerda de Churchill? Ambas designações seriam incorretas. Hitler era um revolucionário e não um tradicionalista, mas sob muitos aspectos passou ao largo dessas duas categorias cada vez mais antiquadas. Mais importante para nossos propósitos é reconhecer que durante toda a década de

---

13 Roberts, *The Holy Fox*, p.49.

14 Ibid., p.59. Ver também Pownall, que respeitava Hitler nessa época: um "pronunciado complexo antigermânico ... considero como um perigo para o país" (*Chief of Staff*, p.93).

1930, sobretudo na Europa, a esquerda era fraca. Com exceção da União Soviética, não havia em qualquer parte do mundo um regime comunista; salvo pequenas minorias e alguns intelectuais, o comunismo não chegou a atrair grandes massas. Na Alemanha, a oposição socialista e comunista a Hitler foi gradualmente se derretendo sob o calor dos sucessos do nacional-socialismo, e isso não era muito diferente do que acontecia em outros países. Na Inglaterra, o apoio ao Partido Trabalhista não cresceu mesmo depois de a maioria dos trabalhistas ter abandonado o seu tradicional pacifismo e ter se oposto ao apaziguamento. Os principais e mais ferrenhos adversários de Hitler e do Terceiro Reich foram patriotas tradicionais como Churchill ou de Gaulle — e, na Alemanha, o grupo de conspiradores aristocratas que finalmente tentou assassinar Hitler em 1944. Na Grã-Bretanha, o verdadeiro abismo era o que separava Churchill e seus partidários de Chamberlain e seus seguidores; na França, o que separava de Gaulle de Pétain; na Itália e na Espanha, a oposição se fazia entre fascistas e monarquistas. Nesses e em muitos outros países europeus, o principal conflito era entre direita e direita e não entre direita e esquerda. (Nos Estados Unidos se dava a mesma coisa: os mais perigosos e populares adversários de Franklin Roosevelt eram homens de direita e não de esquerda, como Huey Longo e Coughlin.) Até certo ponto pode-se dizer que a divisão era entre patriotas e nacionalistas, ou entre tradicionalistas e pragmatistas — mas não devemos mergulhar num poço sem fundo de definições. Talvez fosse até mais correto dizer que a divisão era entre reacionários e conservadores; de fato, em muitas ocasiões, Churchill foi criticado por ser um "reacionário irrecuperável" ou um "extremado direitista", e isso não por hitleristas ou comunistas, mas por diversos conservadores partidários de Chamberlain (eis por que escrevo que Chamberlain representava uma velha direita, mas não tão velha assim). Estaria Chamberlain à direita ou à esquerda de Churchill? As duas designações são discutíveis, mas talvez devêssemos ficar com o bom senso de Samuel Johnson, para quem as "definições são armadilhas para pedantes".[15]

---

15 Enquanto alguns viam (e ainda vêem) Churchill como um reacionário, outros o viam como um demagogo a favor da democracia. Sheila Lawlor, em *Churchill and the Politics of War*: "Churchill e seus adeptos ... eram forças radicais e combativas da reação" (p.4). Isso é totalmente errado.

"Baldwin [à direita] e Chamberlain caminham para o Parlamento, em 1937. Suas roupas são pretas e amarfanhadas, com colarinhos duros e altos, guarda-chuva e bengala; Baldwin tem a cabeça coberta por um alto chapéu-coco, enquanto Chamberlain usa uma reluzente cartola. Parecem duas encarnações oriundas de um vitorianismo inteiramente fora de moda."

Em todo caso, nos anos 1930, Neville Chamberlain era o modelo e o líder do conservadorismo britânico. Sua reputação era sólida (bem diferente da de Churchill de antes de 1940). Era firme em sua aversão ao brilho, ao intelectualismo, ao extremismo e a irresponsabilidades, fossem nos planos político ou financeiro —; firme também era sua visão estreita mas determinada dos caminhos que a Inglaterra devia tomar e seguir. Ele era inflexível em sua aversão à guerra,[16] aos comunistas e esquerdistas, à União Soviética, à propaganda pela imprensa; inflexível em sua má vontade em se envolver com a política européia e em sua falta de confiança nos franceses (e nos americanos); e, em decorrência de tudo isso, era inflexível em seu desejo de conceder aos alemães, inclusive a Hitler, mais do que apenas o benefício da dúvida. Essa última tendência talvez tenha sido fortalecida por dois outros componentes de sua formação: um vitorianismo tardio e outro moderno. Sua tendência vitoriana não-conformista e interiorana, que o levava a confiar mais nos alemães do que nos franceses, não diferia da de seu pai, o eminente político Joseph Chamberlain que, em 1899, havia proposto que o mundo deveria ser governado somente por nações teutônicas: Inglaterra, Estados Unidos e Alemanha. Um tanto mais oportuno, nos anos 1930, foi o reconhecimento de Chamberlain da falência da democracia parlamentar e liberal em muitos países, embora não, evidentemente, na Inglaterra. Ele, como de fato muitos outros (inclusive Churchill),[17] viam o novo tipo de ordem estabelecida por Mussolini (e no caso de Chamberlain, também a nova ordem de Hitler) como positiva em certos aspectos, sobretudo em seus firmes propósitos anticomunistas. Chamberlain, ao contrário de Churchill, não tinha o raciocínio rápido (o que nem sempre é uma deficiência), o que signifi-

16 Escreveu Pownall em 1936: Chamberlain é "totalmente ignorante acerca de questões militares e estratégicas ... Suas idéias sobre estratégia fariam a vergonha de qualquer escola pública" (*Chief of Staff*, p.42). Vejamos o que diz Roberts: "Todas as grandes figuras contrárias à política do apaziguamento possuem ótimos currículos de guerra — Duff Cooper, Anthony Eden, Harold Macmillan, Winston Churchill, Roger Keyes, Louis Spears etc. — ao passo que os ministros do governo nacionalista que eram a favor do apaziguamento — Baldwin, Macdonald, Chamberlain, Hoare, Sir John Simon, Sir Kingsley Wood — jamais estiveram em ação" (*Eminent Churchillians*, p.12).

17 Ver, entre outros indícios, seu prefácio de 1930 para *Dictatorship on Trial*, mencionado em Lukacs, *The Duel*, p.51.

cava que tinha dificuldade de mudar de opinião sobre um dado assunto mesmo quando já havia uma série de evidências provando o oposto. Os adversários de Chamberlain, portanto, o consideravam tacanho e obstinado; já seus seguidores, como alguém firme e determinado — e por muitos anos foi o segundo julgamento que prevaleceu.

Mas em 1939, Chamberlain viu-se obrigado a rever seus pontos de vista — por causa de Hitler. Seus adversários acharam que estava mudando sua maneira de pensar tarde demais; seus partidários discordavam. No nosso caso, não precisamos preocupar-nos com isso. Mas uma mudança de ponto de vista não significa (ou, pelo menos, raramente significa) uma mudança de caráter. Chamberlain não fora talhado para liderar uma guerra. Ele foi, como dirá Churchill no enterro dele em novembro de 1940, um inglês digno, e foi o que demonstrou em agosto de 1939, quando viu que a Inglaterra tinha de manter sua palavra e entrar em guerra, embora com relutância. Contudo, em 23 de agosto de 1939 — dia em que a notícia do pacto de Hitler com Stalin chegou e em que Hitler ordenou que se marcasse a data para a invasão da Polônia — Chamberlain disse ao embaixador americano Joseph Kennedy: "Fiz tudo aquilo que podia imaginar e parece que todo o meu trabalho resultou em nada." De acordo com Kennedy, Chamberlain estava profundamente deprimido: "[Ele] diz que a futilidade de tudo isso é que é assustadora; afinal, eles não podem salvar os poloneses; podem meramente levar adiante uma guerra de vingança que significará a destruição de toda a Europa."[18] (Chamberlain também, pelo menos em parte, compartilhava do anti-semitismo de Kennedy.)[19] Seguiram-se então os

---

18 Aster, *1939*, p.334-5. É provável que Kennedy tenha exagerado. Essas são palavras do próprio Kennedy; ele tentou convencer Chamberlain a fazer pressão sobre os poloneses para entregarem-se.

19 Disse Kennedy a James Forrestal em dezembro de 1945: "Chamberlain afirmou que os Estados Unidos e os judeus forçaram a Inglaterra a entrar em guerra" (*Forrestal Diaries*, p.122). Kenneth Clark, que era muito ligado a Chamberlain, escreveu em suas memórias *Another Part of the Wood: A Self-Portrait* (aliás, um auto-retrato muito bem manipulado) que Chamberlain lhe havia falado em Chequers que "ele era um homem de fatos". Ao que respondeu Clark: "Não são os discursos e os horrores do nazismo fatos?" Mas a isso, Chamberlain fechava os olhos. 'Tudo propaganda', respondeu quando ousei dizer-lhe o que pensava" (p.270-1). (Teria Clark "ousado" expor seu pensamento? Talvez.)

oito meses de uma guerra que muito relutantemente ia sendo levada. Chamberlain continuava ainda primeiro-ministro. "O fato de os primeiros momentos da guerra terem sido pouco eficazes não foi apenas por haver pouca coisa a ser feita, mas porque, além de tudo, Chamberlain queria que pouco fosse feito."[20] Eis o motivo por que Churchill lhe sucedeu em 10 de maio, depois do debate na Câmara dos Comuns, quando parte dos membros conservadores havia temporariamente abandonado Chamberlain sem, contudo, emprestar a Churchill apoio total.

Mas, além daqueles que ficaram do lado de Chamberlain e da maioria conservadora no Parlamento, havia outras figuras importantes nas fileiras governamentais e na sociedade cuja má vontade para com Churchill, é claro, não desaparecera inteiramente em maio de 1940. Elementos radicais — como os partidários de Mosley, os fascistas ingleses, os germano-maníacos, os anti-semitas inveterados etc. — não eram muito influentes e, como veremos, em 24 de maio foram, sem maiores tropeços, anulados pelo governo por meio de um regulamento draconiano sobre o qual Chamberlain estava plenamente de acordo com Churchill. Mas na Inglaterra (ao contrário de quase toda a Europa), havia muitos membros da aristocracia que, pelo menos antes de maio de 1940, manifestavam uma inquestionável simpatia por Hitler — ou, no mínimo, pelas então inclinações germanófilas de Chamberlain.[21] Essas tendências eram compartilhadas pelos membros da família

---

20 "Esse era um estado de coisas que felizmente estava de acordo, embora por diferentes razões, com o governo francês" (Esnouf, "British Government War Aims and Attitudes", p.30).

21 Em abril de 1939, "Halifax viu-se inundado por cartas dos maiores aristocratas da nação implorando para que retomasse a política do apaziguamento. Embora se diferenciem nos detalhes, sua linha geral era a de que a Alemanha nada tinha contra a Inglaterra em si e deveria ter uma passagem livre para o leste a fim de combater a Rússia. Para essas pessoas, a garantia dada à Polônia fora um erro terrível. Outro ponto recorrente nessas cartas era a crença de que uma guerra contra a Alemanha seria desastrosa para o lugar da Inglaterra no mundo e que somente os judeus e os comunistas se beneficiariam dela. Halifax, que até recentemente — de 1937 a 1938 — teria ele próprio acerbadamente subscrito quase todas essas opiniões, repondeu com longas e elegantes cartas, educadamente explicando e defendendo sua política. Ele conhecia os missivistas socialmente; inclusive havia sido, em Eton, o aluno da classe dos menores designado para servir o marquês de Londonderry. [Alguns dos missivistas] continuaram a lhe implorar, até bem

real e, o mais importante, por altos funcionários civis de considerável influência.[22] Um desses era Sir Horace Wilson, que, antes de 1940, fora o conselheiro mais próximo de Chamberlain e em quem ele mais confiava. R.A. Butler, numa carta de 1939, refere-se de maneira algo jocosa a Wilson como o "governante sem coroa da Inglaterra". As recordações de Kenneth Clark parecem confirmar a avaliação de Butler: "Mr. Chamberlain não era um homem de imaginação e era particularmente destituído de 'antenas'. Decisões que exigiam essas qualidades eram tomadas para ele por um extraordinário personagem chamado Sir Horace Wilson. Ele sentava-se num pequeno escritório do lado de fora da sala do primeiro-ministro em Downing Street, e todo mundo com hora marcada tinha de passar por seu escritório e perder alguns minutos conversando com Sir Horace ... Eu apreciava minhas eventuais conversas com ele, e disse isso a Mr. Chamberlain. Seus olhos iluminaram-se e voltando o rosto para mim declarou: 'Ele é o homem mais notável da Inglaterra. Não conseguiria viver um dia sem ele'".[23] Depois de 10 de

---

depois de a guerra já ter começado, para rever os laços de amizade com a Alemanha" (Roberts, *The Holy Fox*, p.151-2).

22 As provas disso não são fáceis de serem reconstituídas, já que se dispersaram e naturalmente estão incompletas. (Pode-se encontrar muito material interessante em Roberts, *Eminent Churchillians.*) Chamberlain não selecionou, pelo menos não completamente, seus papéis e correspondência (que podem ser encontrados na Biblioteca da Universidade de Birmingham). Já Halifax e Lady Halifax (na Biblioteca do Instituto Borthwick Universidade de York) não tiveram igual comportamento. Nos Arquivos Churchill, em Cambridge, nos diários de Sir Maurice Hankey, o material encontra-se selecionado: existe muito pouco ou nada sobre o período que vai de 1939 a 1944, embora uma parte de sua correspondência se encontre lá. Nos papéis de David Margesson, o líder da bancada dos conservadores no Parlamento (depositados nos Arquivos Churchill por sua filha), não constam os anos que vão de 1939 a 1946. Igualmente desaparecidos estão os papéis de Butler no Trinity College, Cambridge: o "Guia" para esses documentos oficiais indica, por exemplo: "Quatro dos itens parecem ser a continuação de alguma matéria delicada que não estará disponível enquanto não cessar o período de sigilo" (Esses itens estão em E 3/60, lote de cartas de e para Sir Samuel Hoare e o membro do Parlamento e comandante Archie James, na embaixada britânica em Madri.)

23 Butler para Lord Brabourne, 17 de fevereiro de 1939, "Butler Papers", F 79/93; Clark, *Another Part of the World*, p.271. Ainda nos "Butler Papers", F 80/98 (escritos em meados de 1939): "Sempre procurei fazer um estudo do caráter das pessoas com quem trabalho ... O poder de Sir Horace Wilson é muito grande. Ele é o Burleigh da atualidade e fiquei muito interessado na sua pessoa quando outro dia comparou a tarefa de Cham-

maio teria de conseguir: uma das primeiras coisas que Churchill fez foi mandar Horace Wilson embora.

R.A. Butler era subsecretário de Halifax no Ministério das Relações Exteriores e, de certo modo, era o Wilson de Halifax, embora este fosse menos dependente de Butler do que Chamberlain o era de Wilson. Como Wilson, Butler era um intrigante e um manipulador. Era também rico e adepto da hierarquia social, numa combinação de aristocracia com uma pitada de democracia, combinação, segundo ele, que era a essência da Inglaterra. Uma prova de suas inclinações pode ser encontrada numa carta sua para Chamberlain e Halifax, escrita a mão em março de 1938, poucos dias depois da invasão e anexação da Áustria, quando então recomendava um relatório feito por E.W.D. Tennant, presidente da Associação Anglo-Germânica: "Ele é muito discreto e sincero ... Não lhe contei que mostrei isso a você e Halifax." O relato de Tennant (aqui e ali entremeado por observações anti-semitas) acusava o desafortunado chanceler austríaco Kurt von Schuschnigg de crueldades atrozes contra os nazistas austríacos. Em essência diz o seguinte:

> A Inglaterra ainda é governada sobretudo por uma aristocracia com antigas tradições que permanecem inalteradas há séculos. A Alemanha é governada por um homem relativamente jovem, proveniente das camadas baixas, sem experiência pessoal de outros países, e cercado por conselheiros do mesmo tipo, todos homens dotados de uma energia vital e dinâmica que passaram por uma escola inacreditavelmente dura ... são frios, rudes, mas imensamente capazes e autoconfiantes porque acreditam serem guiados por ideais elevadíssimos. Ainda penso não só ser possível, como também fácil, fazer amizade com eles ... Hitler está mais do que nunca determinado a, não importa por que meios, justos ou ilícitos, impedir a invasão do comunismo na Europa.

A isso, acrescentou Butler: "Acredito que você tenha achado o relatório dele extraordinariamente verídico."[24]

---

berlain com a da rainha Elizabeth ... [Ele] gosta do poder e age de modo misterioso para realizar seus milagres. O seu talento de negociador industrial seria fortalecido se ele pudesse chegar a um entendimento com os alemães nazistas, como, em seu coração, ainda espera fazê-lo ... [Mas] seria injusto dizer que esta notável figura de olhos azuis, voz macia e expressão furtiva seja arquiteto apenas do apaziguamento."

24 Ibid., F 70/14.

Como Horace Wilson, que manipulou diversas situações (pelo menos num caso, inquestionavelmente — era ele quem interceptava as conversas telefônicas de Churchill em 1938), Butler tinha talento para a intriga. Em abril de 1938, "sabendo da raiva que tinham os alemães de alguns [jornais ingleses]", imaginou um plano para influenciar a imprensa britânica. "O que realmente queremos é organizar um pequeno comitê publicitário encarregado de nosso trabalho no Ministério das Relações Exteriores: ... (a) providenciar para que nosso caso [do apaziguamento da Alemanha] seja bem representado, (b) providenciar para que as seções de cartas em toda a parte tenham sempre muitos argumentos escritos por amigos nossos, (c) providenciar para que nossos discursos sejam melhores (bem como) mais ouvidos e conhecidos por nossos adversários ou adversários em potencial, vale dizer, providenciar para que a campanha de Winston seja vigiada."[25] Na época da política do apaziguamento, Butler estava mais próximo de Chamberlain do que de seu chefe, Halifax, e certa vez chegou a declarar isso. "Ele abraçou o apaziguamento com uma intensa satisfação, não compartilhada, depois do *Anschluss*, por ninguém no Ministério das Relações Exteriores. Seu extremado partidarismo contra membros do próprio partido, seu gosto por negociações atrás dos panos e sua quase messiânica oposição a Churchill fazem de Butler — como nem mesmo sua papelada grosseiramente dispersada foi capaz de ocultar — uma figura totalmente destituída de atrativos."[26]

Bom, já é o bastante. Durante a quinzena negra, nem Wilson nem Butler foram personagens da peça que estava sendo encenada. Em 11 de maio de 1940, Churchill desvencilhou-se de Horace Wilson. Mas não se desvencilhou, porque não podia, de R.A. Butler em Whitehall. Isso é significativo, pois Butler era, no final das contas, subsecretário de Estado de Halifax, e por volta de 24 de maio, um novo alinhamento começava a surgir no Gabinete de Guerra. O principal adversário de Churchill não era Chamberlain; era Halifax.

* * *

---

25 Ibid., F 79/24.

26 Roberts, *The Holy Fox*, p.140.

Edward Wood, Lord Halifax, é tema de uma excelente biografia, de Andrew Roberts — muito bem equilibrada e composta em cima de uma impressionante variedade de fontes. Uma preciosa parte dela trata das relações de Halifax com Chamberlain e com Churchill.[27] Uma vez que essa relação triangular foi crucial para o desenrolar dos acontecimentos de maio de 1940, somos obrigados, mesmo correndo o risco de imprecisões, a fazer um rápido esboço da personalidade de Halifax e de sua trajetória como líder da quinzena negra e, por fim, expor os motivos que o levaram a opor-se a Churchill.

Isso não é fácil. A personalidade de Halifax era bem distinta da de Churchill, mas também muito diferente da de Chamberlain. Tinha uma aparência pouco comum: muito alto, muito magro e ereto, com uma postura marcada por pés extraordinariamente grandes e tortos; ele nascera sem a mão esquerda e a prótese que a substituía (um pulso) era manejada magnificamente bem; também portava muito bem suas roupas, discretas mas de magnífico corte. Sua aparência aristocrática estava de acordo com seu caráter: calmo e distante, talvez mesmo frio; mais tímido do que sensível; sempre controlando suas emoções e, talvez, o que é ainda mais admirável, suas ambições. Tinha um leve senso de humor, um atributo dos ingleses em que Chamberlain era praticamente nulo e que Churchill (pelo menos era essa a impressão de certas pessoas) tinha em excesso. Seus principais interesses — na realidade, vícios — eram a caça à raposa, o anglicanismo elevado ao mais alto grau e os serviços que prestava como homem público. O primeiro chegou a tal ponto que freqüentemente usava imagens de caça e disparos nos discursos quando desejava ilustrar certos temas pesados com um toque de originalidade; quanto ao segundo, era mais a quintessência de um homem de igreja do que um introspectivo homem de fé; quanto ao terceiro, "sua carreira [foi] uma história ininterrupta de realizações e promoções."[28] Churchill o chamava de Holy Fox (Raposa Sagrada), que, segundo Roberts, era um trocadilho infame (não pensa-

---

27 A autobiografia de Halifax, *Fulness of Days,* é amena e pouco útil, embora pontilhada de humor. A biografia do conde de Birkenhead, *Halifax: The Life of Lord Halifax,* é bem mais útil e, em certos momentos, crítica.

28 Roberts, *The Holy Fox,* p.1.

mos assim). Talvez a mais alta honraria que recebeu tenha sido a nomeação para o cargo de vice-rei da Índia (como Lord Irwin), que exerceu de 1925 a 1931. Ele foi o mediador da oferta à Índia para tornar-se um país da Commonwealth, a que Churchill se opunha violentamente. Depois de seu retorno da Índia, foi-lhe oferecido o lugar de ministro das Relações Exteriores no governo de Ramsay Mac-Donald, mas ele recusou. Com a morte do pai em 1934, tornou-se visconde de Halifax, ocupando altos cargos nos governos de Baldwin e Chamberlain. Por cinco meses em 1935, foi ministro de Estado para Assuntos de Guerra, opondo-se, então, ao rearmamento. Em fevereiro de 1938, como já vimos, Chamberlain despediu Anthony Eden e indicou Halifax para ministro das Relações Exteriores.

Halifax era um apaziguador, de fato a quintessência do apaziguador, completamente extremado. Aqui não é o lugar para citar seus muitos e infelizes julgamentos sobre a Alemanha de Hitler, alguns anos antes e durante quase todo o ano de 1938; os exemplos são inúmeros e podem ser achados em suas biografias e nas de seus adversários, bem como em vários papéis particulares e nos arquivos públicos. "Completamente extremado" porque, no seu caso, existem evidências que atestam que aquela proverbial frieza e serenidade de julgamento se deixaram sobrepujar por ilusões e que aquele espírito, em outras circunstâncias tão decididamente pragmático, viu-se tomado por desejos que passaram a ser pai de seus pensamentos, que de fato *eram* seus próprios pensamentos, como sucedeu quando achou Goering "sinceramente simpático" e Goebbels muito "agradável". Por vários anos, a impressão que tinha de Hitler deixou muito a desejar. Em certa ocasião comparou o "misticismo" de Hitler ao de Gandhi. Regressando do mais desastroso de seus encontros com Hitler, em novembro de 1937, escreveu a Chamberlain dizendo que a questão colonial era a única que pesava nas relações da Alemanha com a Inglaterra. Era uma interpretação totalmente equivocada, não só com relação a Hitler mas com relação a toda a situação mundial.[29] As principais ambições de Hitler estavam na

---

29 Ibid., p.67, citação extraída dos papéis de Baldwin (173/61) em 15 de novembro de 1937: "A visita a Hitler constituiu o ponto alto do apaziguamento de Halifax." Escrevendo a Baldwin depois de uma recente conversa que o comissário da Liga das Nações de

Europa, não em qualquer outro lugar. Entretanto, nessa época, Halifax — e isso era uma das coisas que tinha em comum com Chamberlain — não estava muito interessado na Europa. Eis o motivo por que Churchill passou a noite em claro depois de Chamberlain ter despedido Eden e indicado Halifax. Há uma reação típica de Halifax quando Hitler anexou a Áustria em março de 1938: "Que vantagem poderia haver em pisotear um terreno escorregadio e ser carregado junto com ele?"[30] Há uma coincidência significativa nessa frase. Nós iremos ver que, em 27 de maio de 1940, Churchill empregou uma imagem parecida em seu discurso, mas em contexto totalmente diverso: quando disse a Halifax e ao Gabinete de Guerra que qualquer opinião que implicasse uma tentativa de negociação com Hitler significaria que a Inglaterra estava andando por uma "encosta escorregadia". Roberts cita Oliver Harvey quando este disse, em 1938, que Halifax "fecha facilmente os olhos para fatos desagradáveis, mas que se mostra engenhoso e até jesuítico quando dá voltas em seus pensamentos incômodos," mas Roberts também acrescenta que a afirmação condenatória de Harvey era incorreta.[31] No entanto, durante a primavera e o verão de 1938, Halifax não se eximia de fazer contatos nem de tramar às escondidas, e tampouco de procurar manipular a imprensa ou fazer pronunciamentos estranhos para os intermediários de Hitler.[32]

Danzig, Karl Burckhardt, tivera com Hitler, ele observou: "Nacionalismo e racismo são forças poderosas, e acho que nem uma nem outra sejam contra a natureza ou imoral!" Ele acrescentou na véspera da partida: "Não consigo duvidar que esses sujeitos odeiem sinceramente o comunismo etc.! E atrevo-me a dizer que se estivéssemos em seu lugar talvez sentíssemos a mesma coisa!" Quando Ribbentrop, então embaixador da Alemanha em Londres, disse a Tom Jones, na ocasião o maior dos apaziguadores, "Quanto mais cedo Halifax encontrar o Führer melhor" (ibid., p.64), ele estava certo.

30 CAB 27/623-26 (378).

31 Roberts, *The Holy Fox*, p.95.

32 Em março de 1936 (durante a crise na Renânia), Halifax sugeriu que "qualquer aproximação direta com a Alemanha deveria ser mantida fora do conhecimento dos franceses" (ibid., p.59) Em julho de 1938, o adjunto de Hitler, capitão Fritz Wiedemann, visitou Londres. Halifax o recebeu em seu gabinete. Ao partir, Halifax teria dito que "gostaria de ver, como coroação de sua obra, a entrada do Führer em Londres ao lado do rei e em meio às aclamações do povo inglês". Wiedemann, que era confiável, relatou o fato a Hitler. O episódio pode ser encontrado nos volumes publicados dos documentos diplomáticos alemães e é também citado por Roberts, *Eminent Churchillians*, p.16-7 (onde, entretanto, a visita é datada como sendo em julho de 1939 e não 1938, que é o

Numa noite de setembro de 1938, houve uma mudança. No dia 15, Chamberlain foi inesperadamente para Berchtesgaden para encontrar-se com Hitler, com vistas a firmar um acordo com ele — uma viagem sem precedentes tratando-se de um primeiro-ministro inglês. Ele contou com o total apoio de Halifax, e o mesmo se deu uma semana depois, quando foi novamente ao encontro de Hitler, agora em Godesberg, onde Hitler fez exigências e mostrou sua habilidade no uso de ameaças. Pouco inclinado a comprometer a Inglaterra com a Tchecoslováquia e com a França, Chamberlain estava desejoso, talvez até ansioso, de concordar com o que Hitler pedisse. Houve uma reunião do gabinente depois do retorno de Chamberlain, e Halifax o apoiou integralmente. Seu subsecretário Alec Cadogan escreveu em seu diário: "Mais horrorizado fiquei ao ver que [Chamberlain] hipnotizara [Halifax], que capitulou inteiramente ... Dei [a Halifax] uma indicação do que *eu* pensava, mas não surtiu qualquer efeito." Houve, nessa tarde, duas reuniões do gabinete; depois da segunda, "[Halifax] muito feliz e totalmente entregue a seu derrotismo pacifista foi por mim deixado em casa e pude expor um pouco do que me ia pela cabeça, mas ele não se abalou."[33] Bom, na verdade suas convicções foram abaladas. Na manhã seguinte, ele disse a Cadogan: "Alec, estou muito zangado com você. Por sua causa fiquei uma noite sem dormir. Acordei e não consegui pegar no sono outra vez. Mas cheguei à conclusão de que você estava certo." Assim, quase exatamente sete meses depois do dia em que sua nomeação como ministro das Relações Exteriores deixou Churchill sem dormir, Halifax teve *sua* noite de insônia. Na reunião seguinte do Gabinete ele subitamente tomou a palavra. Não se podia confiar em Hitler; o nazismo tinha de ser eliminado. Chamberlain mostrou-se aturdido e decepcionado. Mais tarde nesse dia, Halifax comentou com Chamberlain sobre sua noite em claro. Chamberlain respondeu-lhe áspera e ironicamente, duvidando do valor dos pensamentos noturnos. A partir daí, passou a existir uma divergência entre os pontos de vista de Cham-

---

certo); mas acrescenta Roberts: "Sempre é possível que a declaração tenha sido exagerada, mas quando a conversa se tornou pública depois da guerra, Halifax não fez qualquer tentativa para negá-la." A afirmação de Halifax foi também confirmada por este autor (informação particular).

33 *Diaries of Sir Alexander Cadogan*, p.103, 105.

berlain e de Halifax. Churchill e mais alguns outros perceberam isso: "Não creio que [Halifax] vá muito longe como primeiro-ministro", disse ele em fevereiro de 1939.[34] No verão de 1939, durante os últimos meses que antecederam a guerra, Chamberlain (e por trás dele Horace Wilson) ainda encorajava todos os tipos de contatos dúbios e perigosos com agentes de Hitler; Halifax, não. Mas depois de haver estourado a guerra não houve qualquer atrito mais grave entre Halifax, Chamberlain e Churchill — todos os três faziam agora parte do Gabinete.

Mas houve diferenças entre Halifax e Churchill em várias ocasiões. Durante a "Guerra Relutante", Halifax se mostrou receptivo (sem comprometer-se) a várias propostas mediadoras e não oficiais que eram levadas por todo tipo de interlocutores não autorizados. Ele ainda tinha alguma esperança em Goering como um possível sucessor de Hitler. O que não significa que Halifax estivesse tendo uma recaída em sua política do apaziguamento. Sua razão principal — pelo menos foi o que alegou na ocasião — era ganhar tempo enquanto a guerra não estourasse de fato e arrastasse irrevogavelmente consigo a Inglaterra. Em 6 de maio, ele fez uma observação oblíqua dizendo que "uma das maneiras de ganhar tempo seria iludir os alemães com conversações de paz".[35] A idéia de "conversações de paz" deixava Churchill furioso. Isso era alta traição, disse ele. Halifax não tardou a escrever-lhe: "Você é realmente injusto com minhas idéias irresponsáveis. Elas podem parecer tolas, e com certeza são perigosas, mas não significam alta traição. Nunca gostei de discutir com você, sobretudo no 'terreno dos mal-entendidos'." Churchill respondeu incontinenti no mesmo papel: "Caro Edward. Tive um espasmo de medo. Desculpe-me se o ofendi. Foi um pensamento muito odioso nessa atmosfera de frustração. Você não podia prever isso. Perdoe-me. W."[36] Era uma boa troca de palavras

---

34 CA 2/343.

35 Nota não publicada que consta do álbum de recortes da família Halifax, citada em Roberts, *The Holy Fox*, p.181. Um achado de certo modo curioso, esquecido talvez por engano, dada a cuidadosa manipulação dos documentos pertencentes a Halifax: "Como diligente curador da própria reputação, Halifax teria posteriormente feito o seu registro."

36 O interessante é que a nota foi escrita num papel com o timbre do primeiro-ministro. Teria Halifax rabiscado a nota na sala de Chamberlain? Ou — mais provavelmente — ficariam os papéis do primeiro-ministro normalmente na sala do Gabinete?

entre dois *gentlemen* talhados à antiga. As frases rapidamente escritas a mão e à tinta refletem bem as características pessoais de seus autores. Entretanto, como Roberts observa muito justamente: "É preciso ter cuidado ao se reconstituir a relação entre Halifax e Churchill" — e não apenas por Halifax haver "manipulado totalmente seus papéis." "Aconteceram muito mais discussões entre Churchill e Halifax — principalmente na época das reuniões do Gabinete, tanto dentro como nas salas vizinhas — do que as que estão registradas ou são lembradas."[37]

A tendência para procurar entendimentos, a grande má vontade por tudo que fosse exposto com minúcias ou fosse muito floreado eram características de Halifax, não de Churchill. Mas isso não se devia somente a uma diferença de táticas ou, talvez, de temperamentos. Churchill com certeza compreendia melhor Halifax do que Halifax compreendia Churchill, sendo que isso teria mais a ver com a pouca disposição de Halifax para refletir sobre as idéias de Churchill. Parece que ele achava que algumas das propostas ou afirmações de Churchill, além de excessivas ou extremadas, eram superficiais. Em suma, era ambivalente com relação a Churchill, desconfiando dele em algumas coisas e admirando — ou pelo menos respeitando — sua competência em outras. Há inúmeros indícios dessa ambivalência logo depois de Churchil ter se tornado primeiro-ministro. Em 11 de maio, Halifax felicitou Churchill nos termos mais calorosos possíveis. Primeiramente dizendo: "Sei o quanto é pesado o fardo que você corajosamente reivindicou carregar." E depois finalizando: "Não preciso dizer-lhe o quanto meus pensamentos estão inteiramente voltados para você e que lhe faço votos para que, agora na condição de líder, seja feliz na condução do país. Que Deus o abençoe sempre."[38] No entanto, nesse mesmo dia, Halifax escreveu a seu filho, um membro do Parlamento: "Espero que Winston não nos conduza de forma irrefletida."[39] Há muitas críticas a Churchill nas páginas referentes a esses dias nos diários selecionados de Halifax. Teria Halifax "simplesmente calculado que sua posição como eminência parda seria mais poderosa do que se estivesse sentado no trono"?

37 Roberts, *The Holy Fox*, p.188.

38 CA 20/11.

39 Roberts, *Eminent Chuchillians*, p.157.

Talvez ele tenha pensado que Churchill não fosse durar muito. Escreveu Halifax em seu diário no dia 11 de maio: "Raras vezes encontrei alguém com lacunas tão singulares de conhecimento, ou cuja mente trabalhasse tão abruptamente. Será possível fazê-la funcionar de maneira ordenada? Muito vai depender disso." E acrescentou: "Com toda a certeza não lucramos muito em matéria de intelecto." Em 12 de maio: "Preocupado com os métodos de Winston." Em 13 de maio: "Sem dúvida não existe qualquer comparação entre Winston e Neville como executivo." Nesse mesmo dia, numa carta: "Não acredito que WSC vá ser um bom primeiro-ministro, apesar de achar que o país pensará, com ele, ter recebido um impulso ... Ele é uma criatura estranha." Em 14 de maio: "Isso faz com que eu cada vez mais desconfie de seu senso crítico." Nesse dia, ele usou em alguns trechos o termo, então em moda, *gangsters* ao referir-se à nova equipe de Churchill: "Os *gangsters* logo estarão controlando tudo." No entanto, no mesmo diário, em 10 de maio, escreve sobre Churchill: "Ele agiu com grande espírito público." Em 17 de maio: "Estou muito impressionado com a coragem de Winston." Finalmente, na sexta-feira, 24 de maio: "Tive uma conversa com Winston antes do jantar; como sempre ele se mostra cheio de coragem."[40] No entanto, estava se preparando para enfrentá-lo no Gabinete de Guerra.

Halifax ainda continuava gozando da amizade do rei e da rainha. Em 20 de maio, passeou pelos jardins do Palácio de Buckingham (de cujo portão tinha a chave dada pela rainha): "nós nos vimos, de certo modo, enredados numa pequena reunião no pátio, que consistia do rei, da rainha e dos Gloucester, com quem tomamos um drink e conversamos!"[41] Em 22 de maio, Leo Amery, um churchilliano, fez um discurso em Oxford, sobre o qual depois contaria: "Pensei em dizer algo no sentido de alertar contra a ofensiva pacifista de Hitler, mas ... Edward [Halifax] deu prosseguimento ao meu discurso, que ele abrandou de tal

---

40 Os diários de Halifax foram escritos para uso da família; muitos dos trechos acima estão no diário em York, A.7.8.4. A palavra *gangster* aparece nos documentos de Butler: G 11, outros em Roberts, *The Holy Fox*, p.199. Ver também Lawlor, *Churchill and the Politics of War*, p.35.

41 Halifax Papers, A.7.8.4.

forma que mais parecia um convite a Hitler para oferecer-nos termos de paz que poderiam significar o nosso fim."[42]

* * *

Chegou a vez de descrever o Gabinete de Guerra. Depois de 10 de maio de 1940, o Gabinete de Guerra era formado por cinco homens — Churchill, Halifax, Chamberlain e dois líderes do Partido Trabalhista, Clement Attlee e Arthur Greenwood, que foram levados para lá em nome da coalizão de modo a formar um governo nacional. Às vezes pessoas estranhas ao Gabinete ou militares de alta patente eram convidados. Às vezes também encontrava-se lá o secretário, Sir Edward Bridges, que, no entanto, de vez em quando, era sumariamente excluído em função de matérias sigilosas que estavam em discussão; foi o que aconteceu nas reuniões dos dias 26 e 27 de maio.

Depois do dia 10 de maio, apesar de já ser primeiro-ministro, Churchill preferiu não mudar-se para Downing Street. Seus aposentos eram no prédio do Almirantado, onde algumas das reuniões do Gabinete de Guerra se realizaram, embora quase todas acontecessem no nº 10 da Downing Street, onde, nos andares superiores, Neville Chamberlain e Mrs. Chamberlain continuavam residindo. A sala do Gabinete era (e ainda é) no andar térreo do nº 10, no final de um longo corredor. Essa era uma arrumação relativamente nova. A maior parte do prédio da Downing Street fora construída no final do século XVII. Durante o século XIX, o nº 10 se tornou um número emblemático, embora nem todos os primeiros-ministros houvessem escolhido morar lá. Já ao longo do século XX, todos o fizeram, à exceção de Churchill em seus primeiros meses como primeiro-ministro (e também, agora, de Tony Blair). Em 1937, Mrs. Chamberlain, que gostava de morar lá, decidiu reorganizar algumas salas, a maioria no andar térreo.[43] Há uma boa descrição da sala do Gabinete em Ian Colvin, *The Chamberlain Cabinet*, um livro que trata do período que vai de 1937 a 1938: "A sala do Gabinete, comprida, estreita e majestosa — com uma mesa que mede

42 Esnouf, "British government war aims and attitudes", p.196.

43 Antes de 1937, Chamberlain morava no nº 11 da Downing Street, a residência oficial do ministro das Finanças; sua casa, em Eaton Square, fora alugada a Ribbentrop, então o embaixador alemão.

pelo menos sete metros e meio, rodeada por cadeiras de pernas arqueadas e estofadas com couro —, fora ampliada em 1781 com a ajuda de duas colunas coríntias." Existem bonitos castiçais e cristais lapidados sobre a mesa, dois relógios sobre o mármore da lareira e um belo relógio de pé; nos anos 1930 foram instalados telefones e estantes para livros. "Um retrato de Sir Robert Walpole, pintado por Van Loo, ficava em cima da lareira, em frente da qual se encontram a cadeira de braços e o tinteiro do primeiro-ministro, que marcam o centro da mesa ... As janelas de persianas da sala do Gabinete dão para o muro baixo do jardim do nº 10, e permitem que se tenha por entre as árvores niveladas uma visão da Horse Guards Parade e do St. James's Park." Do lado de fora da porta com cortina vermelha, "na ante-sala, etiquetas com molduras de bronze indicavam o lugar em que cada ministro deveria pendurar seu chapéu."[44]

"A sala do Gabinete, comprida, estreita e majestosa — com uma mesa que mede pelo menos sete metros e meio, rodeada por cadeiras de pernas arqueadas e estofadas com couro..."

44 Colvin, *The Chamberlain Cabinet*, p.18, 21.

Podia parecer à primeira vista que Churchill dispusesse de uma maioria folgada no Gabinete de Guerra, para não falar no das Relações Exteriores: mesmo com a eventual oposição de Chamberlain e Halifax, estariam ali os dois ministros trabalhistas para apoiá-lo; na pior das hipóteses, seriam sempre três contra dois. E assim foi, só que não de maneira tão simples. Attlee e Greenwood eram novatos no Gabinete e a experiência dos dois nas áreas militar e política era limitada; além disso, representavam um partido que estava em grande minoria no Parlamento. Em maio de 1940, eles ouviam mais do que falavam, sobretudo Attlee. Um rompimento sério entre Churchill e os dois eminentes conservadores teria sido um desastre. Tivesse Halifax ou Chamberlain, ou ambos, renunciado, haveria uma crise nacional, que imediatamente repercutiria no Parlamento e abalaria gravemente a posição de Churchill, tornando-a talvez até insustentável.

Na sexta-feira, 24 de maio, o Gabinete de Guerra reuniu-se às onze e meia da manhã. A maior parte da discussão foi sobre Calais e foi Churchill quem falou durante algum tempo. Tudo indica que ele ainda não estava informado da trégua ordenada por Hitler. Foi quando, pela primeira vez, se mencionou Dunquerque: "Um número considerável de tropas francesas estava em Dunquerque, mas nenhuma tropa inglesa até aquele momento havia sido enviada para lá, a não ser certas unidades da BEF que tinham sido mandadas de volta para a região. O porto funcionava perfeitamente."[45] Halifax então levantou o problema da crise belga: houve mais discussões sobre se deveriam ser feitos preparativos para que o rei Leopoldo III e sua família partissem para a Inglaterra, como havia feito a rainha da Holanda e sua comitiva 12 dias antes. Halifax respondeu sim, Churchill respondeu dizendo que ainda não. Mas não houve maiores conflitos entre os dois sobre o assunto.

Nem Churchill nem Halifax sabiam que nesse dia, 24 de maio, em Washington, os acontecimentos se precipitavam. Desde o começo da guerra Churchill vinha mantendo uma correspondência secreta com o presidente Roosevelt. Halifax tinha conhecimento e aprovava. Mas — e isso é importante — por volta da metade do mês de maio de 1940, Roosevelt ainda não estava seguro sobre o valor da liderança de Chur-

45 CAB 65/7,

chill, tendo recebido diferentes relatórios sobre seu caráter e nem todos abonadores.[46] Além do mais, havia seu embaixador em Londres, Joseph Kennedy, que, como vimos, odiava Churchill e achava que a Inglaterra não tinha a menor chance (ou motivos) de resistir à Alemanha. Roosevelt começava a ter consciência das tendências derrotistas de Kennedy; Halifax também. Contudo, o mais importante era a natureza assustadora da mensagem que Churchill havia escrito e enviado a Roosevelt em 15 de maio. Essa foi a primeira demonstração de que Churchill estava antevendo o abismo que tinha à frente; além disso, reconhecia que seria afastado caso a Inglaterra fosse obrigada a pedir um acordo de paz. (É importante notar como Churchill, desde muito cedo — isso foi na tarde de 15 de maio —, já vislumbrava a possibilidade da França cair.) "Como sem dúvida é de seu conhecimento, a situação vai rapidamente se tornando negra", escreveu ele. "Se necessário, continuaremos a lutar sozinhos e não tememos isso. Mas confio que o senhor haja entendido que a voz e a força dos Estados Unidos talvez de nada servirão se seu país continuar por muito tempo retraindo-se. O senhor poderá ter uma Europa nazista, completamente subjugada, consolidada em curtíssimo prazo, *cujo peso possivelmente será maior do que aquele que podemos suportar*." O grifo é meu.

Roosevelt respondeu a mensagem de Churchill 12 horas depois de seu recebimento. O tom era amigável, mas ele não prometia muito. Dois dias depois, Churchill acusou o recebimento da resposta de Roosevelt, escrevendo-lhe uma carta muito curta, com pouquíssimas frases: "Estamos determinados a prosseguir em nossa luta até o último instante, seja qual for o resultado da grande batalha que ocorre na

---

46 Sumner Welles, em março, depois de ter visitado Londres: Churchill levava uma vida desregrada e bebia demais. Adolf Berle, assistente de um ministro de Estado: Churchill talvez esteja velho demais e "cansado". Em 11 de maio, Churchill foi objeto de discussão na Casa Branca. Harold Ickes, ministro do Interior: "Aparentemente Churchill não é nada confiável quando sob o efeito da bebida". Roosevelt disse "acreditar que Churchill era o melhor homem que a Inglaterra possuía". Frances Perkins, ministro do Trabalho: Roosevelt não se sentia "seguro" com relação a Churchill, por isso perguntava a seus assessores "que tipo de homem" Churchill realmente era. Ickes: Churchill estava "velho demais". A isso acrescenta-se a visão que tinha Mrs. Roosevelt de Churchill, que o achava reacionário; ela chegou inclusive a pedir a um amigo que incutisse essa idéia em seu marido (Lukacs, *The Duel*, p.73). Sobre o início das relações Churchill-Roosevelt, ibid., p.72-4.

França ... Mas se alguma ajuda americana estiver sendo cogitada, que seja logo posta em prática." Passados mais outros dois dias, em 21 de maio, Churchill redigiu outra carta, hesitando se deveria enviá-la, o que acabou por fazer. Sentia-se na obrigação de abrir os olhos de Roosevelt para a perspectiva terrível do que poderia vir a acontecer. Seu governo poderia cair na batalha, "mas em nenhuma circunstância concebível eles iriam consentir na rendição." Mas:

> Se membros da atual administração sucumbirem e outros chegarem para parlamentar em meio às ruínas, o senhor não poderá fechar os olhos para o fato de que a única moeda a barganhar com a Alemanha seria a esquadra, e de que se este país for deixado pelos americanos à própria sorte, ninguém terá o direito de culpar aqueles que, então, serão os responsáveis pelos termos obtidos como sendo os melhores para os sobreviventes. Perdoe-me, Sr. Presidente, se descrevo este pesadelo de maneira tão rude. Obviamente, não posso responder pelos meus sucessores que, em total desespero e desamparo, serão obrigados a conformar-se com a vontade dos alemães.

Churchill assim concluía: "Contudo, não há, felizmente, necessidade no momento de estendermo-nos mais sobre essas idéias."

Como felizmente não há necessidade? Talvez essa perspectiva fosse impensável, mas o impensável precisa às vezes ser pensado e esta era uma boa ocasião para fazê-lo. Roosevelt e outros em Washington não estavam entendendo perfeitamente, ou adequadamente, a situação. A confiança de Roosevelt em Churchill e sua amizade com ele ainda não eram suficientemente fortes, havendo ainda certo distanciamento entre as duas maneiras de pensar. Durante quase todo o mês que se seguiu nenhuma mensagem importante foi trocada entre eles.

Enquanto isso, uma perigosa boataria surgia em Londres. Um funcionário da embaixada americana especialista em códigos, Tyler Kent, era um isolacionista convicto. Não muito diferente de alguns isolacionistas americanos e certos republicanos, sua aversão a Franklin Roosevelt ia de par com seu anticomunismo e seus pontos de vista germanófilos. Ele tirara centenas de documentos classificados, inclusive mensagens secretas de Churchill para Roosevelt e vice-versa, da embaixada americana e os armazenara em sua casa, perto de Baker Street. Transmitira alguns a diversas pessoas, a maioria mulheres que odiavam

Churchill e que simpatizavam com os alemães; alguns dos papéis foram parar nas mãos de uns poucos fascistas ingleses e até de agentes italianos. Em 20 de maio, a polícia de segurança inglesa penetrou nos aposentos desse serviço secreto paralelo. Ele renunciou à sua imunidade diplomática e foi condenado a sete anos de prisão. (No final da guera, foi libertado e voltou para os Estados Unidos.) É interessante observar que nada havia de inconstitucional no conteúdo da correspondência entre Churchill e Roosevelt. Foi uma sorte que o embaixador Kennedy, cujas preferências políticas eram parecidas com as de Kent, tivesse preferido lavar suas mãos no episódio e não insistisse em defender sua imunidade diplomática. Kennedy, como político, preferira não romper com Roosevelt antes de 1940, até a época da campanha eleitoral; achou que não era a ocasião propícia ou o tempo certo para opor-se frontalmente a ele.[47]

Em 23 de maio, Churchill informou ao Gabinete de Guerra que os primeiros-ministros da Austrália e da Nova Zelândia haviam enviado um telegrama secreto e urgente, insinuando que, dada a gravidade da situação, os governos do Commonwealth deveriam dirigir apelos individuais ao presidente Roosevelt no sentido de liberar todos os aviões disponíveis e também a pilotos americanos voluntários. Churchill respondeu que "não recomendava apelo público nesse momento, pois daria ao presidente uma impressão de fraqueza."[48] Nessa tarde, Kennedy encontrou-se com Halifax. Estava extremamente pessimista sobre as chances da Inglaterra e exageradamente crítico quanto a Churchill e enviou uma mensagem a Roosevelt no mesmo tom. Roosevelt estava inclinado a ouvir seu amigo William C. Bullitt, o embaixador americano na França, que já havia insinuado (em 16 de maio) não apenas a possibilidade de uma rendição da França como também da Inglaterra; nessas circunstâncias, a melhor coisa a fazer seria os ingleses destacarem sua esquadra para o Canadá.

Isso estava de acordo com a visão de Roosevelt, que havia começado a perceber a gravidade dos acontecimentos e a rapidez com que se

---

47 Estas duas páginas, inclusive os trechos das mensagens de Churchill foram extraídos de ibid., p.75-7.

48 CAB 65/7. A resposta de Churchill ao primeiro-ministro australiano aparece em Gilbert, *The Churchill War Papers, Companion Volume 2*, p.119.

desenrolavam. Mesmo antes de sua tentativa sem precedentes de candidatar-se pela terceira vez, ele estava começando a pensar, de certo modo como os ingleses em 10 de maio, num governo de coalizão nacional. Ele havia conversado sobre isso com seu adversário nas eleições de 1936, Alfred Landon, embora ainda sem resultados práticos. Agora, na manhã de 24 de maio, contactou o primeiro-ministro do Canadá, Mackenzie King, pedindo-lhe para enviar secretamente um representante a Washington a fim de discutir "algumas possíveis conseqüências que, certamente, não podem ser conhecidas do público". No telefone King era chamado de Mr. Kick e Roosevelt de Mr. Roberts. King acreditava que os Estados Unidos estavam "tentando pôr-se a salvo à custa dos ingleses" e disse a Roosevelt que ele precisava conversar diretamente sobre o assunto com Churchill. A idéia de Roosevelt (e seu pedido) era no sentido de que o Canadá e os países da Commonwealth fizessem pressão sobre Churchill para que pusesse a esquadra inglesa navegando através do Atlântico o mais rapidamente possível — ou seja, antes de os termos de paz de Hitler incluírem a rendição da esquadra. Roosevelt acrescentou que Churchill não deveria ser informado de que a origem dessa proposta era americana. Assim, o próprio Roosevelt chegou a imaginar que a Inglaterra pudesse fazer um pedido de paz — vale dizer, que pudesse render-se. Também ele — ainda — não confiava inteiramente em Churchill.

Disso, Churchill — e Halifax — não estavam sabendo.

* * *

E assim também se encontrava o povo inglês, em grande parte alheio à proximidade dos perigos com que ia defrontar-se. Essa relativa ignorância refletia-se na imprensa. Isso é significativo, já que mesmo durante a guerra havia uma considerável liberdade de imprensa na Inglaterra. Quando se tratava de assuntos secretos ou delicados, o governo podia confiar muito menos na peremptória censura oficial do que na costumeira autocensura dos editores de jornais e de seus repórteres. O historiador que quiser reconstituir, a partir dos jornais ingleses, a opinião pública da época, irá encontrar uma grande quantidade de ilustrações da vida cotidiana oriundas de pequenos tópicos que foram notícias, programas, anúncios etc.; tanto na diagramação como no conteúdo e também no que diz respeito ao próprio caráter, os jornais diferiam bem pouco de seu aspecto de antes da guerra; entretanto, como fornecedor de um gênero de notícias que, de outra maneira (como nas rádios, por exemplo), não estaria disponível, os jornais tinham pouco a dizer. Somente aqui e ali encontraremos certos tópicos que refletem expressões ou tendências da opinião pública que não se acham em nenhum outro lugar. Chegaremos a um ou dois deles em breve.

Dessa maneira, as reportagens e comentários nos jornais sobre os graves e dramáticos acontecimentos militares na França e na Bélgica em geral deixavam a desejar. Nesse sentido, não havia grande diferença entre os jornais de "classe", mais intelectualizados e minuciosos como o *Times* ou o *Daily Telegraph*, e os jornais populares. Em 24 de maio, o editorial do *Evening Standard* soou talvez inusitado por sua advertência sombria que preparava para o pior: "Em primeiro lugar, vamos deixar de nos comportar como avestruzes nos preparativos contra a invasão desta ilha. Há ainda quem desdenhe esta idéia. Poderia Hitler ter sucesso onde Napoleão falhou? Não, dizem, o Canal é inexpugnável, da mesma forma como outros falaram, há algumas semanas, que o Meuse era inexpugnável. Faríamos melhor se nos preparássemos para o pior." O editorial do *News Chronicle* era moderado: "Em seu breve pronunciamento no dia de ontem sobre a situação da guerra, o primeiro-ministro deixou claro que o fluxo da penetração alemã na Bélgica e no norte da França ainda não foi contido." Mas trazia essa manchete: "Tropas francesas nos arredores de Amiens", o que estava, infelizmente, longe da verdade. No mesmo número, o famoso especialista em assuntos militares Liddell Hart escreveu que o poder das bombas agora tornava difícil, senão impossível, "manter uma cabeça-de-ponte" num porto do Canal (felizmente, Hart provou estar errado, pelo menos no caso de Dunquerque). Um certo G.G.S. Salusbury, correspondente de guerra do *Daily Herald*, estava bastante equivocado quando escreveu: "A Inglaterra e a França são imbatíveis. As principais forças francesas e inglesas ainda não foram seriamente exigidas." O *Manchester Guardian* fazia elogios aos "idosos comandantes" franceses Weygand e Pétain: eles não diferiam em idade "de algumas das grandes figuras da história". Weygand estava com 73 anos, mas o doge Enrico Dundolo de Veneza havia conduzido seu exército a Constantinopla quando tinha 95 anos. O marechal Pétain tinha 84 anos, mas Gladstone (que continuava herói do liberal *Manchester Guardian*) ainda era primeiro-ministro com a mesma idade, e "se (como diz M. Reynaud) o marechal Pétain continuar em seu cargo até a vitória, ele poderá bater o recorde de Gladstone". Entretanto, o editorial do *Manchester Guardian* nesse dia foi correto: "Vigilância. As armas dos alemães estão mais próximas de nós a cada dia que passa ... O estado de ânimo não será preservado pelo fato de ficarmos de olhos fechados. Muito nessa guerra se perdeu por nos recusarmos a acreditar que certas coisas poderiam acontecer." Sinais de pré-guerra, se não eduardianos, podiam ser vistos nas programações anunciadas pelos teatros de Manchester para a semana que se seguiu ao 24 de maio: *O soldadinho de chocolate* no Opera House. *Gaietés de Montmartre* no Gaiety Theatre. Em dois grandes cinemas estavam sendo levados *O corcunda de Notre Dame* e *Atire a primeira pedra,* com Marlene Dietrich. A principal coluna do *Daily Telegraph* era escrita por J.B. Firth, um historiador e biógrafo de Cromwell. Seu tom era churchilliano: "É chegada a hora de o povo inglês mostrar a matéria de que é feito e as alturas que pode alcançar ... A propaganda de paz de Hitler antes da guerra era feita expressamente para espalhar o terror ... O dever nos conclama a cerrar fileiras em nossa pátria contra o menor indício de desunião nacional." Teria isso sido escrito só para espantar o medo? Talvez não. A seção "London News and Comment" do *Scotsman* declarava em 24 de maio: "A confiança dos londrinos permanece inabalada pelas notícias procedentes da França, embora a gravidade seja maior."[49]

Três tópicos publicados na maioria dos jornais do dia 24 de maio podem ser significativos. Um era o destaque de primeira página, com

---

49 "Durante a última guerra Shakespeare era constantemente encenado no Old Vic, e mais uma vez a intenção deste teatro foi manter suas portas abertas ... O Sadlers' Wells Ballet perdeu suas músicas, seu cenário e seu figurino na Holanda quinze dias antes, e se viu obrigado a reestruturar seu repertório. Sua temporada londrina será aberta em 4 de junho." (O *Times,* de 24 de maio, elogiava a execução das canções de Schumann por Richard Tauber e o concerto para piano de Beethoven executado por Joseph Weingarten: "No final, a platéia pôde sentir que havia presenciado uma interpretação séria de uma das mais belas obras de Beethoven.") Uma página inteira (5) do *Scotsman* era dedicada à assembléia geral da Igreja escocesa, "O dia das missões em nossa terra e no estrangeiro": "Orando pela paz, e recomendando que orem pela vitória", declarou o reverendo Ewan Maclean, "poderemos alcançar a paz amanhã — a *Pax Germanica.*"

aprovação unânime, dado à decisão do governo de prender Oswald Mosley e sua mulher, junto com o capitão germanófilo Ramsay, membro do Parlamento, além de outros fascistas (mais de mil). Outro, que dava uma mostra nada conveniente de um patriotismo exagerado, eram as muitas cartas aos editores e mesmo alguns artigos que protestavam contra a presença e a liberdade de movimento dos refugiados alemães (as pessoas que escreveram ou eram indiferentes ao fato de que a maioria dos refugiados era antinazista e judia ou então não tinham consciência do que se passava).[50] A suspeita acerca de estrangeiros era destacada por muitos jornais: o *News Chronicle* acusava o recebimento de muitas cartas que criticavam os refugiados ("De onde vem o dinheiro deles?"). Na mesma página dava a notícia de que um grupo de moças flautistas de Dagenham havia solicitado "permissão para formar um corpo armado de defesa".

Uma característica interessante — interessante devido à significação que posteriormente teria — era a atenção que os jornais dedicavam às relações com a Rússia: uma espécie de busca angustiada por possíveis aliados. Isso estava de acordo, como geralmente acontecia, com a intenção do governo — tanto o de Halifax como o de Churchill — de melhorar as relações com a Rússia e de enviar Sir Stafford Cripps em outra missão a Moscou em 18 de maio. No dia 24, o *News Chronicle* citava R.A. Butler: "Estamos tomando providências imediatas para melhorar nossas relações com os soviéticos." O "nosso correspondente em Londres" do *Manchester Guardian* fez uma entrevista por telefone com G.B. Shaw, que elogiou tanto Stalin como a decisão inglesa de lutar até o último instante: "Um entendimento com Stalin é vital." Esse entendimento ainda demoraria bastante para acontecer, embora não por falta de vontade dos ingleses. Quando em 22 de junho de 1941, devido à invasão da União Soviética por Hitler, foi estabelecida de fato uma aliança entre a Inglaterra e a Rússia, seguiu-se uma onda de russofilia entre os ingleses, em parte, claro, por causa do alívio que o povo sentiu

---

50 O principal artigo no *Daily Mail*, de 24 de maio, era sobre a quinta-coluna: "Estão se sucedendo ações rápidas no *front* montado dentro do país. A quinta-coluna na Inglaterra está começando a vacilar. Ontem, as autoridades acertaram um golpe. O perigo da dispersão interna é visível para todo mundo. A Holanda caiu em cinco dias porque ninguém podia confiar em seu vizinho." (Não foi por isso que a Holanda caiu.)

não só com relação ao curso da guerra, mas também porque o bombardeio alemão deveria diminuir em intensidade. Mas tais tendências, inclusive ilusões quanto à Rússia, tiveram seus precursores em maio de 1940, e não apenas entre intelectuais esquerdistas ou elementos da classe operária britânica.

Os registros do Mass-Observation eram, como de costume, reações e expressões mais variadas do que aquilo que aparecia na imprensa. O resumo "Morale Today" de 24 de maio registrou pouca mudança: "Talvez uma ligeira alta na angústia e uma leve queda no otimismo. Há um reconhecimento geral da gravidade da situação, mas uma idéia ainda extremamente tênue de que isso possa ser mais do que um retrocesso temporário ou levar a uma tentativa de invasão" [*sic*]. A impressão geral é de uma inquietante flutuação de sentimentos: "Não pode fazer bem aos nervos da população ficar tão à mercê dos pequenos incidentes de cada dia: respirar de alívio e felicidade com a leitura da manchete sobre Arras e, em seguida, ser mergulhada num abatimento passageiro por causa das más notícias sobre Boulogne." "Uma das características dos dias de hoje é o recrudescimento da má vontade com relação aos franceses, que se faz, às vezes, acompanhar de uma extrema violência crítica contra eles."[51] "Todas essas observações aplicam-se principalmente às classes alta e média e às mulheres." No entanto, no mesmo resumo, há um relato de uma conversa entre três sindicalistas de meia idade: "Você sabe, nossas mulheres ficam por aí pedindo votos para o Sindicato das donas de casa, e algumas, principalmente as mais jovens com quem elas conversaram, chegaram ao ponto de declarar que dariam boas-vindas a Hitler. Elas dizem que não podia ser pior, e que pelo menos teriam seus maridos de volta." "Está certo .... Elas dizem que não pode ser pior, então qual a vantagem de estarmos em guerra? Estou vendo que se o moral for por água abaixo, do jeito que está neste momento não vai haver muita resistência quando ele chegar."[52]

Mas isso não era típico. Típica era a aprovação unânime da detenção de Mosley. E talvez as palavras de "Nella", uma repórter do M-O em

51 FR 134. Comentários típicos eram, por exemplo: "Para que serve a França? Ou, se eles têm um exército, o que fazem com ele?"

52 FR 134, 24 de maio, p.3, iii.

Bolton que escreveu dois milhões de palavras durante a guerra, publicadas num livro 40 anos mais tarde. Em 11 de maio, ela escrevia: "Se eu tivesse de passar toda a minha vida com um homem, escolheria Chamberlain, mas acho que não vai demorar muito para que eu fique com Mr. Churchill se houver uma tempestade e eu naufragar."[53] Um fato interessante tanto nos relatos e diários do M-O como nos do Ministério da Informação é a quase total ausência de comentários sobre Halifax. As pessoas não se interessavam por ele ou até mesmo o ignoravam. Não há mais do que um único relato em palavras sobre ele feito por um homem em 11 de maio: "Halifax deseja tornar-se arcebispo de Canterbury. Ele não quer estar no Gabinete."

53 *Nella's Last War.*

capítulo 3

Sábado, 25 de maio

Um fim de semana inglês. — Os franceses: Weygand e Pétain. — Halifax e o embaixador italiano. — Churchill e o Comitê de Defesa. — "O desânimo está definitivamente em alta".

Durante o mês de maio de 1940, o céu esteve aberto na maior parte da Europa e da Inglaterra — com um sol inclemente sobre a terra e a mais perfeita calmaria nos mares (o que foi uma bênção para os ingleses quando tiveram de voltar para Dover e largar Dunquerque para trás). Nenhuma das grandes capitais dos países em guerra havia passado, até esse momento, pela experiência de uma chuva de bombas caindo sobre elas. A vida cotidiana prosseguia em Londres, bem como em Berlim e Paris, embora em Londres, diferentemente, pequenas barricadas de sacos de areia, com guardas armados, fossem erguidas em frente aos principais prédios do governo. Ainda assim, reinava o clima típico de calma de um sábado londrino por causa do hábito britânico do *weekend.* Uma descrição de 25 de maio, sábado, tirada do diário de Evelyn Waugh da época da guerra, diz: "Esta manhã, logo que o batalhão concluiu que seu treino fora tão deficiente que deveríamos dividi-lo em grupos, o general-de-brigada, depois de contar vantagem dizendo que poderíamos ter conservado Boulogne, informou-nos que estávamos treinados e prontos para entrar em atividades. O batalhão continuaria treinando. O major encarregado do serviço esquivou-se de qualquer responsabilidade e deixou aos meus cuidados o batalhão do NCO (não comissionado oficial). Como era sábado e havia dado meio-dia, Laura e eu resolvemos sair para um idílico *weekend* em Alton, no Swan Hotel. Uma cidade encantadora não apenas desprovida de militares, como cheia de rapazes civis, bem apessoados e em idade militar. O hotel era cheio de folhagens, com um mobiliário maciço e muito ornamentado. Fomos à igreja, lemos P.G. Wodehouse (que ficou perdido num dos portos do Canal),[1] observamos os velhos com seus chapéus panamá jogando boliche, e esquecemos a guerra."[2]

A coluna "London News and Comment" do *Scotsman* informava em 25 de maio: "Durante estes dias de ansiedade, a vida em Londres continua com toda a aparência exterior de normalidade. Pelo menos na superfície é difícil encontrar sinais comparáveis ao nervosismo que prevaleceu nos primeiros dias de setembro, quando a guerra ainda não era uma realidade." As ruas comerciais em West End estavam "longe de parecerem desertas". A lista de espetáculos nos jornais era longa e variada.[3] Tanto o *Daily Mail* como o *Daily Express* imprimiram, cada um, meia página com anúncios de lugares no sul do litoral inglês onde se poderia passar o feriado.[4] O *Manchester Guardian* anunciava férias em Paris: "HOSPEDE-SE EM PARIS, perto da Ópera e dos Grandes Boulevards, Ambassador, 16, Boulevard Haussmann. Quarto (com água corrente e WC privativo) a partir de 55 francos. Preços especiais para membros das forças aliadas."

---

1 P.G. Wodehouse e sua mulher estavam em Le Touquet quando os alemães chegaram. Os alemães os trataram (como também trataram outros ingleses lá residentes) com bastante cortesia. Wodehouse ficou favoravelmente impressionado com o comportamento dos alemães e foi convencido por eles a dar uma entrevista em inglês a uma rádio alemã. O programa foi inofensivamente humorístico e em tom conciliador. Lendo a entrevista hoje, encontra-se pouca coisa condenável, mas atribui-la à ingenuidade de Wodehouse é demasiadamente simplista. O resultado foi que ele recebeu violentas críticas na Inglaterra, onde alguns o acusaram de traidor. Isso era um exagero perverso. Após a libertação de Paris, Malcolm Muggeridge, George Orwell e outros, inclusive Waugh, fizeram de tudo para a reabilitação de Wodehouse. Esta acabou acontecendo, mas Wodehouse, depois de se mudar para os Estados Unidos, nunca mais voltou à Inglaterra.

2 *Diaries of Evelyn Waugh*, p.470.

3 O *Daily Herald* cita Miss Doreen Porcheron, "uma das duas garotas de um teatro de revista no West End, que prometia combater a nudez vulgar no palco".

4 O *Daily Mail*, 25 de maio: "Ilha de Wight: trinta minutos de agradável travessia sobre águas calmas o levarão a uma terra onde você terá um feriado despreocupado e tranqüilo!" (Apenas um ou dois dias depois, os barcos a vapor da ilha de Wight estavam partindo para Dover e de lá para Dunquerque.) O *Daily Express*, 25 de maio: "Ramsgate: Seu lugar ao sol durante os feriados, como sempre!" E, digno de nota: "A sua escolha para os tempos de guerra!"

Não obstante as forças aliadas, havia um clima e um tom de pré-guerra nesse e em outros anúncios dos jornais diários. Não havia clima de pré-guerra nas deliberações do mais alto conselho da França que se reuniu naquele sábado à tarde. Era mais de pós-guerra do que de pré-guerra: pós-guerra no sentido de que o supremo comandante do exército francês estava propondo um fim para a guerra, ou seja, a rendição a Hitler.

* * *

Existia muita gente na França — muito mais do que na Inglaterra — que não tinha seu coração na guerra. Eram pessoas que podiam ser encontradas no governo e entre os representantes eleitos para as câmaras. Havia pelo menos três razões para esse estado de ânimo, razões em diferentes níveis, que envolviam também pessoas de diferentes tendências. Talvez melhor fosse não dizer "razões", mas "fatores." O fator irresistível era a lembrança da última guerra na qual a França perdera um milhão e 400 mil homens. Os franceses formavam agora uma população idosa, especialmente quando comparada às da Alemanha e da Itália. Em idade militar, havia quase três vezes mais alemães e italianos do que franceses. No entanto, o derrotismo não estava muito difundido entre os franceses, nem mesmo após a quinzena negra de maio de 1940. A população civil dava mostras de alto grau de disciplina, comportando-se melhor do que alguns dos soldados, sobretudo os do Nono Exército sediado no Meuse. Isso iria mudar quando os alemães começassem a atacar furiosamente nas proximidades das cidades e vilarejos franceses. Deu-se, então, uma fuga em massa de pessoas em pânico; mas não ainda no mês de maio.

Os políticos franceses estavam divididos. Muitos deles pensavam e murmuravam — em lugar de falar abertamente — que a França não deveria ter entrado em guerra em setembro de 1939. Novamente, como em muitos outros países, a divisão não se fazia entre direita e esquerda, mas entre duas direitas: entre aqueles que achavam que a guerra fora um erro e os que pensavam que a França, em virtude de suas tradições e de sua honra, não tinha outra escolha. Será que os primeiros consideraram que se a França concordasse com o domínio dos alemães (e dos italianos) sobre toda a Europa, à exceção talvez de umas poucas democracias do lado ocidental do continente, isso reduziria a França às condições de uma Bélgica ou uma Holanda, a uma neutralidade pusilânime, dificilmente capaz — e destituída de vontade — de opor-se a qualquer coisa que Hitler ou Mussolini exigissem? Mesmo depois de quase 60 anos não podemos responder a esta pergunta, porque os políticos contrários à guerra não a fizeram a si mesmos. Para muitos deles, os motivos eram tão ideológicos quanto políticos. Achavam que o melhor para a França seria procurar uma acomodação com Mussolini em lugar de ficar dependente da Inglaterra. A anglofobia, e não as tendências pró-fascistas, era o denominador comum dessas preferências, idéias e sentimentos, embora em muitos casos houvesse também um componente ideológico. Eles estavam convencidos não somente de que os ingleses eram hipócritas e egoístas, mas também de que seu sistema e sua visão de mundo eram provavelmente inúteis, o que não acontecia com a nova ordem de Mussolini ou com — pobre de nós! — a de Hitler.

Os acontecimentos da Quinzena Negra fizeram aflorar esses sentimentos. Os que se sentiam dessa maneira punham a culpa não na atuação lastimável de alguns integrantes de seu próprio exército, mas nos ingleses. Os políticos britânicos e pró-britânicos em Paris, pensava essa corrente, haviam levado a França a essa guerra. Depois disso, os ingleses haviam enviado somente umas poucas divisões e esquadrilhas de aviões à França, e agora estavam retirando-se para os portos do Canal da Mancha, abandonando os franceses. Eles também eram falsos; não estavam informando aos franceses o que andavam fazendo. Havia certa razão para chegar-se a essas conclusões. Já vimos que os ingleses, inclusive Churchill, consideravam a possibilidade de uma retirada para os portos, e em seguida, a evacuação para a Inglaterra dias antes de 25 de maio. Na noite anterior, Reynaud havia telegrafado a Churchill dizendo que o exército inglês "não concordava mais com o plano do general Weygand e que estava se retirando na direção dos portos do Canal." A resposta de Churchill foi: "Temos todos os motivos para acreditar que Gort ainda esteja persistindo em sua marcha para o sul." Mas não era assim. Duas divisões inglesas estavam se retirando de Arras. Churchill sabia que o "plano Weygand", o contra-ataque franco-britânico conjunto, dera em nada: "Nada na movimentação da BEF, de que estamos cientes, pode servir de desculpa para relaxar a forte pressão de sua marcha para o norte através do Somme, em cujo desenvolvimento confiamos."[5] Não existia tal pressão, nem forte nem fraca, e Churchill deve ter sabido que ela não iria evoluir. Houve uma reunião do Gabinete de Guerra às onze e meia. Churchill informou a seus colegas sobre a troca de mensagens com Reynaud, acrescentando: "Não resta dúvida de que Lord Gort foi forçado a seguir esse caminho devido à posição em que se encontrava. Mas ele devia imediatamente ter nos informado sobre as decisões tomadas, e os franceses têm razão para se lamentarem. Mas esta não é hora para recriminações."[6]

O general Weygand e o marechal Pétain achavam que era chegada a hora para recriminações — e elas eram muitas. Weygand era o novo comandante-em-chefe designado; Pétain, um herói nacional da I Guerra Mundial, cujo imediato fora designado três dias antes, por Reynaud, como seu vice-primeiro-ministro. Weygand e Pétain não confiavam nos ingleses e se opuseram a uma aliança anglo-francesa desde o início. Havia muitos indícios disso, especialmente da parte de Pétain, que sabia poder contar com seus partidários. No dia anterior, Pierre Laval, um anglofóbico convicto depois de 1935, esteve com um diplomata italiano em Paris cujo relatório para Roma dizia o seguinte: "Laval acredita, mais do que nunca, que se torna necessário e urgente estabelecer contato com Roma." É "a única maneira de se falar com Hitler. O atual governo não fará isso. Um governo Pétain-Laval precisa ser formado."[7]

Às 7 da noite de 25 de maio, o mais alto conselho, o Comité de Guerre, reuniu-se em Paris. Estavam presentes o presidente da república, Albert Lebrun; o premier Reynaud; Pétain; Weygand; dois outros ministros; dois outros generais; e o secretário do Comité de Guerre, um partidário de Pétain. Weygand começou fazendo uma longa exposição. A situação militar, segundo ele, era insustentável e sem esperança. "É uma luta de um contra três." "Seremos esmagados." Isso então significava que "cada fração do exército terá de lutar até a exaustão para salvar a honra do país". Weygand concluiu: "A França cometeu o enorme erro

---

5 CA 20/14; também em Gilbert, *Companion Volume*, p.140.

6 CAB 65/7.

7 Giobbe (Paris) em *Documenti diplomatici italiani*, 1939-43, série 9, vol. 4, p.439.

de entrar na guerra sem equipamentos e o preparo militar requeridos. É provável que [a França] tenha de pagar muito caro por esta criminosa imprudência."

Falou, então, o presidente da república, Lebrun: "Estamos comprometidos a não assinar uma paz em separado." (Em março, os governos franceses e ingleses haviam estabelecido esse compromisso recíproco.) "Contudo — se a Alemanha oferecer-nos condições relativamente vantajosas, nós as examinaremos com cuidado e friamente."[8] Weygand concordou. Reynaud interveio: "Se nos apresentarem uma oferta de paz, a França, de todo modo, deve conversar com os ingleses ... Estamos amarrados por um compromisso formal." Foi a vez de Pétain falar: "Eu questiono se existe uma total reprocidade da parte dos ingleses ... Na verdade, eles só compareceram com duas divisões enquanto 80 divisões francesas ainda estão lutando." Reynaud argumentou: "Uma troca de opiniões com a Inglaterra talvez se justifique, ao menos para lhes perguntar se estariam prontos a concordar em fazer importantes sacrifícios para impedir a Itália de entrar na guerra." Houve uma corajosa contra-ofensiva do ministro da Marinha, Campinchi: "A lealdade da França não pode ser arriscada; um tratado de paz jamais deve ser assinado pela França sem a concordância prévia da Inglaterra. [Não estou] inteiramente de acordo com o marechal Pétain quando ele compara a contribuição militar dos dois países ... Se este governo deu sua palavra à Inglaterra, talvez outro governo se sinta menos obrigado a respeitar um tratado de paz sem antes pôr-se de acordo com a Inglaterra." Porém, "estar em desgraça é uma coisa; ser desleal é outra. É urgente nesse instante uma conversa com os ingleses."

Houve outra escaramuça verbal entre Campinchi e Weygand. Reynaud declarou então que devia partir para Londres no dia seguinte e explicar "claramente a situação aos ingleses: a desiguadade de uma luta

---

8 O fato é que o ministro da Suécia na França, Nordling, foi portador de uma mensagem indireta de Goering para Reynaud em 19 de maio. (Nordling estava em Estocolmo em 10 de maio, viu Goering em Berlim no dia 15 e chegou a Paris no dia 17.) Em 26 de maio, Goering encontrou-se com outro sueco, Dahlerus, um fervoroso partidário da acomodação entre a Inglaterra e a Alemanha: na época, entretanto, suas conversas foram sobre o futuro do norte da Noruega e de Narvik.

de um contra quatro; mas que apesar de tudo o governo francês estava pronto para continuar lutando, nem que fosse só por sua honra." Ele perguntaria aos ingleses o que aconteceria se Paris estivesse prestes a cair. A resposta talvez fosse: "Vocês estão amarrados a uma assinatura; devem lutar ainda que não haja esperança." Mas Weygand teve a última palavra. A destruição total das forças armadas francesas, lutando até o fim somente para salvar a honra? "Temos de preservar os instrumentos da ordem. Já pensaram nos problemas que poderiam surgir se a última força organizada, ou seja, o exército, fosse destruída? Os ingleses devem ser sondados sobre todas estas questões."[9] Reynaud consentiu. A duração total da reunião foi de duas horas e meia.

* * *

Poucas horas antes dessa importante reunião dos líderes franceses em Paris (de cuja essência os ingleses ficaram sem saber), Lord Halifax resolveu fazer uma tentativa por própria conta, pedindo ao embaixador italiano, Giuseppe Bastianini, para encontrar-se com ele naquela tarde. Era de certo modo algo fora do comum, pois acontecia num *weekend*, coisa que muitas pessoas na Inglaterra, entre as quais os embaixadores estrangeiros e o próprio Halifax, ainda respeitavam. O tom da conversa, inclusive a linguagem sóbria e cuidadosa de Halifax, era, é claro, muito diferente do que Weygand e Pétain diziam no clima depressivo e agitado do Conselho de Guerra francês. Contudo, seus propósitos não eram inteiramente diferentes: impedir a Itália de entrar na guerra, fazendo concessões se necessário — e, dissimuladamente, sugerir que Mussolini podia ser o instrumento de um "acordo geral europeu".

Devemos, neste ponto, considerar a — em retrospecto surpreendente — importância da Itália na Europa, na realidade entre as forças mundiais dos anos 1930. O prestígio de Mussolini era tal que quando, em 1935-36, ele decidiu não participar de uma coalizão antigermânica passando para o lado da Alemanha, isso pesou muito mais na balança

9 As minutas estão reproduzidas em François Delpla, *Les papiers secrets du général Doumenc,* Annexe 6: "Comité de Guerre du samedi 25 mai 1940", p.504-9.

das forças européias do que o compromisso assumido na mesma época (1934-35) entre a União Soviética de Stalin e a França de formar uma frente anti-hitlerista. Com a conquista da Abissínia pelos italianos e depois da Albânia, o comentário acre certa vez feito por Bismarck de que a Itália teria bom apetite mas dentes fracos foi inteiramente esquecido. Some-se a isso a impressão deixada por Mussolini de ter sido o instrumento principal, ao lado de Hitler, da convocação da conferência de Munique em setembro de 1938, quando se estava a um passo da guerra. Na França, a admiração por Mussolini contava sem dúvida com um componente ideológico; na Inglaterra não tanto. Se bem que tenha sido a vontade obstinada de Chamberlain de procurar agradar Mussolini que precipitou a renúncia de Eden e a nomeação de Halifax para o cargo de ministro das Relações Exteriores em fevereiro de 1938 (quando da noite insone de Churchill). Isso foi precedido por intrigas combinadas entre agentes italianos e alguns partidários de Chamberlain (entre os quais, Sir Joseph Ball, uma versão em escala menor de Horace Wilson), entre as quais a interceptação de conversas telefônicas. Em janeiro de 1939, Chamberlain e Halifax foram a Roma sem obter maiores resultados. Em maio de 1939, a Itália assinou o Pacto de Aço com a Alemanha. Em setembro de 1939, a decisão de Mussolini pela "não-beligerância," que significava que a Itália não entraria ainda na guerra, levou certo alívio a Londres e a Paris. Em seguida, porém, Mussolini passou a alinhar-se com Hitler de forma cada vez mais incondicional. Em abril de 1940, Halifax ainda achava que Mussolini talvez não fosse tão longe.[10] Mas havia cada vez menos razões para os ingleses acreditarem que Mussolini, mais cedo ou mais tarde, não entrasse na guerra.

Deu-se, então, a marcha triunfante dos alemães cruzando o norte da França. Em 16 de maio, Churchill escreveu uma carta surpreendente a Mussolini: "Peço-lhe que acredite não ser por espírito de fraqueza ou por medo que faço este solene apelo que ficará na história. Através dos séculos, acima de todos os outros apelos, está o clamor que leva os co-herdeiros das civilizações latina e cristã a não se porem uns contra os outros numa luta mortal." Dois dias depois chegou a resposta de

---

10 Em 6 de abril de 1940: "Ainda sou de opinião que [Mussolini] late mais do que morde" (Halifax Papers, A.7.8.3). Halifax estava errado.

Mussolini: "Se foi para honrar sua assinatura que seu governo declarou guerra à Alemanha, o senhor entenderá que é o mesmo senso de honra e de respeito pelos compromissos assumidos no Tratado Ítalo-Germânico que guiará a política italiana de hoje e de amanhã em face de qualquer acontecimento que possa sobrevir." Disse então Churchill: "A resposta foi dura. Pelo menos ela tem o mérito da franqueza."[11]

Essa troca de cartas não foi comunicada ao embaixador italiano em Londres. Bastianini, embora sendo um fascista de primeira hora, nem por isso era um anglofóbico ou estava comprometido com a germanofilia. Não é possível saber se a iniciativa de uma conversa com Halifax partiu dele ou do próprio Halifax: provavelmente do segundo.[12] Por volta de 20 de maio, Bastianini encontrou-se com Lord Phillimore, que relatou sua conversa a Butler, que ficou entusiasmado: "Hitler deveria ouvir [Mussolini] e ninguém mais, mesmo agora."[13] Halifax não contou isso a Churchill, mas pensou ser prudente informar ao Gabinete de Guerra em 25 de maio que, "a convite de uma terceira pessoa, houve um encontro entre Sir Robert Vansittart e um membro do *staff* da embaixada italiana. Esse homem (cujo nome era Paresci) disse que "se o governo de Sua Majestade encontrasse um meio de se aproximar do governo italiano, com vistas a explorar as possibilidades de um acordo amigável, não haveria por que temer uma recusa desse encontro". Halifax negociava com extrema cautela. "Depois de consultar o primeiro-ministro, ele foi autorizado a levar o assunto adiante." Houve um segundo encontro de Vansittart com o italiano. "Muito provavelmente nada resultará de tudo isso. No entanto, ainda que o resultado seja meramente o de ganhar tempo, só isso já terá valido a pena." Churchill declarou que não fazia objeção ao encontro, mas advertiu que "este, é claro, deve ficar longe de qualquer tipo publicidade, já que isso equivaleria a uma confissão de fraqueza".[14]

---

11 Churchill, *Their Finest Hour*, p.122.

12 Talvez valha a pena observar que nos ensaios autobiográficos de Bastianini, *Uomini, cose, fatti: Memorie d'un ambasciatore*, nada há sobre Halifax em maio de 1940.

13 Roberts, *The Holy Fox*, p.212.

14 CAB 65/7. WM 138 (40). Halifax pode ter tido suas razões para pôr na linha de frente Vansittart (que nunca poderia ser acusado de apaziguador), e não Butler.

Halifax encontrou-se com Bastianini nessa tarde, relatando suas conversas com bastante detalhes: "Era totalmente verdade que havíamos pretendido abordar, da forma apropriada, certas questões políticas ... e em todas as abordagens gostaríamos de deixar claro que a Itália naturalmente ocuparia seu lugar de direito, numa conferência de paz, do lado dos beligerantes ... Se e quando recebermos uma indicação de que nossa abordagem está sendo recebida com a consideração devida, estaremos prontos para levar a questão adiante e negociá-la de maneira mais detalhada ... [Isso] poderá servir para abrirmos caminho para tratar de outros assuntos, sempre tomando as providências para que abordemos essas questões com base no mais franco reconhecimento dos direitos e das necessidades de ambas as partes." Bastianini respondeu que naturalmente iria transmitir o mais depressa possível a posição de Halifax a seu governo, acrescentando, no entanto, que Mussolini sempre achara que "a solução dos problemas entre a Itália e qualquer outro país deveria ser parte de um amplo acordo europeu". Bastianini perguntou a Halifax "se poderia informar a seu governo que a Inglaterra agora considerava oportuno examinar a questão em pauta, isto é, o exame da matéria segundo o quadro geral de um acordo europeu".[15]

Halifax disse "ter sempre achado que todas as discussões com vistas a resolver os problemas europeus e a construir uma paz européia lidavam com assuntos que preocupavam a Itália e que por isso deveriam ser discutidos como parte de um acordo geral europeu". Nesse ponto, Bastianini deu um pequeno passo à frente. "Ele gostaria de saber se o governo de Sua Majestade consideraria possível discutir questões gerais que envolvessem não só a Grã-Bretanha e a Itália, mas também outros países." Referia-se, claro, à Alemanha. "Eu [Halifax] diria que é difícil visualizar discussões tão amplas quando temos uma guerra em pleno andamento"; o embaixador replicou dizendo que, "uma vez discussões como esta começassem, a guerra deixaria de fazer sentido". Mussolini, afirmou Bastianini, estava preocupado em construir um

15 Será que ele o fez? A versão de sua conversa com Halifax (ver adiante) só foi telegrafada para Roma 24 horas depois (e recebida em Roma às 5:20 da manhã do dia 27 de maio). Mesmo considerando o *weekend* e o tempo necessário para codificá-la, tudo parece demorado demais. Na margem do despacho, há a assinatura de Mussolini: ele o havia lido.

acordo "que não fosse meramente um armistício, mas que preservasse a paz européia por todo o século". Disse Halifax: "O propósito do governo de Sua Majestade era o mesmo, e da parte dos ingleses sempre haveria boa vontade em considerar qualquer proposta que, com autoridade, ensejasse a consolidação de uma Europa segura e pacífica." Com isso, Bastianini "calorosamente concordou": "Ele gostaria de poder informar ao *Signor* Mussolini que o governo de Sua Majestade não excluía a possibilidade de uma discussão dos problemas mais amplos da Europa no caso de surgir a oportunidade." "Isso eu disse a [Bastianini] que ele podia certamente fazer."[16]

Este é um resumo feito por Halifax com palavras cuidadosamente escolhidas sobre sua conversa com o embaixador italiano. O registro de Bastianini dessa conversa não é muito diferente, salvo que, em sua versão, ao contrário da de Halifax, a Alemanha como tal está mencionada. De acordo com Bastianini, Halifax, entre outros assuntos, "reconheceu plenamente as relações específicas que a Itália mantinha com a Alemanha" e, conforme a opinião pessoal dele, Bastianini, "o problema das relações ítalo-britânicas não pôde ser considerado dada a situação de fato e a especificidade das relações ítalo-germânicas, a não ser que se estabelecesse um quadro mais amplo e duradouro de um acordo europeu duradouro".[17]

Nada existe sobre essa importante conversa (sequer uma única menção a Bastianini) nas amenas memórias de Halifax, ou, talvez ainda mais estranho, nos diários. Segundo Roberts, o biógrafo de Halifax: "Em setembro de 1948, Lord Ismay convenceu Churchill a suprimir uma passagem no segundo volume de suas *War Memoirs*, que afirmava em relação ao caso Bastianini: 'O ministro das Relações Exteriores se mostrou desejoso de fazer um acordo.' Churchill magnanimamente chegou até a alterar a passagem." Na realidade, ele omitiu todo o assunto. "Halifax não se mostrou muito agradecido por isso."[18]

---

16 Anexo ao CAB 66/7. O texto é um despacho de Halifax para Sir Percy Loraine, embaixador inglês em Roma, 212 FO 800/319/70.

17 *Documenti diplomatici italiani, 1939-1943*, série 9, vol.4, p.462-63.

18 Roberts, *The Holy Fox*, p.229; Ismay Papers, CA II/3/100/2. Halifax muitas vezes criticava as memórias de guerra de Churchill em conversas particulares. A análise de Roberts da conversa Halifax-Bastianini merece ser considerada: "Havia dois planos

* * *

Nessa mesma tarde de 25 de maio, Hitler ditou uma carta inusitadamente verborrágica a Mussolini. Ele sabia que Mussolini havia decidido entrar na guerra, provavelmente dentro de 15 dias, portanto não nos cabe analisar aqui em detalhes essa longa carta, a não ser, talvez, por um motivo: Hitler, de passagem, escreveu sobre a trégua temporária das frentes ofensivas alemãs antes do ataque a Dunquerque (acrescentando que a imprensa corrupta das potências ocidentais tirara falsas conclusões e que não era esse o caso), assegurando a Mussolini que aquilo não duraria mais que dois dias. E assim foi; no dia seguinte ele deu ordens para suspender a trégua.

Embora a agenda do sábado de Churchill estivesse bastante carregada, nada havia de extraordinário. Houve uma reunião do Gabinete às onze e meia. Os Atlee foram almoçar no prédio do Almirantado. Às cinco e meia, ele teve um encontro com o Comitê de Defesa em Downing Street, onde a discussão girou quase toda em torno da situação de Flandres e dos belgas.[19] Os ingleses ignoravam o que o rei da Bélgica, Leopoldo III, havia dito a três de seus ministros nesse dia: "A causa dos aliados está perdida ... Não resta dúvida de que a Inglaterra dará prosseguimento à guerra não no continente, mas nos mares e colônias; entretanto, a Bélgica não pode participar disso. O papel dela está encerrado ... Não há razão para continuarmos a guerra do lado dos aliados."

---

totalmente diferentes dos aliados com relação à Itália, que foram durante três dias constantemente misturados e confundidos um com o outro. Para piorar a situação, alguns políticos, inclusive Halifax, passaram depois a fingir que estavam referindo-se a um deles, quando na realidade era sobre o outro de que estavam falando, e, depois da guerra, negaram completamente a existência de um dos planos. O primeiro consistia em seduzir Mussolini a ficar fora da guerra e o segundo, um esquema com vistas a persuadi-lo a interceder junto a Hitler na tentativa de se alcançar termos razoáveis para um permanente cessar-fogo. Os dois, é claro, eram mutuamente contraditórios: enquanto o primeiro se destinava a tornar as coisas mais fáceis para que a guerra prosseguisse com sucesso, o segundo prentendia dar-lhe um fim" (ibid., p.213). Não necessariamente a esperança de fazer Mussolini o promotor da paz abrangia os dois, e tanto um como outro, na época, não pareciam contraditórios nem a Halifax nem a Bastianini.

19 Exatamente na hora em que Halifax estava conversando com Bastianini, "o primeiro-ministro contava com que a esquadra adotasse uma vigorosa atitude ofensiva contra os italianos caso entrassem em guerra" (CAB 69/1).

(Ele também disse que a rainha Guilhermina da Holanda não devia permanecer na Inglaterra.)[20]

O general Ismay enviou uma mensagem a Churchill falando da probabilidade de uma intervenção alemã na Irlanda, do que ele duvidava.[21] Às oito e meia: "jantar com Lord Beaverbrook, Prof. Lindermann e Mr. Bracken. Churchill estava cheio de energia. Imediatamente depois do jantar, às dez horas da noite, houve uma segunda reunião do Comitê da Defesa em seus aposentos no Almirantado. Era agora evidente que não havia qualquer chance de um deslocamento para o sul de alguma divisão da BEF em conjunto com os franceses. "Uma vez considerado o fato de que provavelmente nenhuma ofensiva francesa efetiva partiria do Sul de Somme por um bom tempo, a opinião geral foi de que uma marcha imediata rumo à costa era o curso correto." (Eles não sabiam que Gort havia abandonado definitivamente o plano Weygand por volta das seis horas da tarde desse dia e que, a partir daquele momento, todas as unidades britânicas estavam se deslocando para o oeste e o norte, rumo ao litoral.) "Se tivermos que decidir, hoje, uma marcha para os portos, precisamos estar seguros sobre Dunquerque. Foi dito que havia duas divisões francesas em Dunquerque, mas que nenhuma delas era confiável." (Isso não é verdade.)

Churchill, em seguida, fez um pronunciamento sombrio e dramático. Ele "não ficaria nem um pouco surpreso se uma oferta de paz fosse feita aos franceses, dada a posição fraca deles e dada a probabilidade da França ser atacada pela Itália. Se a França saísse da guerra, ela devia, porém, impor como condição que o nosso exército deixasse seu território sem ser atacado, levando consigo suas munições, e exigir que o solo francês não fosse usado para um ataque à Inglaterra. E mais, a França devia conservar sua esquadra. Se uma oferta for feita nesses termos, ele [o primeiro-ministro] aceitaria; inclusive acreditava que poderíamos dar prosseguimento à luta uma vez tivéssemos nossos exércitos de volta da França."[22]

---

20 Pownall, *Chief of Staff*, p.97.

21 "Não vejo com clareza que vantagens reais os alemães poderiam auferir de uma guerra civil na Irlanda iniciada por eles" (PREM 3/129/1). Sobre o jantar: Chartwell Household Diary em CA.

22 CAB 69/ 1; também em Gilbert, *Companion Volume*, p.148-9.

Isso era extraordinário. Churchill nada sabia das tristes deliberações do Alto Conselho francês, que fora suspenso cerca de uma hora antes em Paris. Não há indícios que apontem no sentido de que a especulação de Churchill sobre uma possível oferta de paz à França fosse obra de um serviço secreto ou confidencial que houvesse passado a ele informações de última hora; tudo indica que essas sombrias especulações fossem de sua lavra. Ao mesmo tempo, suas palavras sugerem que havia poucas esperanças de livrar a BEF da situação em que se encontrava. Eis o motivo por que uma de suas últimas ordens a Ironside naquele dia foi para que dissesse ao general-de-brigada Nicholson, em Calais, que a luta devia prosseguir até o fim: "A defesa de Calais, levada até o extremo, é da mais alta importância para nosso país e nosso exército nesta hora."[23] Nessa noite, ele substituiu Ironside pelo general John Dill como chefe do estado-maior imperial. (Mas o anúncio oficial somente se faria no dia 27.)

Agora estava claro que o domingo, que chegaria dentro de poucas horas, seria um dia agitado, para dizer o mínimo. Churchill convocou uma reunião do Gabinete de Guerra para às nove horas da manhã.

* * *

É incrível, repetimos, quão pouco desse assunto veio à tona nos jornais.[24] Não há prova de que isso decorresse de uma autocensura; os diários e as cartas particulares dos proprietários de jornais mostram que eles não eram privados de quaisquer informações sobre a perspectiva da França estar efetivamente se retirando da guerra.

No entanto, em 25 de maio, os principais artigos e comentários nos jornais estavam mais sombrios e realísticos do que nos dias anteriores.

---

23 CA 4/ 150.

24 Com relação à Itália, por exemplo, os jornais deram muitas notícias sobre os preparativos italianos para a guerra. O *Daily Express* de 25 de maio conta que em seu discurso, "o conde Ciano disse aos trabalhadores que estavam prontos para se servir de uma arma". Um outro tópico relata que foi dito o seguinte à juventude fascista de Turim: "Partiremos de Turim para a última guerra de libertação; romperemos as correntes que ainda se impõem sobre este país e abriremos as portas de Gibraltar e Suez, fazendo do Mediterrâneo outra vez nosso mar."

Pela primeira vez a ênfase recaiu mais sobre a ameaça de uma invasão da Inglaterra do que sobre a batalha na França. O editorial do *Daily Express* dizia: "A ameaça que paira sobre esta ilha está cada vez mais próxima. Em lugar de aguardar ansiosamente por notícias de seus soldados do outro lado do Canal, o povo da Inglaterra devia preparar-se para uma investida passível de acontecer em seu próprio solo." O *Daily Mail*, ao mesmo tempo, fazia um elogio a Churchill ("ele tem dado provas, não só a nós mas também ao mundo, de ser o verdadeiro líder. Foi quem deu uma injeção de sangue novo a seu povo e seus aliados"), "Se Hitler consolidar sua posição nos portos do Canal, nossas praias serão alvo fácil para ataques." Uma exceção era o comentário do correspondente militar do *Daily Herald:* "Evacuar por mar — ou forçar uma conexão com os franceses no Somme. A segunda alternativa parece infinitamente preferível e mais praticável." Praticável? Por volta de 25 de maio, isso já estava completamente descartado. O *News Chronicle* admitia que Boulogne havia caído: "Esta é uma notícia ruim, e as últimas exigências do inimigo dão a entender que o pior pode estar por vir." No entanto, "mesmo que o desfecho signifique o rompimento do anel nazista pela BEF, deixando os portos do Canal para os alemães *por enquanto* [o grifo é meu], não há por que termos uma visão catastrófica da situação. Nenhuma invasão em grande escala pode ocorrer neste país enquanto os alemães não vencerem nossas forças no mar — e eles estão muito longe disso". Mas e quanto ao ar? Uma foto no *News Chronicle* mostrava prisioneiros de guerra alemães na França. Uma outra, menos animadora, mostrava uma sentinela montando guarda junto a uma estrada no sul da Inglaterra; o alarme de emergência era uma lata de óleo em que se deveria bater em tais casos.

Havia uma preocupação geral com relação aos quinta-colunas e algumas coisas eram até engraçadas, como as cartas ao editor do *Times* publicadas em 27 de maio, uma delas assinada por um certo J.M. Darroch: "Sir, Foi com grande prazer e alegria que observei esta manhã que o senhor achou conveniente publicar a notícia da prisão de Sir Oswald Mosley na quinta coluna do jornal de hoje." Um repórter do *Daily Telegraph* conseguiu infiltrar-se numa reunião do "The Link" ("o Laço"), a sociedade anglo-germânica: "Ainda não rompido". Havia lá cerca de 40 pessoas. "O conferencista assegurou que a guerra era provocada por grupos de financistas internacionais ... Os alemães eram somente 'tecnicamente' nossos inimigos." No *Daily Mirror*: "Círculos ligados ao setor de navegação em Bristol estão preocupados com dois alemães, mãe e filho, que continuam com licença para negociar na foz do Avon." (A mãe e o filho eram refugiados judeus.) Misturado a essa angústia com relação a espiões, forasteiros e refugiados, havia um certo provincianismo renitente. Ainda no *Daily Mirror*: "Em vez de jogar tênis ou remar no rio, dez estudantes de Balliol foram numa caminhonete emprestada por Lord Nuffield a uma fazenda perto ... onde se revezaram nos trabalhos de enxada." E, numa carta ao editor, duas garotas pertencentes ao "Land Army" pediam encarecidamente: "Nossa queixa é que temos vergonha de usar nossos uniformes quando estamos de folga em Londres porque ninguém sabe quem ou o que somos. As pessoas dizem que parecemos cowboys em férias. Será que o senhor nos ajudaria botando esta história a limpo?"

No entanto, na lista de "mortos na guerra" do *Times* aparecia o nome de algumas mulheres.

O retrato do moral britânico que emerge nos jornais diários é diferente dos relatos colhidos entre o público em geral, cujo tom é bem mais feroz. Há um extenso documento confidencial preparado pelo Ministério da Informação em 25 de maio: *Opinião pública: A crise atual.*[25] Sob o título "Moral": "Há um clima de confusão que, definitivamente, só faz aumentar. Hoje, os grandes otimistas (os homens da classe operária) quase sempre deixam entrever em suas observações um pouco de desconfiança e de dúvida sobre a maneira como as coisas estão se desenvolvendo." Eles, é claro, se mostram críticos com relação aos franceses: "O desânimo está definitivamente em alta, mas no conjunto a tendência é para o fatalismo, como se as cabeças das pessoas estivessem preparadas para quase tudo que esteja ligado a notícias ruins. O bom humor praticamente desapareceu ... Há outros relatórios que mostram que as mulheres foram mais atingidas em seus ânimos do que os homens. O pronunciamento do rei calou nos espíritos, mas não profundamente." (O rei Jorge VI havia falado à nação pelo rádio na noite anterior; muita gente fez comentários favoráveis à sua dicção, pois o rei era conhecido por sua gagueira.) "Muitas pessoas opinaram

---

25 INF 1/ 264, nº8 Secret.

que a mobilização dos efetivos masculinos e femininos ainda não havia sido abordada realisticamente." Sob o título "O estado de ânimo e as diferenças de classe e sexo": "As classes mais altas se mostram mais preocupadas e ligeiramente menos otimistas. A *dúvida* se faz sentir mais na classe operária ... A tensão é maior entre as mulheres das classes média e alta, e menor entre os homens da classe operária ... Um grupo de assistentes sociais consultado é de opinião que as mulheres da classe operária são mais propícias ao pânico do que as mulheres de outras classes."

Segue-se uma folha com um resumo dos "Boatos", e depois "Considerações sobre algumas regiões": "Embora pareça haver confiança geral quanto ao resultado final da guerra, há bastante confusão na maior parte das regiões no que se refere à presente situação militar na França. Ao mesmo tempo, impera uma sensação de nervosismo e de expectativa com relação a uma próxima contra-ofensiva; a não ser que isso se concretize muito rapidamente, o efeito sobre os ânimos será o aumento da inquietação geral. No momento, porém, a população em seu conjunto parece bastante calma e determinada." Bristol: "O efeito do Haw Haw [programa de propaganda alemã, em inglês, irradiado da Alemanha] é considerado extremamente insidioso e trata-se de um perigo subestimado pela BBC e pelo governo, que não avaliam plenamente até que ponto as pessoas acreditam nessa propaganda." Birmingham: "A fala do rei ('um grande esforço') foi imensamente apreciada, mas em alguns setores da comunidade há um sentimento de derrotismo entre as pessoas de baixa renda que não fazem idéia do que perderemos se não vencermos a guerra." Manchester: "A fala do rei era justamente o que estava faltando." Reading: "Embora a tensão tenha aumentado aqui, não há indicações de pânico, mas a demora prolongada da tão esperada ofensiva aliada está causando grande apreensão. Existe uma angústia crescente com relação a bombardeios e tropas de pára-quedistas — o medo continua a ser alimentado por boatos."

"As ações empreendidas contra possíveis quinta-colunas têm grande aprovação ... Estas precauções deveriam ser tomadas numa extensão maior." Cardiff: "O sentimento está realmente abalado por nossa visível incapacidade de avaliar o avanço alemão e pela possibilidade de que isso possa significar o isolamento de nossas tropas; contudo, há confiança em nosso sucesso final."

Em 25 de maio, o Mass-Observation, de uma forma pouco habitual, faz uma avaliação do moral do povo em termos estatísticos:

	Homens (%)	Mulheres (%)
Alarmismo	27	31
Otimismo	30	18
Dúvida ("não sei")	21	30

O alarmismo era maior entre as pessoas de classe média alta (40 e 25%) do que nas amostras colhidas entre artesãos e pessoas de classe baixa; o otimismo (23 e 25%) não diferia muito entre os dois grupos; o número dos que responderam "não sei" era mais alto entre os artesãos e os homens das classes baixas do que entre suas mulheres. O resultado da pesquisa diária do Mass-Observation, que também era transmitido ao Ministério da Informação, se aproximava muito daquele sobre o estado de ânimo realizado pelo Ministério: "A confusão na cabeça das pessoas é hoje incontestavelmente maior, e os grandes otimistas, os homens das classes trabalhadoras, deixam quase sempre entrever em suas observações uma ligeira desconfiança ou dúvida quanto à maneira como as coisas estão se desenvolvendo." "Algumas pessoas não conseguem entender como os alemães podem avançar, da maneira como o vêm fazendo, sem que sejam contidos. Muita gente acredita que todo este desenvolvimento faça parte de nossa estratégia."

"O desânimo está definitivamente em alta, mas no conjunto a tendência é para o fatalismo, como se as cabeças das pessoas estivessem preparadas para quase tudo que esteja ligado a *notícias ruins*. Um grande número de pessoas, hoje, se vê incapaz de expressar qualquer opinião ou de saber o que pensar ... No todo, a marca do otimismo vem desaparecendo abruptamente e a do pessimismo se aprofundando cada vez mais. A mente das pessoas passa por um estado caótico e está prestes a mergulhar nas profundezas de um inacreditável desânimo, cuja tônica é a perplexidade. Toda a estrutura da crença na nação parece estar sendo gradualmente abalada.[26]

---

26 FR 138.

Comparado com muitos outros relatos, entre os quais alguns citados acima, este resumo, fazendo crer numa mudança radical no estado de ânimo, parece ter sido exagerado. Por uma vez pelo menos, as palavras de Virgina Woolf, em seu diário, em que normalmente esta solitária e solipsística mulher abriu muito pouco espaço para os grandes acontecimentos políticos e militares de seu tempo, resumem o sentimento e a situação do momento: "Os [alemães] parecem jovens, saudáveis, inventivos. Nós vamos nos arrastando atrás deles."[27]

27 *The Diary of Virginia Woolf*, p.287-8.

capítulo 4

Domingo, 26 de maio

Um dia agitado. — Três reuniões do Gabinete de Guerra. — Chamberlain, Halifax, Churchill. — Discordâncias entre Halifax e Churchill. — Escassez de notícias: "Uma ordem para retardar, em vez de apressar a decisão." — "Na Abadia de Westminster."

Um dia sombrio em mais de um sentido: pela primeira vez depois de muito tempo chovia.

No início de abril, falou-se em promover o Dia Nacional da Oração. O arcebispo de Canterbury achava que não era aconselhável, pois poderia ser mal interpretado. Agora, conjuntamente com todas as igrejas, ele dava sua aprovação. O rei havia tocado no assunto em sua fala transmitida no dia 23 de maio.[1] "Oremos" foi o artigo da primeira página do *Daily Express* no sábado: "Isso precisa significar algo amanhã". Às dez horas da manhã de domingo, o rei, a rainha e as mais altas personalidades do Império chegaram à abadia de Westminster. O rei e a rainha carregavam máscaras contra gás. Guilhermina, a rainha da Holanda, veio com eles. Alguém gritou: Viva a Holanda! Ela fez um cumprimento em sua direção. Do lado de fora havia uma longa fila. Churchill havia deixado bem claro para seus serviçais que ele e Mrs. Churchill iriam assistir à cerimônia só durante uns dez minutos, ou, quando muito, estariam presentes por uma meia hora. De fato, sairam mais cedo, no meio do serviço religioso, pois havia muito o que fazer.

Os acontecimentos desse sombrio domingo foram tantos e tão complicados que, antes de reconstruí-los e analisá-los, sua seqüência

1 No dia 19 de maio aconteceu em Paris uma cerimônia extraordinária. Os dignitários da agnóstica Terceira República reuniram-se sob a fria abóbada de Notre Dame.

precisa ser ordenada e em seguida resumida sucintamente. Vimos que Churchill havia convocado uma reunião do Gabinete de Guerra para o inusitado horário de nove da manhã. Um hora depois aconteceria a cerimônia na abadia de Westminster. Nesse meio tempo, Reynaud e uma delegação francesa chegaram a Londres. Pouco depois de meio-dia, Halifax encontrou-se novamente com o embaixador italiano. Em seguida, almoçou com Chamberlain. Churchill teve um longo almoço com Reynaud no Almirantado. Ele voltou para Downing Street nº 10 para mais uma reunião do Gabinete às duas da tarde. Passados cerca de 40 minutos, Churchill pediu a Halifax que fosse ao Almirantado encontrar-se com Reynaud. Churchill, Chamberlain e Greenwood foram ao encontro dele cerca de 20 minutos mais tarde. Pouco depois das quatro horas, Reynaud partiu para a França. Os membros do Gabinete ficaram. Houve outra reunião no Almirantado às cinco horas, que terminou às seis e meia. Às oito, Churchill jantou com Ismay e Eden.

Na reunião do Gabinete de Guerra às nove horas da manhã, Churchill começou fazendo um relato da situação dos franceses e dos belgas. Ele tinha uma carta de seu representante pessoal em Paris, o general Edward Spears — eram só más notícias da França e dos franceses. O rei da Bélgica estava se preparando para capitular. O enviado de Churchill ao rei, Sir Roger Keys, havia mandado um telegrama dizendo que "o rei Leopoldo havia escrito ao rei Jorge VI para explicar por que permaneceria com seu exército e seu povo caso as forças belgas fossem cercadas e a capitulação do exército belga se tornasse inevitável."

A essência de tudo isso foi assim resumida por Churchill: "Tudo indica, de acordo com todas as informações disponíveis, que teremos de enfrentar uma situação de colapso dos franceses, o que nos obriga a fazer tudo a nosso alcance para retirar a Força Expedicionária Britânica do norte da França."

Foi então que Churchill jogou uma importante cartada. Alguns dias antes, ele havia pedido aos comandantes do estado-maior "para estudarem a situação que poderia ocorrer se os franceses se retirassem da guerra":

> No caso de a França não poder continuar na guerra e tornar-se neutra, com os alemães mantendo sua atual posição e o exército belga sendo forçado a capitular depois de ajudar a Força Expedicionária Britânica a

alcançar o litoral; no caso de os termos oferecidos à Inglaterra a deixarem inteiramente à mercê da Alemanha através do desarmamento e da cessão de suas bases navais nas Orkneys etc., quais são nossas perspectivas caso continuemos a guerra sozinhos contra a Alemanha e provavelmente a Itália. É possível que a Marinha e a Força Aérea ainda tenham alguma esperança de impedir uma invasão séria, e também é possível que as forças reunidas nesta ilha lutem contra reides aéreos que envolvam destacamentos não maiores do que 10 mil homens; no entanto, observamos que uma resistência inglesa prolongada poderia ser muito perigosa para a Alemanha, agora engajada na conservação de boa parte do território europeu.

A resposta dos comandantes do estado-maior tornou-se desde então um documento histórico da maior importância, muito conhecido dos estudantes do período. Era um longo documento intitulado "Estratégia britânica numa certa eventualidade".[2] Ele pressupunha as piores condições possíveis — e, por volta de 25 de maio, uma situação cada vez mais plausível: os franceses assinando um tratado de paz com a Alemanha, a Itália entrando na guerra, a Europa e a África do Norte francesa sob controle alemão, e a perda da maior parte da Força Expedicionária Britânica que ainda lutava no norte da França e na Bélgica. Ainda assim, mesmo nessas condições, a Inglaterra poderia resistir, *se* os Estados Unidos aumentassem seu apoio e acabassem entrando na guerra, e *se* a Royal Air Force junto com a Marinha continuassem tendo controle sobre a Inglaterra, "impedindo, assim, a Alemanha de perpetrar uma invasão por mar desse país". Nisso, eles provaram estar certos. O resto do documento tratava da possibilidade da Alemanha ser definitivamente derrotada. Em 25 de maio, isso não podia, ainda que remotamente, ser imaginado. Os comandantes do estado-maior supunham que a situação econômica da Alemanha acabaria ficando aflitiva quando começasse a escassez de matérias-primas. Levando-se em conta os ataques aéreos e as revoltas nos países ocupados, a Alemanha poderia ser derrotada — em alguma época no futuro, e com a ajuda americana. Quanto a essa avaliação, os comandantes do estado-maior estavam

---

2 CAB 66-7 [W.P. (40) 168; também C.O.S. (40) 390]. Bell, *A Certain Eventuality*, p.31: "trata-se de um eufemismo comumente usado em tais documentos para não falar-se abertamente num colapso francês."

mais errados do que certos. Eles — como Attlee e Greenwood no Gabinete de Guerra, e até certo ponto também Chamberlain — não só superestimavam, mas estavam totalmente enganados acerca da desvantagem alemã no aspecto econômico.[3] Mas a questão aqui não é esta. O problema crucial e imediato "[era o de] como conseguir resistir nos próximos meses, com os alemães do outro lado do Canal e sem contar com qualquer aliado de peso. Com relação a isso, os comandantes do estado-maior ofereceram argumentos esperançosos e ao mesmo tempo sensatos."[4]

Temos no entanto de considerar que, nesse domingo, tão cheio de acontecimentos dramáticos, os membros do Gabinete de Guerra não tiveram tempo para ler atenta e detalhadamente esse longo documento secreto. E antes de suas cópias começarem a circular, ocorreu o primeiro desentendimento entre Halifax e Churchill.

Halifax afirmou que, "no quadro sombrio que ali havia sido apresentado, existia um ponto luminoso: o fato de ter sido satisfatoriamente esclarecida a discussão sobre se fora ou não acertado o recuo de Lord Gort, e que em vista disso não haveria mais motivos para recriminações." Em seguida, abordou "uma questão mais ampla. Somos obrigados a encarar o fato de que não se trata mais de impor uma derrota completa à Alemanha, mas de salvaguardar a independência de nosso próprio Império e se possível a da França."

"Em conexão com isso"— ele narrou ao Gabinete a entrevista que teve com o embaixador italiano na noite anterior —, "o Signor Bastianini fez sondagens explícitas sobre a possibilidade de concordarmos

---

3 Essa suposição — muito errada — era predominante no Conselho para Assuntos Econômicos da Guerra. "Suas principais atividades estão registradas em muitas publicações oficiais, razoavelmente honestas mas lamentavelmente superficiais, como *The Economic Blockade*, de W.N. Medlicott (Londres, 1952), onde de saída se lê: 'Esperou-se demasiado, todos concordam hoje em dia, do bloqueio na II Guerra Mundial'. De fato, reinavam *Grandes esperanças*, pelo menos no papel, na *Casa soturna* que é a London School of Economics, onde o novo Ministério inicialmente teve sua sede ... [Mas então] a estratégia de guerra de Chamberlain veio apoiar-se também na confiança que ele tinha no poder do bloqueio; ele não acreditava que o inimigo fosse capaz de enfrentar um segundo inverno ... [No entanto] até a metade do ano de 1944, a economia alemã não teve, de modo geral, dificuldades para arranjar matérias-primas" (Lukacs, *The Last European War*, 232-3).

4 Bell, *A Certain Eventuality*, p.50.

com uma conferência. O embaixador disse que o principal desejo do Signor Mussolini era o de assegurar a paz na Europa." Ele (Halifax) "havia respondido que a paz e a segurança da Europa eram igualmente nosso principal objetivo, e que naturalmente estaríamos prontos a considerar quaisquer propostas que pudessem levar a isso, desde que nossa liberdade e independência estivessem asseguradas. O franceses estavam informados acerca da abordagem do embaixador italiano. O Signor Bastianini havia solicitado outra entrevista nesta manhã, e talvez tivesse novas propostas para apresentar."

Churchill respondeu que a paz e a segurança não seriam obtidas enquanto a Europa fosse dominada pelos alemães: "Isso jamais poderemos aceitar. Precisamos assegurar nossa completa liberdade e independência. Oponho-me a quaisquer negociações que possam conduzir a um cerceamento de nossos direitos e de nosso poder."

Chamberlain então declarou que "achava muito provável que a Itália enviasse um ultimato à França dentro de curtíssimo prazo, dizendo que, a não ser que os franceses concordassem com uma conferência, a Itália passaria para o lado da Alemanha. A França se veria então fortemente pressionada e isso iria influenciá-la". Seguiu-se uma confusa conversa sobre a Itália. Attlee "achava que Mussolini ficaria muito inseguro caso a Alemanha emergisse como a força predominante na Europa." (Não foi assim.) Attlee acrescentou que ainda não havia lido as considerações dos comandantes do estado-maior "sobre nossas perspectivas se a França vier a cair". Halifax fez uma exposição de sentido obscuro. Explicou que se os franceses pretendessem um acordo, "eles dispunham de uma carta fortíssima para jogar, caso conseguissem fazer Hitler entender que a França estava impedida de assinar uma paz em separado." (Por quê?) "Os franceses podem usar isso como uma poderosa arma para obter termos favoráveis que talvez sejam de grande valor para nós, caso o objetivo de Hitler seja o de romper a aliança."

Nesse momento cópias de um outro documento dos comandantes do estado-maior eram entregues aos membros do Gabinete, sobre a possibilidade de a Inglaterra levar adiante a guerra sozinha. "Ele fora redigido com o mero propósito de fornecer argumentos para a França desistir de capitular e fortalecer sua vontade de continuar lutando."[5]

---

5 C.O.S. 40 (391), não é idêntico ao 390.

Chamberlain achava a Itália uma peça importante. "Seria possível perguntar aos franceses se a Itália poderia ser persuadida? Isso pelo menos poderia fazer com que as coisas continuassem sendo encaminhadas." Churchil concordou "que esse era um ponto que merecia ser considerado." Halifax então disse que, da leitura dos relatórios dos comandantes do estado-maior, havia concluído que a questão toda sobre "nossa capacidade de agüentar a guerra sozinhos contra a Alemanha dependia sobretudo de podermos estabelecer e manter a superioridade sobre os alemães nos ares."

O comandante do estado-maior da força aérea, que esteve presente durante toda a reunião, disse que a questão "não era obter a superioridade no ar sobre os alemães, mas impedir que eles alcançassem tal superioridade que lhes permitisse invadir este país". Houve algumas discussões, com Halifax dando a entender que uma vez a França caísse, os alemães não precisariam mais de mobilizar grandes forças terrestres. Estariam livres para empenhar-se maciçamente na produção de armas aéreas. Também opinou que, "como último recurso, deveríamos pedir aos franceses para desativar suas fábricas". Chamberlain deve ter sentido que aquilo era uma coisa tola: "Qualquer medida neste sentido que pudéssemos extrair da França de nada valeria, pois os termos de paz que os alemães iriam propor impediriam que ela se concretizasse." Churchill "concordou. No entanto, era de se esperar que a oferta de paz dos alemães fosse nos termos mais atraentes possíveis para os franceses, mas enfatizando o fato de que a briga não é com a França, e sim com a Inglaterra."[6]

Em seguida, pediu ao Gabinete de Guerra para voltarem a reunir-se às duas da tarde, depois do almoço que teria com Reynaud. A reunião foi suspensa. Churchill e Chamberlain se precipitaram para a abadia de Westminster. Halifax voltou ao Ministério das Relações Exteriores, onde Bastianini veio encontrá-lo. Cadogan, que esteve presente, escreveu em seu diário: "Nada sairá [deste Bastianini]. Ele é uma besta — e ainda por cima um tímido."[7] Em seguida Halifax teve um almoço rápido com Chamberlain.

---

6 CAB 65/ 13 WM 139.

7 Cadogan, *Diaries,* p.290. (Tarde, na noite de sábado, Gladwyn Jebb havia tido um encontro com Paresci.) Bastianini sentia-se "tímido" porque tinha medo de Mussolini,

Churchill teve um longo almoço com Reynaud no Almirantado. Reynaud sentia-se constrangido por fornecer a Churchill uma visão geral da desesperançada situação militar francesa, em grande parte repetindo o que fora objeto da insistência de Weygand e Pétain durante a reunião do Alto Conselho na noite anterior. Churchill disse que a Inglaterra prosseguiria sozinha. "Preferimos continuar lutando a nos tornar escravos da Alemanha." Nas entrelinhas dessa discussão, que não deixava de ser amigável — Reynaud era um anglófilo que respeitava e admirava Churchill —, estava subentendido que seus governos se achavam divididos. Isso, naturalmente, aplicava-se mais à França do que à Inglaterra. Reynaud "dera a entender que, a depender dele, não seriam assinados os termos de paz impostos à França, mas que talvez fosse forçado a demitir-se, ou sentir que devia se demitir" — o que finalmente acabou acontecendo três semanas depois. Churchill sabia quem eram Weygand e Pétain, embora não tivesse plena consciência das tendências derrotistas do primeiro. Tampouco tinha muita consciência do que outro integrante da delegação francesa estava achando ou fingindo achar. O coronel Villelume, que era o principal ajudante-de-ordens de Reynaud, escreveu essa noite em seu diário: "Halifax ... mostra ser uma pessoa esclarecida; Churchill, com sua mania de vociferar ameaças, foi totalmente negativo."[8]

Às duas horas da tarde o Gabinete de Guerra reuniu-se novamente. Churchill fez um relato longo e bastante preciso daquilo que ele e

---

que já dera instruções a seus embaixadores em Londres, Paris e Washington para não se envolverem em negociações substanciais. Não há registro de suas rápidas conversas com Halifax no domingo, a não ser que elas estejam incluídas no relato que ele rabiscara sobre suas conversas no dia anterior — o que pode ser a razão da relativa demora do despacho de seu relatório para Roma. Ver acima, p.94.

8 Villelume, *Journal d'une défaite*, p.356. Alexis Léger, o secretário geral do Ministério do Exterior, era pró-Churchill. Isso não tinha muita importância, embora de certo modo tenha sido levado ao conhecimento do super apaziguador Horace Wilson, que Churchill atirara para fora de Downing Street 15 dias antes e que depois escreveu que "Léger era um extremado antigermânico e um consumado antiitaliano, e devia arcar com a responsabilidade por não ter sabido aproveitar as oportunidades que de tempos em tempos eram oferecidas, tanto por Hitler como por Mussolini, para estabelecerem algum tipo de reaproximação". Isso iria chamar a atenção de Churchill em outubro de 1941, quando ele se viu ameaçado por uma outra possível rendição, a do exército russo. Horace Wilson Papers, CAB 127/158.

Reynaud haviam dito um ao outro. Sugeriu então a Halifax que fosse encontrar Reynaud, que ainda estava no Almirantado; Churchill, Chamberlain e Attlee seguiriam minutos depois. Halifax conversaria com Reynaud sobre as chances de convencer Mussolini. Teria Churchill querido evitar Halifax, já que este poderia expor seu caso diante dos outros no Gabinete? Não há como saber. Halifax não partiu de imediato. "Seguiu-se uma curta discussão sobre se deveríamos tentar algum tipo de aproximação com a Itália." Halifax "era a favor dessa linha de conduta, pois achava que a última coisa que o Signor Mussolini gostaria era de ver Herr Hitler dominando a Europa. Ele gostaria, se pudesse, de convencer Herr Hitler a tomar uma atitude mais razoável." Churchill "duvidava de que alguma coisa pudesse resultar da aproximação com a Itália, mas disse que esse era um assunto a ser considerado pelo Gabinete de Guerra".

A discordância entre Halifax e Churchill era agora patente. Halifax já não queria meramente expressar suas opiniões; queria extrair um compromisso de Churchill: "Somos obrigados a reconhecer que não se trata tanto de impor uma derrota definitiva à Alemanha, mas de salvaguardar a independência de nosso império ... Naturalmente, devemos estar prontos a considerar quaisquer propostas que possam conduzir a isso, desde que nossa liberdade e independência estejam asseguradas. Se ele [Churchill] tivesse certeza de que as questões vitais para a independência deste país se manteriam intocáveis", estaria "pronto para discutir tais termos?"

Diante de tal conjuntura, Churchill sabia que não podia responder com um não categórico. Disse então que "ficaria agradecido se pudesse sair de nossas atuais dificuldades segundo essas condições, contanto que mantivéssemos os componentes essenciais de nossa força vital, *ainda que ao custo de algum território*" — uma concessão extraordinária (o grifo é meu).[9] Em seguida, acrescentou que não acreditava no desenrolar de uma negociação desse tipo. Chamberlain não disse muita coisa. Então, acompanhado de Churchill e Greenwood, dirigiu-se ao Almirantado para se encontrar com Halifax e Reynaud, que estavam discutindo a aproximação com Mussolini. Reynaud partiu depois das quatro horas.

---

9 Ver adiante, p.115, 118-9.

Churchill solicitou ao Gabinete de Guerra que permanecesse no Almirantado. O registro dessa terceira reunião do dia, extremamente tensa, é precedido por duas notas significativamente misteriosas: "Depois da partida de M. Reynaud, uma reunião informal dos ministros do Gabinete de Guerra teve lugar no prédio do Almirantado" (por que "informal?"). E ainda talvez até mais significativo: "Este registro não cobre o primeiro quarto de hora da discussão, quando o secretário [Sir Edward Bridges] não esteve presente."[10] Condições misteriosas como essas não tinham precedentes na história moderna da Inglaterra. Então o secretário entrou e Churchill começou.

"Nossa posição é diferente da francesa. Em primeiro lugar, ainda temos forças para resistir e atacar [?], o que eles não têm. Em segundo lugar, provavelmente a Alemanha iria oferecer-lhes termos satisfatórios, o que não aconteceria no nosso caso. Se a França não podia defender-se, era melhor mesmo que se retirasse da guerra, antes de nos arrastar para um acordo que envolvesse termos intoleráveis. Não haverá limites para os termos que a Alemanha irá nos impor, caso tenha meios para tanto. Sob certo aspecto, ele preferia ver a França fora da guerra antes que ela se desintegrasse, mantendo uma posição forte de neutralidade, com suas fábricas não podendo ser usadas contra nós."

Attlee declarou que Hitler "estava trabalhando pressionado pelo tempo, e que ele tinha de vencer até o final do ano." Chamberlain concordou. (Estavam ambos errados — mais uma vez por causa da superestimação dos fatores econômicos.)

Churchill disse "esperar que a França conseguisse resistir. Mas, ao mesmo tempo, precisamos tomar cuidado para não sermos compelidos a uma posição de fraqueza que nos levará a Mussolini, convidando-o a procurar Herr Hitler para pedir-lhe que nos trate bem. Não devemos nos deixar enredar numa situação desse tipo antes de nos envolvermos seriamente na luta."

Foi a vez de Halifax falar. Ele "não discordava deste ponto de vista", mas "dava talvez mais importância que o primeiro-ministro à conveniência de permitir à França buscar os meios que possibilitassem um

---

10 CAB 65/13, WM 140.

equilíbrio europeu.[11] Ele não estava inteiramente convencido da correção do diagnóstico do primeiro-ministro, nem de que fosse do interesse de Herr Hitler impor termos ultrajantes. Sob esse aspecto, talvez fosse possível salvar a França do naufrágio." Churchill discordava. Halifax "disse que ele não tinha tanta certeza assim". "Ele achava que poderíamos dizer ao Signor Mussolini que se houvesse qualquer sugestão de termos que afetassem nossa independência, não os consideraríamos por um só instante. Mas se o Signor Mussolini estivesse alarmado, como achávamos que estava com relação ao poderio de Herr Hitler, e disposto a examinar a matéria do ponto de vista do equilíbrio de forças, então poderíamos considerar as reivindicações italianas. De qualquer modo, ele não via mal algum em tentar essa linha de aproximação."

Chamberlain ficou então indeciso. Ele "achava que Mussolini somente seguiria uma linha independente se Herr Hitler estivesse disposto a conformar-se com a linha indicada por ele. Era um problema muito difícil e o correto seria discuti-lo sob todos seus aspectos". Chamberlain não acreditava que Reynaud tivesse argumentos para convencer Mussolini: "Em primeiro lugar, a única vantagem que levaríamos nisso seria que a França poderia deslocar dez divisões que estão agora no *front* italiano. O Signor Mussolini teria alguma coisa em troca de nada, e aquilo que foi oferecido seria apenas um pretexto para novas exigências." Isso estava correto. Contudo: "Um outro método de aproximação seria se os franceses dissessem ao Signor Mussolini que ele deve considerar o futuro da Europa, inclusive o seu próprio. A Itália não estava mais a salvo do que qualquer outro país. Se o Signor Mussolini estivesse disposto a colaborar conosco no sentido de obter termos aceitáveis, então estaríamos dispostos a discutir as reivindicações italianas com ele." Não havia Churchill dito "que seria inconveniente se a França ficasse em posição de dizer que nós tínhamos ficado entre ela e um acordo aceitável?" No entanto, Chamberlain concordava com Churchill que estaríamos melhor sem a França, "contanto que pudéssemos obter garantias com relação a determinados pontos. Esse era certamente um ponto de vista a ser considerado."

Churchill "julgava que o melhor era nada decidir enquanto não soubéssemos que contingente do exército poderia ser trazido de volta

---

11 "Equilíbrio"? Ver adiante sobre Halifax e a Paz de Amiens, p.123.

da França. A operação poderia redundar num grande fracasso. Por outro lado, talvez nossas tropas lutassem magnificamente e pudéssemos salvar boa parte da Força. Um considerável contingente seria reembarcado durante o dia. Isso permitiria testar efetivamente a superioridade aérea, já que os alemães procurariam bombardear os navios e os barcos." (Attlee "achava que os alemães poderiam tentar alguma ação diversionista contra a Inglaterra enquanto estivéssemos empenhados no reembarque das tropas.") Era a primeira indicação de que o que estava para acontecer em Dunquerque era o pensamento dominante de Churchill.

O mesmo não se dava com Halifax. Ele voltou à questão italiana. Leu em voz alta o relato de sua conversa com Bastianini. Churchill respondeu que o que "tinha a dizer de modo geral sobre uma possível aproximação com o Signor Mussolini era que esta implicava na disposição de devolver à Alemanha suas colônias e de fazer concessões no Mediterrâneo, para então ser possível sairmos das atuais dificuldades. Em sua opinião, nenhuma dessas opções era viável para nós. Por exemplo, os termos oferecidos certamente iriam nos impedir de completar nosso rearmamento." Halifax não concordava muito com isso. Churchill disse que "Herr Hitler se imaginava o dono da situação. A única coisa a fazer era mostrar-lhe que não podia conquistar este país. Se, como afirmara M. Reynaud, a França não tinha condições de continuar, nós devemos caminhar sozinhos. Ao mesmo tempo, não fez objeção a uma possível aproximação nossa com o Signor Mussolini."

Com isso, Churchill, pelo menos momentaneamente, pensava ter feito *algum* tipo de concessão a Halifax. Seguiu-se uma discussão do que seria oferecido a Mussolini. Greenwood "era de opinião que o Signor Mussolini pudesse pretender Malta, Gibraltar e Suez. Ele tinha certeza de que as negociações não iriam adiante: mas Herr Hitler ficaria sabendo delas, e nosso prestígio se veria diminuído." Chamberlain concordava no geral. Halifax "achava que esta era uma boa razão para não se mencionar certos assuntos nas negociações sobre a aproximação". Para Chamberlain, "o Signor Mussolini iria dizer que sabia o que queria, mas que estava disposto somente a negociar como parte de um acordo geral". E assim foi; mas então Halifax chegou ao cerne de sua argumentação. Para ele, "se chegássemos ao ponto de discutir termos de um acordo geral e achássemos que podíamos obter condições que não significassem a destruição de nossa independência, seríamos *idiotas* se não os aceitássemos."[12] E Churchill percebeu que não poderia opor-se incondicionalmente a Halifax nesse momento. O Gabinete de Guerra concordou em pedir a Halifax que pusesse no papel seu "Plano de aproximação com a Itália". Ao mesmo tempo, Churchill ganhava um ponto: o gabinete concordou que, no dia seguinte, Archibald Sinclair, o ministro da Aeronáutica, "como chefe do Partido Libebral, fosse convidado para estar presente quando esse assunto entrasse em discussão". Churchill tinha o apoio de Sinclair.

O resto da reunião envolveu discussões sobre a Bélgica e a Irlanda. Chamberlain perguntou que informações deveriam ser passadas às colônias. Churchill declarou que nada por ora devia ser divulgado, exceto que os franceses haviam concordado com o deslocamento da BEF para o litoral.[13]

A reunião durou cerca de uma hora e meia. Foi uma "reunião muito nervosa" (escreveu Halifax em seu diário), sobretudo em sua última parte, com os secretários entrando e saindo, trazendo despachos sobre a Bélgica, a Irlanda etc. Já quase no final, Halifax mostrou seu "Plano para uma aproximação com o Signor Mussolini", preparado depois da reunião com Reynaud.[14] Em essência ele dizia: "Se o Signor Mussolini cooperar conosco para que se faça um acordo sobre todas as questões européias que salvaguarde a independência e a segurança dos aliados, e que possa servir de base para uma paz justa e duradoura, nós imediatamente começaremos a discutir, desejosos de encontrar soluções, os assuntos de maior interesse para o Signor Mussolini." (De maneira um tanto falsa, Halifax deu a entender que esse era o estilo de Reynaud, quando na verdade era dele.) Esse documento agora fazia par, em Washington, com o texto em que os ingleses e franceses apelavam ao presidente Roosevelt para que informasse a Mussolini que tanto a Inglaterra como a França examinariam com toda a boa vontade

---

12 O grifo é meu. Ver também Esnouf, "British Government War Aims and Attitudes": "Essas eram palavras fortes para Halifax, em geral suave e maneiroso, e mostram tanto o que se passava no íntimo de seu ser quanto o perigo da política que percebia que Churchill estava determinado a seguir" (225).

13 CAB 65/13 [WM 139].

14 CAB 66/7 [W.P. (40) 170].

as pretensões italianas, desde que, naturalmente, a Itália não entrasse em guerra contra os aliados."[15] O memorando continha um *post-scriptum* que relatava a opinião do embaixador britânico em Roma, Sir Percy Loraine, para quem nem a aproximação nem qualquer tentativa da parte de Roosevelt iriam produzir o menor efeito. Mas "a situação dificilmente poderia piorar com essa aproximação sugerida por M. Reynaud, além de que a principal consideração exposta já devia estar presente no espírito de Mussolini" (essa "principal consideração" no memorando era a "exposição franca da posição que o Signor Mussolini ocuparia caso os alemães conseguissem dominar a Europa.") Contudo, havia uma diferença na ênfase das abordagens. Para Reynaud, o objetivo principal era tentar convencer Mussolini; para Halifax, o objetivo era induzir Mussolini a fazer o papel de mediador junto a Hitler.[16]

* * *

Deixemos Halifax e Churchill por um momento e consideremos a figura de Chamberlain. Cadogan foi chamado ao Almirantado para a reunião das cinco da tarde. Em seu diário, ele escreveu: Churchill "parece pensar que poderíamos estar numa posição melhor se a França *de fato* caísse fora e pudéssemos nos concentrar na defesa aqui em nosso país. Não se pode saber se ele está certo. Ele [é] contra o último apelo a Mussolini, que Reynaud desejava fazer. Nisso, pode ser que esteja certo. Não ia resolver muita coisa. Churchill muito digressivo, romântico, sentimental e temperamental. O velho Neville ainda é o melhor do

---

15 Três dias antes, Halifax havia encontrado Joseph Kennedy, que se mostrara extremamente pessimista quanto às chances da Inglaterra e, como sempre, desdenhoso a respeito de Churchill. Kennedy escreveu a Roosevelt dentro desse mesmo espírito.

16 G.N. Esnouf: "Na realidade esses dois objetivos — o de persuadir a Itália e o de induzir Mussolini a fazer o papel de mediador junto a Hitler — estavam intimamente ligados a despeito da diversidade de seus motivos e ramificações. Por causa disso, as discussões do Gabinete sobre os dois assuntos aparecem freqüentemente entrelaçadas, de modo que nem sempre fica claro nas minutas a qual dos objetivos se está referindo. No entanto, a distinção entre eles é da maior importância. Persuadir a Itália significava facilitar a guerra contra a Alemanha, já a mediação italiana significava o fim da guerra; daí a grande importância das discussões de 26 a 28 de maio" ("British Government War Aims and Attitudes", p.223).

bando".[17] Melhor do bando ou não, Chamberlain, em seu diário escrito a mão, nos conta muito sobre a atmosfera e sobre certos detalhes desse dia crucial: "*26 de maio*. O dia mais negro de todos ... Foi o Dia Nacional da Oração. Mal pude assistir ao serviço com esse fardo em minha cabeça." Sobre a reunião das cinco do Gabinete: "Halifax perguntou por que não fazer [Mussolini] entender que a própria independência dele estaria ameaçada se a França e a Grã-Bretanha [!] fossem derrotadas, e que, no caso de ele usar sua influência para discutir termos que não ameacem nossa independência e ofereçam a possibilidade de um acordo europeu justo e duradouro, nós procuraríamos satisfazer suas reivindicações. O P.M. desaprovou qualquer gesto na direção de Musso.[18] Era impossível acreditar que Hitler concordasse com quaisquer termos que pudéssemos aceitar — contudo, se conseguirmos sair deste aperto dando Malta & Gibraltar & algumas colônias na África, ele agarraria sem pensar. Mas o único meio seguro será convencer Hitler de que não há como ele nos vencer ... Fui favorável a essa linha de conduta. Attlee praticamente nada disse, mas parecia estar com Winston ... Soubemos que Hitler disse a Mussolini que não precisava dele, pois podia dar conta da França sozinho.[19] Se for verdade, Hitler evidentemente não pode ser persuadido ... Mas é uma posição terrível para a França e para nós. A mais terrível de nossa história."[20]

Nesse momento de sua longa vida, Neville Chamberlain já era um homem doente. Talvez ele não soubesse disso; o diagnóstico de seu câncer foi feito um mês depois. Mas — apesar de toda a justificável melancolia e do pessimismo de seu diário, que escreveu com mão forte

---

17 Cadogan, *Diaries*, p.290.

18 Esnouf cita uma nota não assinada de Churchill, do dia 26 ou 27 de maio, com sua caligrafia, em PREM 3/174/4, II-3: qualquer gesto que se faça na direção dos italianos conduzirá "a um armistício e a uma conferência em que estaremos à mercê de Hitler ... Uma tal conferência só serviria para enfraquecer fatalmente nosso poder de resistir aos termos terríveis que, certamente, serão impostos à França ou senão, de alguma maneira, à Inglaterra."

19 Como podiam eles saber disso? Em 1940 e mesmo durante alguns anos antes, os serviços secretos italiano e inglês estavam capacitados para decodificar e ler documentos relativos a um e a outro. No entanto, um comunicado de Hitler para Mussolini dificilmente poderia ser extraído da carta de Hitler de 25 de maio (ver acima, p.96)

20 Chamberlain Diary, NC A 24/2.

e firme no fim de um dia muito longo e cansativo — não se sentia fraco. Ocupava uma posição central no Gabinete de Guerra. Sentava-se — literal e figuradamente — entre Halifax e Churchill. Caso tivesse se aliado a Halifax, a posição de Churchill não apenas seria difícil, mas talvez insustentável. Entretanto, não é só pela posição extremamente difícil de Chamberlain que evitamos falar de fraqueza quando se trata dele. Ao escrever acima que durante certo período ele estava "em cima do muro", equilibrando-se entre Halifax e Churchill, havia em suas exposições muita firmeza na defesa de seus pontos de vista. Dois elementos neles se destacavam. Um era sua — talvez tardia mas de importância fundamental — compreensão do que Hitler representava: o que se podia e não se podia esperar dele. Sob esse aspecto, Chamberlain tinha se tornado mais realista e menos condescendente que Halifax quando se tratava de assumir compromissos. Havia agora quase que uma completa inversão de suas respectivas visões sobre Hitler, ao passo que, 19 meses antes (antes de Munique), ou até mesmo oito meses antes, era ele, Chamberlain, quem tendia a conceder a Hitler o benefício da dúvida, ao contrário de Halifax; Chamberlain havia aprendido muito desde então. O outro elemento, talvez até mais importante, diz respeito a seu novo relacionamento com Churchill. Sim, Churchill dependia dele, mesmo depois de ter se tornado primeiro-ministro, pois Chamberlain tinha o apoio da maioria do Partido Conservador. Sim, Churchill lhe havia pedido que se encarregasse de assuntos importantes do governo. (Quando em 16 de maio, teve de voar até Paris, ele disse: "Neville, por favor, cuide dos negócios!") E não era apenas isso. Depois da crise de maio, Churchill escreveu a Lloyd George (que detestava Chamberlain): "Venho recebendo uma grande ajuda de Chamberlain. Sua bondade e gentileza em nosso novo relacionamento me emocionaram. Juntei minhas forças às dele e devo agir com toda a lealdade."[21] Observemos as palavras "novo relacionamento". Essa mudança era de fato nova, não uma simples melhoria. O seu principal arquiteto (se for essa a palavra) era o próprio Churchill, inspirado mais pela magnanimidade do que por cálculo. Seus antagonismos e desconfianças começaram a dissolver-se a partir do próprio momento em que Churchill se

21 Citado em Dils, "The Twilight War".

tornara membro do governo de Chamberlain — a partir do primeiro dia mesmo da guerra. Não demorou muito para que Chamberlain confidenciasse à sua mulher e à sua irmã a inatacável lealdade de Churchill. E depois de 10 de maio não era apenas porque Chamberlain sabia que agora estava subordinado ao novo primeiro-ministro. Havia também o oferecimento generoso e insistente de Churchill para os Chamberlain continuarem a morar no nº 10 da Downing Street. A magnanimidade de Churchill era uma coisa a que, talvez por causa de seu temperamento e de seus antecedentes, Chamberlain não estivesse acostumado. Realmente, deve ter ficado de certo modo surpreso. Não só agradecia isso, como também apreciava e correspondia a esses gestos, o que depõe a seu favor. E isso era mais do que uma insípida gratidão por gentilezas que se prestam a um homem velho.

* * *

Assim, Churchill não teve de enfrentar a oposição de Chamberlain, durante aquela que provavelmente foi a maior crise da Inglaterra em muitos séculos. Poucas pessoas fora do Gabinete de Guerra souberam disso.[22] Isso não significa que Churchill e Chamberlain vissem tudo sob o mesmo prisma. Afinal, tinham temperamentos e opiniões diferentes. Depois da Inglaterra, Churchill considerava em primeiro lugar a Europa; já Chamberlain, talvez o Império. Churchill estava convencido de que seria intolerável os ingleses aceitarem o domínio alemão da Europa, e não apenas por causa da segurança da Inglaterra. Os conhecimentos de Chamberlain sobre a Europa eram menores do que os de Churchill, e, a não ser pelos efeitos do continente sobre a segurança britânica, era menos influenciado pelo que lá acontecia. O ponto sobre o qual eles chegaram a um acordo foi o fato de Hitler não ser confiável; na realidade, de que Hitler tinha de ser repelido e, nesses dias cruciais, isso era o bastante.

Não era o caso de Halifax. Mas antes de voltarmos a uma análise das opiniões de Halifax, vamos nos permitir mais uma palavra sobre

---

22 Ver Dalton, acima, p.16. Muitos partidários de Chuchill imaginavam que Chamberlain, e não Halifax, fosse o indeciso.

seu caráter, sobretudo do ponto de vista de seu relacionamento com o rei, que encerra uma possível consideração política. O rei Jorge VI gostava de Halifax e concedeu-lhe muitos favores de caráter pessoal e particular. "Tímidos, moralistas, bons chefes de família, o rei e Halifax tinham ambos dificuldade de falar, o que os levava a não gostar de microfones e a não confiar na grandiloqüência exuberante de Churchill. Tinham muita coisa em comum: suas opiniões políticas e a maneira como viam a conciliação coincidiam, mas eram ambos o tipo de homens não talhados para conduzir a Grã-Bretanha numa guerra mundial. Felizmente, essa era a opinião que Halifax tinha de si mesmo" (Andrew Roberts). "Halifax tinha reputação de ser íntegro em seus julgamentos, e nunca exerceu tão bem essa qualidade ao recusar o posto de primeiro-ministro em 9 de maio de 1940. O novo papel de Halifax consistia em trabalhar com Chamberlain no Gabinete de Guerra de modo a conter Churchill, e deve ter sido um alívio para ele saber que, se o novo primeiro-ministro viesse a justificar seus piores temores, a prerrogativa final, em caso de demissão, competia a um monarca, cujas tendências, marcadas pela respeitabilidade, o levariam a agir segundo a melhor forma de seus interesses."[23] E Churchill sabia disso.

A pergunta que devemos fazer nesse momento é a seguinte: uma quinzena depois de ter Churchill assumido o posto de primeiro-ministro, seria Halifax dono de um julgamento íntegro? Ele chegou a acreditar que, no interesse da sobrevivência da Inglaterra, a tentativa de sondar os termos de paz não deveria ser evitada e que, nesse ponto, Churchill, levado talvez por sua exuberância e outras qualidades alheias a Halifax, estava errado; e, na realidade, que talvez Churchill devesse ser barrado em seu caminho. Mas a intenção por trás disso não era a ambição política: não há o menor indício de que, sendo Churchill impedido ou eventualmente deposto, Halifax quisesse o seu lugar. Ele era motivado pelo patriotismo, não pela ambição, não se tratando de um derrotista ou de um conspirador. *Era* um experiente observador das oscilações dos acontecimentos e da opinião britânica. Era um tipo muito britânico, no sentido de que sabia como ajustar sua mente às circunstâncias e não tentar ajustar as cirunstâncias às suas idéias. Isso

---

23 Roberts, *Eminent Churchillians*, p.37.

não quer dizer que fosse um hipócrita ou um oportunista — exceto na maneira habitual anglo-saxônica, que não é propriamente maquiavélica já que a prática inata desse tipo de hipocrisia inglesa visa em geral a propósitos mais elevados do que o prestígio ou o proveito pessoal.[24]

Bom, seria então Halifax um típico conservador britânico? Não me refiro aqui à sua situação dentro do Partido Conservador, mas se ele poderia ser simplesmente um conservador com *c* minúsculo, qualquer coisa como o protótipo do conservadorismo britânico? Sim e não. Sim, por causa de seus antecedentes e de seus hábitos e por causa de suas inclinações pessoais e sociais. Não, porque seus pontos de vista sobre a posição da Inglaterra no mundo tinham mais a ver com os Whigs do que com os Tories e estavam voltados mais para uma visão pragmatista do que histórica, e certamente nada burkeana. Uma importante indicação disso pode ser encontrada num de seus, quase sempre despercebidos, discursos. O título de sua alocução, "Política estrangeira britânica: passado, presente e futuro", é significativo, como também a data, 24 de fevereiro de 1939, ou seja, bem *depois* de ter posto de lado a política da conciliação e se rendido à necessidade de opor-se ao Terceiro Reich.[25] Refutar Burke estava no centro de sua argumentação. Em 1792, Burke havia dito referindo-se à Revolução Francesa: "É contra uma doutrina armada que estamos em guerra." E Halifax: "Mas é precisamente isso o que nós não estamos." Atenção para o "precisamente". Ele citou Pitt, e citou Castlereagh em 1820: "Quando o equilíbrio territorial na Europa se vê ameaçado, [a Inglaterra] pode intervir efetivamente, mas trata-se do último governo na Europa de que se pode esperar qualquer compromisso com questões de caráter abstrato."[26] Sem levar em conta o fato de que Edmund Burke, por ideologia contrário à Revolução Francesa, estava muito longe de ser um abstracionista, a afirmação de Halifax relativa aos princípios da política estrangeira britânica deixa claro

24 "O que faz também com que a expressão anglofóbica 'perfída Albion' seja inapropriada" (Lukacs, *The Duel*, p.89).

25 O texto não faz parte da documentação de Halifax em York; encontra-se nos Arquivos de Churchill, em Cambridge.

26 Poder-se-ia argumentar que essa afirmação estaria mais próxima de Canning do que de Castlereagh.

que ele estava pensando nos termos usuais de um equilíbrio de forças.[27] E, até certo ponto, era ainda em termos de um equilíbrio de forças que Halifax encarava a guerra em maio de 1940. O interessante é que foi Halifax quem sugeriu a Churchill, em 16 de maio, que escrevesse uma carta de caráter pessoal a Mussolini.[28] Ao mesmo tempo — ao contrário de Chamberlain — ele gostaria de melhorar as relações com a Rússia de Stalin. Nesse mesmo dia 16 de maio, fez uma consulta a Sir Stafford Cripps sobre a Rússia (e China). "Gosto muito de Cripps."

Se Halifax conhecia a história da era napoleônica tão bem quanto Churchill, não podemos dizer. No entanto, a posição advogada por ele em maio de 1940 lembrava a dos whigs partidários de Fox e Holland em 1802, que eram a favor do armistício com Bonaparte, a Paz de Amiens, de 1802. (Havia, no entanto, uma diferença: os whigs seguidores de Fox e Holland em 1802 tinham realmente respeito, até uma leve admiração, por Bonaparte, enquanto nada ligava ideologicamente Halifax a Hitler.) O que Halifax não via era que, ao contrário de Bonaparte em 1802, Hitler iria desprezar a Inglaterra nas inquirições sobre os termos da paz. E isso Churchill enxergava muito bem.

E em 1802, a Inglaterra ainda tinha, senão de fato pelo menos potencialmente, forças aliadas na Europa. Ao contrário de 1802, em 1940 a Inglaterra não contava com qualquer aliado, salvo a França. Ao contrário de Churchill, Halifax nunca pensara muito nos franceses ou no exército francês; em dezembro de 1939, ele disse no gabinete que se os franceses caíssem, "não iríamos conseguir agüentar a guerra sozinhos". Na noite anterior ao dia 26 de maio, ele escreveu em seu diário o quanto seria terrível o colapso do exército francês, "a única rocha firme em que, nesses dois últimos anos, as pessoas se mostraram inclinadas a fincar seus alicerces" (por "pessoas", leia-se Churchill.) Com relação a isso, a historiadora Sheila Lawlor, em *Churchill and the Politics of War, 1940-1941* [*Churchill e a política da guerra, 1940-1941*] está errada. Ela

---

27 A este respeito é curioso notar que foi Churchill quem, devido à sua preocupação com o equilíbrio de forças europeu, falou abertamente sobre a ameaça de uma Alemanha armada e a possibilidade de uma agressão em 1933, enquanto Halifax e os conciliadores somente iriam expressar-se sobre o assunto depois de muito tempo.

28 Em 6 de abril de 1940: "Ainda tenho para mim que [Mussolini] vai mais latir do que morder" (Halifax Papers, A.7.8.3), Halifax estava errado.

escreve sobre "as diferenças superficiais" (que eram de fato a melhor maneira de lidar com os franceses) entre Halifax e Churchill em maio de 1940, concluindo que "Halifax rejeitou as negociações e as medidas em prol da paz por motivos tanto políticos como táticos — sua garantia de uma aproximação com Mussolini em maio tendo sido uma maneira de não dar aos franceses oportunidade para recriminações. Sua posição não era muito diferente da de Churchill".[29] Mas as diferenças entre Halifax e Churchill não eram superficiais.

* * *

Havia diferenças entre os dois homens de direita — entre um pragmatista e um visionário, entre um whig conservador e um reacionário tradicionalista. É verdade que "visionário" e "reacionário" (especialmente o último) não são necessariamente adjetivos de sentido positivo na linguagem política inglesa, mas em maio de 1940, diante da ameaça de Hitler, tampouco o eram pragmatismo ou whig.

As diferenças entre Churchill e Halifax não se reduziam meramente a uma questão de tática. Nem se deviam principalmente a seus temperamentos bastante distintos. Segundo outro especialista inglês desse período, David Reynolds, Churchill não tinha qualquer plano em maio de 1940, exceto a esperança de que, com a ajuda dos Estados Unidos, a Inglaterra pudesse de algum modo prosseguir na luta. Isso foi também sugerido pelo excelente biógrafo de Halifax, Andrew Roberts, ou ao menos pelo título de seu de outra forma irrepreensível capítulo sobre esses dias dramáticos: "Churchill como Micawber", personagem que em *David Copperfield* levava a vida esperando que "alguma coisa acontecesse". Mas Churchill não era uma personagem dickenseniana. Nem era uma encarnação de John Bull — não em sua personalidade, em seu caráter, ou no interesse que demonstrava pelo mundo para além dos limites da Inglaterra, e em seu vasto conhecimento dele. Para Churchill, um "acordo geral europeu" em maio de 1940, ou mesmo qualquer sinal de uma tendência inglesa para extrair propostas nesse sentido, representaria um perigo mortal para o moral britânico. Com

29 Lawlor, *Chuchill and the Politics of War*, p.75, 60.

isso, Greenwood e Attlee, e possivelmente também Chamberlain, concordavam. Contrariamente a Halifax, Churchill estava convencido de que um tal acordo, sob *quaisquer* condições, não podia ser contrabalançado pela preservação, para não se falar em garantia, da liberdade e independência britânicas. Para ele, essas eram questões inseparáveis. Qualquer aceitação por parte do ingleses de um domínio alemão da Europa significaria inevitavelmente reduzir a Inglaterra a uma espécie de parceiro menor ou até mesmo à condição de satélite da Alemanha. Essa era, e assim permaneceu, a essência do pensamento de Churchill.

Olhando em retrospecto, não resta a menor dúvida de que Churchill estava certo. Mas na época dificilmente se poderia ter uma visão global do assunto. Não se deve esquecer que, em maio de 1940, a posição de Churchill como primeiro-ministro não era ainda tão forte quanto ficaria mais tarde no verão desse ano, e ele sabia disso também; a autoridade do beligerante *premier* pode, no final das contas, ser transitória. Não que Churchill se agarrasse ao poder por ambições predominantemente pessoais. Raciocínio difícil este, diriam alguns, pois toda ambição humana não é pessoal? Contudo, para empregar duas metáforas, Churchill havia chegado ao topo do pau-de-sebo (essa de autoria de Disraeli), porém com o objetivo de segurar lá no alto a bandeira. Mas ele não se deixou cegar pelo bafejo da ambição ou pela estreiteza de visão — que era como Hitler o enxergava. Estava consciente não só da fragilidade de seu poder, como também da fragilidade do poder da Inglaterra. Mais de uma vez pôde perceber isso, durante as três sessões do gabinete desse dia, quando sentiu que não devia, porque não podia, opor-se totalmente às propostas de Halifax. Mas sabia que não só o pau-de-sebo estava balançando, como também a própria bandeira estava em perigo por causa da força da avalanche germânica. Se ele ou a Inglaterra caíssem, algum outro teria de segurar a bandeira. Ele pensou em Lloyd George. Sabia que Lloyd George admirava Hitler; sabia também que Hitler sabia disso; sabia que Lloyd George achava que a Inglaterra não tinha a menor chance de vencer essa guerra contra o Terceiro Reich de Hitler. Lloyd George estava errado; estava muito velho,[30] mas

30 Lloyd George, depois do encontro com Hitler em 1936, o classificara como "o maior de todos os alemães vivos". Em outubro de 1939, Lloyd George dissera aberta-

pelo menos não era um ideólogo; era alguém que Hitler respeitava. Em 13 de maio, Churchill havia convidado Lloyd George para fazer parte do Gabinete como ministro da Agricultura. Lloyd George recusou; ele odiava Chamberlain. Duas outras vezes, em junho, Churchill havia se aproximado de Lloyd George e conversou com Chamberlain sobre isso. Mas Lloyd George voltou a recusar, principalmente por causa de Chamberlain, e Churchill sabia que sua lealdade para com Chamberlain devia prevalecer. Durante os dias cruciais do fim de maio, o nome de Lloyd George não voltou à baila. Eu não teria mencionado o assunto, se não fosse para dizer que Churchill tinha plena consciência de que a Inglaterra se encontrava à beira do abismo. Se o pior ficasse ainda pior, pensava Churchill, antes Lloyd George do que alguém como Mosley.

Anos depois de terminada a guerra, alguém perguntou a Churchill qual o ano de sua vida que ele gostaria de reviver. "1940", respondeu, "todos os momentos, todos os momentos." Sim — e não. Houve alguns momentos que ele não teria gostado de reviver. Naquele sábado, 26 de maio, duas horas depois da última reunião do Gabinete, ele jantou com Eden, Ironside e Ismay. Ele sabia que tinha de abandonar Calais, onde as últimas armas silenciaram no começo da tarde. No entanto, havia pressionado o brigadeiro Nicholson para que lutasse até o fim — tudo em vão. Pelo menos por uma vez o legendário apetite de Chuchill desaparecera. Não comeu e bebeu quase nada. Passou o jantar em silêncio. Depois levantou-se e disse aos seus amigos que se sentia fisicamente enjoado. Lord Ismay lembrava-se do episódio: "Quando nos levantamos da mesa, ele disse: 'Eu me sinto fisicamente enjoado.' Em suas memórias, ele cita essas palavras, mas não menciona a tristeza que aparentava quando as pronunciou."[31] Sabemos que estava pensando

---

mente no Parlamento que a oferta de paz de Hitler devia ser seriamente examinada. Hitler comentou numa de suas "Conversas ao redor da mesa" do tempo da guerra, em 1942, que o "verdadeiro oponente de Churchill era Lloyd George. Só que infelizmente ele tinha 20 anos a mais do que devia."

31 *The Memoirs of Lord Ismay*, p.121. Ver também Lukacs, *The Duel*, p.95: "Seu espírito mantinha-se firme, mas a perspectiva de um crepúsculo dos deuses ingleses estava diante de seus olhos." "Em ocasiões aflitivas, Churchill tinha o costume de lembrar alguma citação particular que expressasse seus sentimentos. Em 26 de maio, pediu a John Martin [um de seus secretários] que procurasse uma passagem na prece de George Borrow pela Inglaterra, relativa à questão de Gibraltar. [George Borrow era um excên-

em Calais, mas ele também sabia que, durante as três sessões do Gabinete nesse dia, não teve muito como opor-se a Halifax.

* * *

Algumas horas após as armas terem silenciado em Calais, foi expedida a ordem para que se iniciasse a Operação Dynamo, a retirada da Força Expedicionária Britânica de Dunquerque. Não havia conexão entre os dois acontecimentos. Vimos que Gort tomou sua decisão de retirar-se para Dunquerque alguns dias antes, e assim também foi a ordem do Almirantado de reunir todas as embarcações disponíveis em condições de navegar para uma possível retirada em grande escala. Cedo nesse dia, Hitler suspendera a ordem de trégua, embora isso só pudesse ser executado algumas horas mais tarde. Os alemães avançavam vagarosamente vindos do sul, apesar da pouca resistência oferecida pelos franceses e pelas unidades inglesas que se retiravam para Dunquerque. No dia seguinte, algumas frentes ofensivas alemãs estavam a menos de oito quilômetros da cidade. O porto ainda não fora atingido por bombardeios alemães, por terra ou pelo ar. Durante as últimas seis ou sete horas do dia de domingo, 26 de maio, 28 mil homens, que não haviam chegado a combater, já estavam fora do cais, sendo evacuados e navegando na direção de Dover. Um sinal promissor, mas só em retrospecto. Mais de 300 mil ainda estavam nos arredores de Dunquerque. Ninguém, inclusive Churchill, se sentia otimista; a perspectiva de retirá-los todos com vida para a Inglaterra era pequena.

Surpreendente mais uma vez, quando se olha em retrospecto, é que nenhuma das deliberações do Gabinete de Guerra foi filtrada para o público. Não havia indício de qualquer divisão no Gabinete de Guerra e também nenhum indício da gravidade da crise nos jornais — nem nas edições de segunda-feira (27 de maio), nem nas dos dias que se

---

trico escritor inglês, especializado em narrativas de viagem, do início do século XIX; seu livro mais conhecido era *The Bible in Spain*.] Martin entregou-o a Churchill no dia seguinte, e, como mais tarde ele se lembrou, 'casava-se com seu estado de ânimo'. Eis a citação: 'Não temas o resultado, pois ou teu fim será majestoso e invejável, ou Deus perpetuará teu reino sobre as águas'" (Sir John Martin, carta para Martin Gilbert, 24 de outubro de 1982, citado em Gilbert, *Finest Hour*, p.406).

seguiram. Somente o *Daily Express* reservara um bom espaço para a possibilidade de a Itália entrar na guerra, e nele também havia uma pequena referência à passagem de Reynaud por Londres no domingo. Não havia qualquer sinal de crise nas cartas aos editores. E novamente não existem indícios de que isso fosse conseqüência de uma autocensura ou autodisciplina. Os influentes proprietários dos jornais ingleses não sabiam do grau de gravidade das discussões no Gabinete de Guerra. Isso ficará evidente mais tarde, a partir de suas reminiscências, e também nas cartas e diários de outras importantes personalidades inglesas da época. (Eis aqui um caso interessante ou mesmo divertido: no final de maio, a coluna sobre rádio do *Times* continuava a publicar os horários das transmissões em inglês no estrangeiro, inclusive em Hamburgo, Bremen [e também Roma e Milão]. Numa carta particular ao editor, Geoffrey Dawson, Lady Astor queixava-se disso. Não demorou muito para esse tipo de informação ser retirada. Até meados de junho, o *Times* ainda referia-se a "Herr Hitler" e ao "Signor Mussolini".) Tanto nas cartas como nos diários, publicados e não publicados, de Harold Nicolson (nessa ocasião subministro do governo), não há indicações de que ele soubesse qualquer coisa sobre as divergências entre Halifax e Churchill. Numa carta a sua mulher em 22 de maio, ele já havia escrito sobre os preparativos de ambos para cometer suicídio no caso de os alemães desembarcarem na Inglaterra e invadirem o país. "E pensar que chegamos a isso!... De todo modo você sabe que eu sempre vi a possibilidade de uma derrota desde o começo da guerra, e até mesmo antes de ela começar. Querida, as reticências representam todas as coisas que não posso dizer." Na noite de 26 de maio, ele escreveu: "O que é pior é que os jacintos continuam florescendo pelos bosques e os meninos da escola Cranbrook, que estão de folga, bricam nus na água ao redor do lago ... Passo os olhos pelo jardim sentindo que posso nunca mais vê-lo." E prosseguia: "É estranho recordar as emoções dos últimos 10 dias. Aqui vão minhas impressões: (a) a primeira vez que me dei conta de que os alemães, com sua superioridade aérea e suas forças blindadas, haviam rompido e separado dois exércitos, enchi-me de desespero e medo, (b) em seguida, concluí que o passo seguinte seria a invasão destas ilhas e sobretudo a invasão de Kent, (c) então encarei o fato de que se isso sucedesse, iriam atirar em mim e Vita [sua mulher] ficaria exposta a perseguições, (d) percebi que tinha de estar preparado para cometer suicído. E ajudar Vita a fazer o mesmo. Mas quando vi que ela recebeu a coisa tão calmamente e concordou, fui tomado por uma grande calma e percebi que isso era realmente dificílimo de acontecer. Por isso, voltei [a Londres, nessa noite] em ótimo estado de espírito. De maneira nenhuma seremos vencidos, mas devemos preparar-nos para o pior."[32]

O ânimo de Nicolson parece estar de acordo com o do povo inglês de modo geral. Segundo o relatório "Secreto" (sumário) do ministro da Informação, "A opinião pública na atual crise": "Os relatórios mostram uma certa firmeza de espírito durante o fim de semana. Em parte, isso se deve à aceitação daquilo que se acredita ser uma política deliberada para restringir as notícias. Tem-se a impressão de que as opiniões estão sendo reprimidas e as emoções mantidas em suspenso propositalmente ... Com a restrição das notícias, o público recebeu um mandato para atrasar o julgamento e não preocupar-se ... Por outro lado, a publicação contínua e detalhada das reivindicações e comunicados alemães na imprensa produzem o efeito de anular a sensação de alívio e de despreocupação." Novamente o relatório comparava o estado de ânimo em Londres com o das províncias e regiões rurais, onde continuava "visivelmente mais forte": "Os relatórios das regiões indicam uma certa satisfação com o desenvolvimento dos planos para a mobilização da mão-de-obra disponível. 'Quanto mais branco o colarinho menor a firmeza de espírito' são as palavras de nosso agente de informação regional." Em Newcastle: "Dezenove membros da Infantaria Ligeira de Durham [DLI] estão contando histórias alarmantes sobre a destruição de um batalhão da DLI em Boulogne, e sobre a confusão que reina entre os feridos que se acham no cais etc., o que resulta em angústia e irritação por parte da população." Leeds: "Nós estamos certos, mas as pessoas das altas esferas estão erradas." Reading (sul): "A igreja contou com uma grande assistência. Cresce o rancor contra os alemães graças às histórias dos refugiados. Contra-ofensiva aliada ansiosamente esperada. Oxford otimista." Manchester: "Excelente estado de espírito nas

---

32 A primeira citação é do *Diaries and Letters of Harold Nicolson*, p.87-8; a segunda provém de trechos não publicados do diário (datilografado por Nicolson) que se encontram na biblioteca do Balliol College.

fábricas. Os boatos continuam aumentando. A fala pelo rádio de Nicholson [*sic*] foi considerada pouco vigorosa." Belfast: "A possibilidade de uma invasão alemã do Eire tem deixado as pessoas nervosas. As opiniões estão divididas quanto ao alistamento compulsório: a maioria é contra por medo de facções desleais." Londres: "Expectativa: as pessoas prosseguem com seus negócios; algum fatalismo enquanto não chegam as notícias ... Sente-se uma corrente oculta de ansiedade, especialmente entre as mulheres que se dão conta do sacrifício de vidas: 'vamos vencer — mas a que preço?'. No domingo boa freqüência nas igrejas; alguma demonstração de sentimentalismo ... As classes trabalhadoras ... ouvem regularmente o Haw Haw às 9:15. Baixa freqüência nos cinemas. Preferem-se comédias e musicais a filmes sérios e de guerra. Aprovado novo confinamento de estrangeiros. Expressa-se falta de confiança nos franceses."[33]

A maior parte disso está de acordo com os relatórios sobre o estado de ânimo do Mass-Observation feitos no domingo e na segunda-feira.[34] "As exaustivas investigações empreendidas no fim de semana mostram um moral firme e em alta, mas isso em parte se deve ao interesse pelos acontecimentos na França e a uma identificação com esses. A falta de notícias ... dava às pessoas, por assim dizer, uma desculpa para não terem de enfrentar os fatos, uma forma de proceder que vem acentuando-se muito nos últimos dias. Hoje, principalmente, nota-se, mais uma vez, um pequeno mas significativo aumento no fatalismo, bem como no interesse geral e na qualidade das opiniões. Para compensar as desvantagens decorrentes, a vantagem inegável de que os violentos altos e baixos do dia-a-dia e a ansiedade passageira são automaticamente aliviados pelo espaçamento das notícias ... A opinião é de que, no geral, as notícias são um pouco melhores, mas, como se trata de opinião, ela é por si só questionável."[35]

---

33 Nº 9, INF 1/264 segunda-feira, 27 de maio de 1940.

34 FR 142, 27.5.40.

35 Uma nota de pé de página no relatório: "Observou-se que em muitos meses nunca se viu tantas máscaras contra gás quanto ontem, ou seja, 19,6% na parte da manhã e 20,3% à tarde, tomando-se como referência os 13,2% no dia 16 e os 8,7% no dia 17 da última semana. (Medidas feitas em pontos padrão e com técnica padrão.)

Começamos a reconstrução desse dia crucial de 26 de maio de 1940 com um relato do Dia Nacional da Oração na abadia de Westminster. Permitam-me, então, terminá-lo com um poema do moderado poeta inglês John Betjeman. Suas irônicas estrofes de "Na abadia de Westminster" retratam uma inglesa algo frívola de classe alta, não, é claro, no dramático dia de 26 de maio, mas talvez antes, durante a Guerra Relutante.

> Primeiro vou tirar esta outra luva/ Enquanto a *vox humana* se avoluma/ E os belos campos de Eden/ Aquecem-se sob os sinos da abadia./ Aqui, onde jazem os estadistas da Inglaterra/ Ouvi o choro de uma lady.
>
> Oh Deus misericordioso bombardeai os alemães./Poupai suas mulheres para o vosso bem,/ E se isso não for muito fácil/ Nós perdoamos vosso engano./ Mas, oh Deus misericordioso, seja como for,/ Não deixeis que me joguem uma bomba.
>
> Conservai nosso império intato/ Guiai nossas forças com vossa mão,/ Negros garbosos da longínqua Jamaica,/ Honduras e Togoland;/ Protegei-os Senhor em todas as suas lutas, / E sobretudo protegei os brancos.
>
> Pensai no que nossa nação representa,/ Livros do Boots e verdes pastagens,/ Liberdade de falar, passagens gratuitas, distinção de classe,/ Democracia e esgotos decentes./ Senhor, protegei em especial/ O número 189 do Cadogan Square.
>
> Embora, meu bom Deus, seja eu uma pecadora,/ Jamais cometi crime grave;/ Bom, passarei a assistir aos serviços noturnos/ Sempre que tiver tempo./ Por isso, Senhor, reservai para mim um galardão,/ E não deixeis que minha ações venham a cair.
>
> Vou trabalhar pelo vosso reino,/ Ajudar nossos rapazes a vencer a guerra,/ Enviar penas brancas aos covardes/ Me juntar ao Women's Army Corps,/ Depois lavar os degraus ao redor de Vosso trono/ Na Eterna Zona da Salvação.
>
> Agora me sinto um pouco melhor,/ Que privilégio escutar Vossa palavra,/ Onde os ossos dos maiores estadistas / São em geral enterrados./ Bem, meu bom Deus, não posso mais esperar/ Porque tenho um encontro para o almoço.[36]

---

36 John Betjeman, "In Westminster Abbey," *Collected Poems* (1979).

capítulo 5

Segunda-feira, 27 de maio

O que se passava em Dunquerque. — Rendição dos belgas. — Considerações americanas. — Três Gabinetes de Guerra e um passeio pelo jardim. — "Você estaria melhor jogando críquete."

Nos últimos dias de maio de 1940, o destino da Inglaterra — de fato, o resultado da II Guerra Mundial — dependia de duas coisas. Uma era a divergência entre Churchill e Halifax. A outra era o destino do exército inglês retirando-se às pressas para Dunquerque. Os dois fatos estavam, é claro, relacionados um com o outro. Mas isso só se torna claro quando examinamos em retrospecto. Churchill disse que a luta continuaria ainda que se perdesse a BEF ("a maior de todas as nossas derrotas militares em muitos séculos"). A ordem final para começar a retirada, a Operação Dynamo, foi expedida alguns minutos antes das sete horas no domingo, 26 de maio, e muitos dias antes Gort já havia começado a recuar na direção de Dunquerque; no entanto, todos acreditavam que somente uma fração dos quase meio milhão de soldados ingleses e franceses, então cercados e pressionados pelos alemães, conseguisse escapar para a Inglaterra. Foi somente por volta de 31 de maio, mais de cinco dias depois, que a possibilidade de uma verdadeira evacuação em grande escala surgiu. Com toda a certeza ela não fora prevista antes, o que fica claro com as primeiras instruções dadas pelo Almirantado ao almirante Sir Bertram Ramsey, encarregado da operação em Dover: "É da máxima importância para a Dynamo que seja levado a cabo com a maior presteza o resgate de 45 mil homens da BEF dentro de dois dias, ao fim dos quais, provavelmente, a evacuação será terminada pela ação inimiga." Essas instruções foram rascunhadas por Sir Dudley Pound, um primeiro-lord naval extremamente cauteloso; mas não havia muita razão para pensar diferente ou fazer outra avaliação. No fim, Dunquerque somente seria ocupada pelos alemães nove dias mais tarde, quando já haviam desembarcado na Inglaterra oito vezes mais soldados ingleses e franceses do que avaliara Pound. Ninguém poderia ter previsto isso em 26 de maio, e nem mesmo por algum tempo depois.

Vimos que Hitler suspendera a ordem de trégua em 26 de maio. Nesse dia, durante a tarde, começou o avanço das unidades alemãs saídas do sul para Dunquerque. O cerco de Dunquerque (se é que se pode chamar assim) começou muito cedo na manhã do dia seguinte, 27 de maio, uma segunda-feira. Às 7:15h, o vice-almirante Somerville acordou Churchill pelo telefone. Os alemães haviam dirigido suas armas para o norte de Calais e começaram a bombardear os navios que se aproximavam de Dunquerque.

Bem pior que esse bombardeio foram as bombas que começaram a chover sobre Dunquerque e sobre as tropas que para lá se retiravam. Em mais de um sentido, esse 27 de maio foi o pior dia de toda a saga de Dunquerque. Os alemães dominavam o ar encontrando fraca resistência da Royal Air Force. Em parte porque os comandantes das unidades aéreas resolveram preservar a RAF, tanto quanto possível, para o caso de a Inglaterra ser invadida. Quando os caças ingleses atacavam os pesados bombardeiros alemães no céu de Dunquerque, quase sempre obtinham sucesso, mas eles eram poucos — algo que encheu a massa das tropas britânicas de um sentimento amargo, durante aqueles dias e noites, e que o próprio Churchill teve de admitir e explicar em sua fala de 4 de junho, depois de Dunquerque. Tão ruim, ou até pior, que os reides sobre Dunquerque eram os ataques em vôos rasantes às colunas de soldados ingleses e franceses que batiam em retirada ao longo das estradas e trilhas poeirentas que levavam à cidade e ao porto. Lá, as primeiras tentativas de organizar a evacuação das levas de soldados estavam apenas começando. Dois fatos se mostraram auspiciosos nesse dia. Um foi obra de um oficial inglês, o capitão W.G. Tennant, que tornou um dos dois principais píeres do porto de Dunquerque utilizável para desembarques, carregamentos e remoções. O outro foi o aproveitamento das extensas praias de areia ao norte da cidade, que poderiam ser alcançadas por pequenas embarcações. No entanto, ao todo, nesse arrasador 27 de maio, somente 7.700 soldados puderam partir para a Inglaterra. No dia seguinte foram 18 mil, mas isso ainda era pouco. O total em dois dias estava muito longe daqueles 45 mil estipulados inicialmente pelo primeiro-lord naval.[1]

Parece que o próprio Churchill não estava de todo consciente da situação em Dunquerque no dia 26 — no início desse longo dia seguramente não estava. Numa mensagem a Gort, na noite anterior, ele havia dito: "Nesse grave momento não posso me furtar a enviar-lhe meus votos de felicidade. Ninguém é capaz de dizer como tudo isso irá resolver-se. Mas qualquer coisa é melhor do que estar cercado e morrendo de fome ... Imagino que os soldados saibam que estão fazendo o caminho mais curto de volta para casa. Nunca houve um estímulo assim para a luta. Nós lhe daremos tudo de que dispõem a Marinha e a Força Aérea."[2] "Tudo", é um pouco exagerado. Vimos que o envolvimento total dos caças ingleses na batalha sobre Dunquerque não chegou a se concretizar, e por bons motivos. O esforço esplêndido da Marinha durante os sete dias de Dunquerque foram decisivos para a evacuação; mas, a não ser por destróieres e outros navios menores, os navios de guerra maiores e o grosso das embarcações estacionados mais ao norte da Inglaterra não participaram da batalha — como de fato não se daria tal envolvimento mesmo no caso de uma invasão alemã através do Canal no fim do verão. Apesar dos precedentes históricos, as águas do Canal em 1940 nada veriam que fosse parecido com o que aconteceu em 1588 com a Armada Espanhola ou com o que poderia ter acontecido com a Armada de Bonaparte em 1803: por mais de uma razão, o grosso da frota inglesa em 1940 não podia ser sacrificado.

Enquanto isso, em Dunquerque, num grande bolsão — que se encolhia a olhos vistos — onde a BEF se localizara, sucediam-se escaramuças pequenas e violentas o dia inteiro, ao mesmo tempo que os

---

1 Há um registro segundo o qual 26 mil não-combatentes teriam partido de Dunquerque em 26 de maio: um cálculo imaginado na época, e não um número preciso, já que as estatísticas somente começaram a ser feitas em 27 de maio.

2 Churchill Papers, CA 20/14. Está datado de 27 de maio, mas deve estar errado: a mensagem ainda fala sobre combates em Calais, e termina: "Anthony Eden está comigo neste momento e lhe envia também seus votos de felicidade" — sem dúvida trata-se de uma referência ao jantar do dia 26 de maio. Além do mais, Churchill, em seu despacho, sugere ainda um ataque britânico no sul, partindo do perímetro de Dunquerque ("Uma coluna dirigida para Calais enquanto este ainda resiste pode ter uma boa chance"); isso não só era despropositado, como impossível.

ingleses iam destruindo sistematicamente veículos, mantimentos, materiais bélicos e outros equipamentos. Os franceses não entendiam o que se passava, ainda julgando que o bolsão de Dunquerque fosse para ser mantido e não evacuado. (Além disso, a brava defesa de Lille pelo Primeiro Exército Francês, conduzida pelo general Prioux e Molinié, conseguira resistir até 1º de junho, retardando um bom número de unidades alemãs que, não fosse isso, estariam prontas para assaltarem Dunquerque.)

Pode-se perguntar — aliás alguns historiadores têm perguntado, mas somente depois de decorridas algumas décadas — por que a ofensiva por terra dos alemães, na direção de Dunquerque, se fez de modo relativamente lento. Se Hitler houvesse ordenado, teria sido possível um assalto direto e feroz a Dunquerque. Isso significaria o fim, ou seja, a captura de toda a Força Expedicionária Britânica e talvez até de muitas outras coisas. Mas a batalha por esse último bastião teria sido amarga e sangrenta. É possível que passasse pela cabeça de Hitler certos cálculos políticos. Ainda assim, o elemento decisivo foi sua tendência a concordar com Goering que, no caso de Dunquerque, a sua Luftwaffe, ou seja, a superioridade aérea dos alemães, daria conta do recado sozinha.[3]

Portanto, essa segunda-feira, 27 de maio, estava sendo péssima — talvez o pior dia em Dunquerque para toda a Força Expedicionária Britânica, cuja retirada estava agora ameaçada por um outro fator, cujas conseqüências políticas poderiam causar até mais estragos do que as militares: na Bélgica, o rei Leopoldo III havia decidido render-se. Churchill sabia disso; na realidade, ele, ao contrário dos franceses, tinha uma melancólica compreensão da situação desse rei que decidira ficar com seu povo. (Na noite anterior, Churchill havia escrito a Gort: "Estamos pedindo a eles que se sacrifiquem por nós.") Mas o exército belga se achava despedaçado. Churchill sabia que a decisão do rei de permanecer significava que ele dava a guerra como perdida e que iria propor aos alemães uma paz em separado. Cedo nesse dia, Churchill escreveu a Sir

---

3 Diz o próprio Goering no dia 27 de maio: "Somente alguns botes de pesca estão cruzando o Canal; espera-se que os Tommies saibam nadar" (citado em Engel, *Heeresadjutant bei Hitler*).

Roger Keyes, seu enviado especial junto ao rei: "Em virtude de sua atual decisão, o rei está dividindo a nação e pondo-se sob a proteção de Hitler." Isso era verdade. "Por favor, transmita essas considerações ao rei e pressione-o no sentido de que veja as conseqüências desastrosas que seu ato acarretará para os aliados e para a Bélgica."[4] À noite, o general Edward Spears telefonou para Churchill de Paris, dando a notícia de que o rei Leopoldo havia enviado um plenipotenciário aos alemães, encarregado de pedir o cessar-fogo à meia-noite.

* * *

Foi assim que terminou esse desastroso dia do outro lado do Canal. Mas o que se passou dentro do Gabinete de Guerra não foi menos dramático.

Ou talvez decisivo. Churchill tinha consciência disso. Ele havia guardado suas energias para um dia que seria tão difícil quanto o anterior, ou até mais. (É interessante notar que, em sua agenda particular, nada estava marcado para aquela segunda-feira, 27 de maio.) Vimos que ele foi acordado pelo telefonema do vice-almirante Somerville às 7:15. Ele então examinou um grande maço de papéis, em sua maioria despachos sobre a situação militar, a fim de se preparar para a primeira reunião do Gabinete de Guerra que seria em Downing Street às 11:30.

Essa foi uma reunião extraordinariamente longa, em que se tratou sobretudo, mas não exclusivamente, de assuntos militares, durante a qual Chamberlain, saindo de seu normal, falou bastante. Os relatórios militares eram às vezes confusos e, em geral, não muito precisos. O chefe do estado-maior imperial fez o seguinte relato: "Nossas tropas em Calais ainda estavam resistindo com grande bravura. Algumas guarnições foram retiradas para os navios e estavam para ser substituídas por outros homens da mesma unidade." Isso era espantoso: as lutas em Calais haviam terminado há mais de 16 horas.

Gastou-se muito tempo com a análise da situação da Força Expedicionária Britânica. Em seguida, Chamberlain levantou a questão sobre o que se deveria dizer às colônias. Esse era um assunto grave, pois o alto

---

4 CA 20/14.

comissário da Austrália em Londres, Stanley Bruce, era sem sombra de dúvida um derrotista. Ele havia dito na noite anterior que não acreditava que a Inglaterra pudesse continuar a guerra se a França caísse, e que a Inglaterra deveria inquirir sobre possíveis termos de paz (talvez intermediados por Mussolini). No Gabinete de Guerra, Chamberlain disse que "iria encontrar-se novamente com os altos comissários e informá-los de que mesmo que a França saísse da guerra, não havia qualquer possibilidade de desistirem. Tínhamos boas razões para acreditar que poderíamos resistir a um ataque alemão, e estávamos decididos a continuar a luta."[5] (Bruce não estava convencido e insistiu em seu lúgubre ponto de vista por diversos dias; depois disso, desapareceu de cena.) O primeiro-lord do Almirantado, A.V. Alexander, um simpatizante do Partido Trabalhista, esteve presente nessa reunião. Ele sabia que Bruce era um derrotista. (Como também o sabia o secretário das colônias, visconde Caldecote, um conservador que disse que o primeiro-ministro australiano não estava inclinado a concordar com Bruce.) Nesse ponto, Churchill entrou na discussão. Ele achava "que se deveria enviar uma recomendação geral aos ministros para que usassem de uma linguagem mais firme. Estava convencido de que o grosso da população do país se recusaria a aceitar a possibilidade de uma derrota". No dia seguinte, Churchill expediu essa advertência, que excluía contemporizações.

Seguiu-se uma discussão longa sobre a necessária evacuação de Narvik, na Noruega, que tropas inglesas, francesas e polonesas haviam conseguido ocupar dois dias antes — a única vitória aliada (com grande atraso) em terra desde o começo da guerra. Veio depois uma discussão ainda mais longa sobre a guerra nos ares, durante a qual Churchill apresentou estimativas que eram, de certo modo, mais otimistas do que as do comandante-em-chefe das forças aéreas. Então, Churchill mais uma vez voltou a abordar a França e as perspectivas que ainda lhe

---

5 Há um acréscimo entre parênteses nas minutas posteriores à excepcional exposição de Chamberlain: "(Essa exposição se aplicaria, é claro, à imediata situação provocada pelo hipotético colapso da França. Isso não quer dizer que todas as vezes que se oferecessem termos de paz, esses não fossem considerados segundo seus méritos.)" Essa inserção não é clara. Os "termos" aqui mencionados seriam oferecidos à França ou à Inglaterra? Tanto a escrita datilografada quanto seu lugar na minuta fazem supor que ela tenha sido acrescentada posteriormente pelo secretário.

restavam. Caso ela se tornasse neutra, como especulava, "não era certo que a Alemanha fosse insistir para ficar na posse de todos os portos no norte da França. Os alemães estariam tão ansiosos para separar a França de nós que poderiam oferecer termos de paz bem favoráveis aos franceses".[6] Foi a vez de Chamberlain fazer uma análise sucinta mas sensata dos relatórios dos chefes de estado-maior ("Uma certa eventualidade..."). Ele, no entanto, começou dizendo que seu relatório "estava baseado na suposição de que os Estados Unidos da América se mostravam propensos a nos dar uma total ajuda econômica e financeira. Isso talvez não seja uma suposição injustificável, mas é possível que tal ajuda não aconteça num futuro imediato."

Era verdade, e Churchill sabia disso. "Os Estados Unidos", disse ele, "praticamente não nos deram qualquer ajuda na guerra e, agora que perceberam a extensão do perigo, sua atitude é a de querer conservar tudo que ajude na defesa deles próprios." Ele sabia que o presidente Roosevelt, estava, por enquanto, impossibilitado — e tampouco gostaria — de comprometer os Estados Unidos com a Inglaterra de uma maneira rápida e definitiva. Uma das razões era, é claro, a situação da política interna americana, numa época em que nem a indicação sem precedentes para um terceiro mandato, nem a vitória na eleição presidencial estavam garantidas. Uma outra razão, até mais importante, era a opinião de Roosevelt sobre as conseqüências da guerra: se o pior se tornasse ainda pior, a frota inglesa poderia alcançar o hemisfério ocidental. Churchill já havia avisado Roosevelt contra essa possibilidade numa sombria e importante mensagem emitida em 15 de maio. Cinco dias depois, numa outra mensagem que hesitou inicialmente em enviar, o que acabou fazendo, Churchill avisava Roosevelt que ele não podia e não devia contar com a frota inglesa.

Roosevelt ainda não estava preparado para confiar em Churchill inteiramente. Também não confiava em Kennedy em Londres, mas

---

6 Essa era uma previsão arguta, embora só em parte fosse revelar-se verdadeira. O fato é que 24 dias mais tarde, depois do completo colapso francês, Hitler ofereceu termos à França que praticamente a deixavam fora da guerra — o que fez Sir R. Campbell, então o último embaixador britânico à França, defini-los como "diabolicamente inteligentes". Mas esses termos, naturalmente, eram muito mais duros do que Churchill havia imaginado em 27 de maio: os alemães ficaram senhores do Canal e de todo o litoral atlântico da França, inclusive dos portos situados nessas áreas.

confiava em seu embaixador em Paris, William C. Bullitt, que, apesar de sua firme posição contrária a Hitler, pensava na época que os ingleses poderiam fraquejar e considerar a possibilidade de uma negociação com a Alemanha. Vimos que, em 24 de maio, Roosevelt chegou inclusive a entrar em contato com o primeiro-ministro canadense para discutir "certas possíveis eventualidades que não poderiam ser mencionadas em voz alta". Dessa maneira, Roosevelt reconheceu os primeiros sinais da "eventualidade", ou seja, sinais de que os ingleses poderiam fazer um pedido de paz, ao que ele reagiu à sua maneira, freqüentemente tortuosa. Suas relações com Churchill ainda não haviam chegado àquele ponto de confiança mútua a que chegariam mais tarde nesse ano. Em 25 de maio, Halifax rascunhou um telegrama para Roosevelt, que, em concordância com Churchill — possivelmente por este achar a mensagem fútil e pouco enérgica — acabou não sendo enviado.[7] Desse modo, durante esses últimos dez dias de maio, tão dramáticos, não houve comunicação direta entre Churchill e Roosevelt.

Durante a primeira reunião do Gabinete de Guerra em 27 de maio, Halifax não falou muito. Mencionou um telegrama do embaixador inglês em Washington, em que ele levantava a possibilidade de oferecer, em troca do apoio americano, algumas bases em ilhas inglesas no hemisfério ocidental. (Tal idéia já tinha sido ventilada durante a visita do rei e da rainha aos Estados Unidos no último verão.) Não vale a pena discutir isso agora, disse Churchill. Halifax fez também um comentário sobre o envio de uma missão econômica a Washington, mas fora isso falou pouco durante essa longa sessão, que terminou com uma discus-

---

7 O palavreado desse telegrama refletia o estilo em geral cauteloso e empolado de Halifax. Ele sugeria que Roosevelt se dirigisse diretamente a Hitler: "Se o senhor ... disser a Hitler que, embora reconhecendo-lhe o direito de obter termos necessariamente difíceis e desagradáveis para aqueles que ele derrotou, esses termos não podem visar à destruição da independência da Grã-Bretanha e da França, pois imediatamente afetarão interesses vitais dos Estados Unidos, e que a insistência neles irá inevitavelmente encontrar uma resistência americana; isso talvez o faça parar para pensar. Se o senhor sentir que, na ocasião, poderá ir além e disser que, se ele insistir em termos destrutivos para a independência britânica — portanto prejudiciais à posição americana —, os Estados Unidos imeditamente darão pleno apoio à Grã-Bretanha, o significado disso, naturalmente, será ainda mais valioso" (Halifax Papers, A.410.4.1, citado em Roberts, *The Holy Fox*, p.212).

são mais ampla sobre a guerra nos ares, sobre os preparativos militares para uma possível invasão da Inglaterra e sobre a Irlanda.[8]

Cadogan, que assistiu a uma parte da sessão, escreveu em seu diário: "Gabinete às 11:30 — lúgubre como sempre. Muito pouca luz para qualquer lado que se olhe."[9] Não é certo onde e com quem Churchill ou Halifax almoçaram nesse dia. Mais tarde, às 4:30, nova reunião do Gabinete. Essa sessão foi mais restrita do que a da manhã, com a presença de poucos oficiais estranhos ao Gabinete, à exceção de Archibald Sinclair, líder do Partido Liberal, ministro da Aeronáutica, e partidário de Churchill.

Chegamos agora à mais crítica das nove reuniões do Gabinete de Guerra durante os dias que vão de 26 a 28 de maio — uma reunião cuja menção, e especialmente, cuja reconstrução Churchill conscientemente excluiu de sua inimitável e minuciosa *História da II Guerra Mundial* e de suas *Memórias de guerra*. Foi durante essa reunião, um pouco mais curta do que a anterior na parte da manhã, que Halifax se viu obrigado a enfrentar Churchill diretamente. Ele já o havia desafiado no dia anterior, mas não tão claramente. O que se tornava agora muito evidente não eram suas pequenas diferenças, mas suas convicções totalmente opostas sobre o destino imediato do país. O moroso e cauteloso Halifax não apenas acreditava haver chegado a hora de expressar suas diferenças com Churchill, parecendo também acreditar que não havia mais tempo a perder — na realidade, se as diferenças entre os dois fossem irreconciliáveis, ele pensava em demitir-se do governo. Daí porque devemos tentar reconstruir os acontecimentos dessa tarde com certa abundância de detalhes.

A sessão foi aberta com a discussão do memorando rascunhado por Halifax: "Plano para uma aproximação com o Signor Mussolini". Churchill disse que era melhor Roosevelt tentar uma aproximação com Mussolini do que os ingleses o fazerem por intermédio dos franceses. Uma frase na exposição inicial de Churchill mostra que ele previa a essência da tragédia francesa: "Se a França cair, a Alemanha provavelmente lhe concederá termos razoáveis, mas esperará dos franceses que

8 CAB 65/ 7, WM 141.

9 Cadogan, *Diaries*, p.290.

tenham ministros aceitáveis pelos alemães." Vale dizer, em vez de a França recair numa espécie de neutralidade, poderia surgir uma França que se aliaria com o outro lado: pró-germânica e antibritânica. Halifax não discordou inteiramente; fez o relato das últimas notícias secretas enviadas pelo embaixador inglês em Roma, que, em essência, diziam que, "quanto ao Signor Mussolini, nada que pudéssemos fazer adiantaria no estágio atual das coisas". Chamberlain estava inteiramente de acordo: achava que Mussolini "podia jogar em qualquer posição, mas não enquanto Paris não fosse tomada". Contudo, para o bem dos franceses — ou para não deixá-los inteiramente abandonados —, "seria muito ruim se eles, além de tudo, tivessem de considerar que nem chance de negociar com a Itália estamos dispostos a conceder-lhes."

Foi então que Churchill afirmou pela primeira vez ser contrário a qualquer composição com a Itália — opondo-se inteiramente, portanto, ao "Plano para uma aproximação" de Halifax. Declarou que o argumento de Chamberlain "queria dizer justamente isso, que tal aproximação de nada adiantaria, mas que valia a pena suavizar as relações com um aliado em condições difíceis." Passou então a ler um telegrama que havia recebido de Reynaud naquela manhã, o qual, pelo menos indiretamente, dizia que mais importante do que as negociações com a Itália era "o argumento que, no entender dele [Reynaud], era o que tinha maior peso ... O auxílio dado pela Inglaterra à França, neste momento trágico, ajudará a fortalecer a aliança de corações que eu [Reynaud] acredito ser essencial." Nesse ponto Churchill parou. Sir Archibald Sinclair veio em seu apoio: "Ele estava convencido da inutilidade de uma aproximação com a Itália naquele momento. Contra a parede como estamos, qualquer fraqueza de nossa parte irá encorajar os alemães e italianos, tendendo a minar o moral tanto neste país como nas colônias. A idéia de que estamos preparados para negociar pedaços do território britânico teria conseqüências deploráveis e tornaria mais difícil para nós continuar a luta desesperada que travamos. Contudo, ele estava impressionado com a importância de fazermos tudo que estivesse a nosso alcance para fortalecer os laços com os franceses." Attlee e Greenwood disseram quase a mesma coisa. Greenwood acrescentou que não via "como tirar a França de suas dificuldades ... Caso se espalhe a notícia de que estamos solicitando termos que irão nos custar a entrega de territórios britânicos, as conseqüências serão terríveis ...

estaremos caminhando para um desastre se levarmos adiante essas aproximações."

Halifax interrompeu apenas uma vez e de forma um tanto oblíqua. Voltou a abordar sua discussão com Bastianini dois dias antes, "quando havia dito que estaríamos sempre dispostos a discutir as questões entre nossos países e a nos empenhar ao máximo para encontrar soluções satisfatórias para os dois lados. Os franceses não estavam na realidade propondo ir além disso, exceto no que dizia respeito à precisão geográfica, um campo em que ele não estava preparado para aceitar os pontos de vista deles. Não acreditava haver muita força no argumento de que nada deveríamos fazer que desse uma aparência de fraqueza, pois o Signor Mussolini saberia que a aproximação de Roosevelt fora instigada por nós." Isso em grande parte era verdade. Mas o que aparecia por trás do argumento de Halifax é que ele sabia que Churchill estava na iminência de rejeitar incondicionalmente todo o seu "Plano de aproximação."

Ele estava certo, pois Chuchill faria em seguida um relatório que seria definitivo. Trechos dele têm sido citados por outros historiadores, mas aqui o reproduzimos na íntegra:

> O PRIMEIRO-MINISTRO disse que se sentia cada vez mais oprimido pela inutilidade do plano para uma aproximação com o Signor Mussolini, que o veria certamente com desdém. Tal aproximação faria a M. Reynaud muito menos bem do que a adoção de uma atitude firme. Além do mais, a aproximação iria arruinar a integridade de nossa posição de luta neste país. Mesmo que não falássemos de precisão geográfica e nem mencionássemos nomes, todo mundo saberia o que tínhamos em mente. Ele, pessoalmente, duvidava de que a França estivesse tão propensa a abandonar a luta, como M. Reynaud dera a entender. De qualquer modo não vamos nos deixar afundar junto com a França. Se os franceses não estavam preparados para prosseguir com a luta, que a abandonassem, embora duvidasse de que o fizessem. Se este país for derrotado, a França se tornará um estado vassalo; mas se vencermos, talvez a salvemos. A melhor ajuda que poderíamos dar a M. Reynaud seria fazê-lo sentir que, não importa o que aconteça à França, nós iremos lutar até o fim. Essa manobra foi uma sugestão para tirar a França da dificuldade que poderia obrigá-la a assinar a paz em separado, não se opondo à sua barganha de não fazê-lo.
>
> No momento nosso prestígio na Europa está muito baixo. O único meio de recuperá-lo será mostrando ao mundo que a Alemanha não nos

> venceu. Se, depois de dois ou três meses, conseguirmos mostrar que ainda não fomos vencidos, nosso prestígio voltará. Ainda que sejamos vencidos, não estaremos pior do que estaríamos se agora abandonássemos a luta. Não vamos, portanto, deixar-nos rolar por uma encosta escorregadia junto com a França. Toda essa manobra teve o sentido de nos envolver tão profundamente em negociações que estaríamos depois impossibilitados de retornar. Já fomos muito longe em nossa política de aproximação com a Itália, mas não vamos permitir que M. Reynaud nos envolva numa situação confusa. A aproximação proposta foi não só algo inútil como também nos envolveu num perigo mortal.

Talvez não seja de todo sem fundamento presumir que, ao mencionar Reynaud na penúltima frase, Churchill também quisesse se referir a Halifax. Chamberlain, então, introduziu uma conciliadora proposta de compromisso: "Se ele, por um lado, concordava com o argumento de que a aproximação proposta não servia para nada, por outro, pensava que deveríamos ir um pouco mais longe com ela, a fim de manter a boa disposição dos franceses. Ele achava que nossa resposta não deveria ser uma recusa cabal." Entretanto, deixemos que Roosevelt seja o primeiro a dirigir-se a Mussolini; isso fará com que a Inglaterra ganhe algum tempo.

Churchill passou, então, a fazer uma breve exposição sobre o espírito de luta do exército francês; soubera nessa manhã que havia uma melhora por lá. "Do contrário, tudo recairia sobre nós. Se o pior se tornasse ainda pior, não seria uma coisa tão má se este país caísse lutando por outros países já vencidos pela tirania nazista."

Isso era demais para Halifax. Ele começou dizendo que concordava amplamente com Chamberlain. "Contudo, estava consciente de algumas *profundas diferenças de pontos de vista* que gostaria de esclarecer" (o grifo é meu).

> Ele não podia reconhecer qualquer semelhança entre a ação que propunha e a insinuação de que estávamos exigindo termos e seguindo uma linha que nos conduziria a um desastre. Na discussão da véspera, ele havia perguntado ao primeiro-ministro se estava preparado para discutir termos, caso tivesse certeza de que assuntos vitais para a independência deste país haviam permanecido intocáveis. O primeiro-ministro disse que ficaria agradecido se pudesse sair das presentes dificuldades mediante tais

termos, contanto que mantivéssemos o essencial e os componentes de nossa força vital, ainda que isso custasse alguma perda de território.

Halifax, nesse ponto, tentava pressionar Churchill. Então, prosseguiu:

> Neste momento, entretanto, o primeiro-ministro pareceu sugerir que sob condição alguma pensaríamos em qualquer procedimento senão o de lutar até o fim. A questão era provavelmente acadêmica, pois dificilmente receberíamos uma oferta que não contrariasse as condições fundamentais que eram vitais para nós. Se, no entanto, fosse possível obter um acordo que não ferisse essas condições, ele, pelo seu lado, duvidava que pudesse aceitar os pontos de vista agora apresentados pelo primeiro-ministro. O primeiro-ministro havia dito que dois ou três meses seriam suficientes para mostrar se podíamos enfrentar o perigo aéreo. Isso significava que o futuro do país dependia das bombas inimigas caírem ou não sobre nossas fábricas de aviões. Ele estava preparado para correr esse risco se nossa independência estivesse em jogo; mas se não estivesse em jogo, julgava mais certo aceitar uma oferta que salvaria o país de um desastre possível de ser evitado.

Churchill disse "que achava que o ponto a ser decidido pelo Gabinete de Guerra já era suficientemente difícil para envolvermo-nos na discussão de uma questão inteiramente irreal, que dificilmente surgiria. Se Herr Hitler estivesse pronto para fazer paz segundo os termos de restauração das colônias alemãs e da supremacia sobre a Europa central, isso seria uma coisa. Mas era muito pouco provável que ele fizesse uma oferta desse tipo."

Chamberlain "pensava que se propostas concretas fossem postas diante do Gabinete de Guerra não haveria dificuldade em estabelecer o que era ou não essencial".

Era uma solução intermediária entre o ponto de vista de Halifax e o de Churchill. Mas Halifax voltou a falar:

> O ministro das Relações Exteriores disse que gostaria de colocar a seguinte questão. Suponha que o exército francês sucumbisse e que Herr Hitler fizesse uma oferta de termos de paz. Suponha que o governo francês dissesse: "Nós estamos impedidos de negociar uma oferta feita somente à França e o senhor teria de negociar também com os aliados." Suponha que

> Herr Hitler, estando ansioso para terminar a guerra por conhecer as fraquezas internas de seu país, oferecesse termos à França e à Inglaterra, estaria o primeiro-ministro pronto para discuti-los?

O importante nesse discurso é que o "Plano para uma aproximação", que envolvia Mussolini e a Itália, não figurava mais na argumentação de Halifax. Sua pergunta em termos diretos era: estaria Churchill disposto a considerar *quaisquer* termos de paz, em *qualquer* ocasião? E Churchill agora achava que não poderia responder com um não categórico: "Ele não se juntaria à França para solicitar termos, mas se lhe dissessem quais termos estavam sendo oferecidos, ele estaria disposto a considerá-los."[10]

Chamberlain acreditava que a tática de Hitler fosse provavelmente a de fazer uma oferta de paz definitiva quando os franceses respondes-

---

10 Aqui foi até onde ele chegou. Quase 60 anos depois ainda há diferentes interpretações sobre essa sessão do gabinete. Andrew Roberts, em sua biografia de Halifax, escreve que a solução intermediária foi proposta por Churchill e não por Chamberlain. Ele está certo ao dizer que ao tentar forçar Churchill a tomar uma decisão, Halifax procurou "tirar vantagem do fato de Churchill querer mostrar-se tão moderado quanto possível, de querer vender sua política ao Gabinete de Guerra e principalmente de querer carregar Chamberlain com ele"; "Halifax estava com raiva da maneira como Churchill distorcia e deturpava seus argumentos ... Estava incensado pelo fato de que gabinetes, designados para refletir com sobriedade e maturidade, fossem obrigados a escutar uma arenga em que o romantismo e a ilogicidade rivalizavam pelo controle da situação" (*The Holy Fox*, p.220-1). Seria um julgamento equilibrado se não fosse por certo exagero. David Dilks, citando a última exposição de Churchill — "Embora sem seguir a França em seu pedido por termos de paz, nem por isso ele deixaria de considerá-los caso lhe falassem deles — acrescenta: "Ali estava Churchill, pronto para pensar numa paz que inevitavelmente não só faria da Alemanha dona da Europa, como também envolveria a perda de algum território britânico. A crença tradicional de que Churchill, desde o momento de sua ascensão como primeiro-ministro, estava determinado a lutar até que toda a Europa estivesse livre, já não se sustenta mais por si só" (Dilks, "The Twilight War and the Fall of France"). Isso é um exagero: a questão, certamente no fim de maio de 1940, era a da sobrevivência e independência da Inglaterra; além do mais, Churchill jamais havia lutado por *toda* a Europa, nem em 1940, nem mais tarde. Sou mais inclinado a aceitar o resumo calmo e sensato de Philip Bell: "As discussões do Gabinete de Guerra em 26, 27 e 28 de maio marcaram um momento decisivo na história da Inglaterra e, por extensão, na história da Europa. Não há dúvida de que se o Gabinete de Guerra houvesse concordado com a proposta francesa e tivesse se aproximado de Mussolini com vistas a uma mediação, ele jamais teria voltado atrás nessa decisão. Uma vez que a possibilidade de negociação fosse aberta, não haveria como detê-la, e o governo não poderia continuar a conduzir o país em total desafio ao poder germânico" (*A Certain Eventuality*, p.48).

sem que estavam comprometidos com seus aliados. Seria então a vez de ele dizer: "Eu estou aqui, que enviem um delegado a Paris." "O Gabinete de Guerra, entretanto, achou que a resposta a tal oferta só poderia ser um 'Não'".

Tudo bem, só que Halifax ainda insistia em não querer "enviar uma recusa" definitiva aos franceses. Ficou então acertado que Reynaud faria um esboço das linhas traçadas por Chamberlain. A reunião terminou com uma breve discussão sobre os Estados Unidos e a frota britânica: "O presidente Roosevelt dava a impressão de adotar a linha de que estaria sendo muito gentil por recolher os pedaços do Império Britânico se este país fosse invadido. Por outro lado, deveria se dar conta de que havia um outro aspecto a considerar na questão."[11]

Mas o assunto principal era o racha no Gabinete. Teria Halifax, ainda que um tanto obliquamente, dado a entender que talvez renunciasse? Segue-se aquele passeio pelo jardim sobre o qual — infelizmente! — não temos qualquer informação nem de Halifax, nem de Churchill. Por enquanto, Halifax pedira a Churchill "para saírem até o jardim e terem uma conversa". Mas antes disso, Halifax dissera a Cadogan: "Não posso continuar trabalhando com Winston." Ao que Cadogan respondeu: "Tolice, suas fanfarronices provavelmente o aborrecem tanto quanto a mim, mas não faça qualquer bobagem sob a pressão do momento." [12] O que Churchill disse a Halifax no jardim, não sabemos; nenhum dos dois deixou um registro da conversa. Não é provável que Churchill tivesse algum tipo de informação secreta que partilhasse apenas com Halifax. O mais provável é que quisesse seduzi-lo e acalmá-

---

11 CAB 65/13, WM 142. Cedo nessa manhã, o embaixador da Inglaterra em Washington, Lothian, relatou que ele conversara com Roosevelt que, "pensando em voz alta", disse que a marinha inglesa, em caso de uma vitória dos alemães, deveria ir para o Canadá e que a família real deveria mudar-se para as Bermudas, já "que o regime republicano dos Estados Unidos talvez não se sentisse à vontade com uma monarquia baseada em solo americano" (WM 142, Apêndice).

12 Cadogan, *Diaries*, p.291. "Halifax veio tomar chá depois em minha sala. Disse ter falado com Winston, que naturalmente se mostrou muito afável! Eu disse que esperava realmente que ele não perdesse o controle por causa desses aborrecimentos que também afetavam todos nós, e que, antes de fazer qualquer coisa, devia consultar Neville. Ele disse que naturalmente o faria e que, como era de meu conhecimento, ele não era do tipo de tomar decisões apressadas."

"Halifax [à direita] dissera a Cadogan, 'Não posso continuar trabalhando com Winston'. Ao que Cadogan respondeu: 'Tolice, suas fanfarronices provavelmente o aborrecem tanto quanto a mim, mas não faça qualquer bobagem sob a pressão do momento'."

lo um pouco (já havia feito isso uma vez no passado);[13] o mais importante, no entanto, era que convencesse Halifax de que sua renúncia abriria uma gravíssima crise nacional. Contudo, é muito duvidoso que, durante aquela breve caminhada pelo jardim, Churchill conseguisse convencer Halifax da correção de seus pontos de vista.[14]

Houve uma terceira reunião do Gabinete de Guerra nesse dia, numa hora bastante inusitada: às dez da noite. Tratou-se quase que exclusivamente das conseqüências da rendição belga. O ministro da Informação, Duff Cooper, "opinou que o público deveria ter uma idéia da grave situação em que a BEF fora colocada ... Não restava dúvida de que o público, naquele momento, não estava nem um pouco preparado para receber o choque da verdadeira situação." Churchill "pensava que a gravidade da situação devia ser enfatizada, mas reprovava qualquer relato detalhado ou tentativa de avaliar os resultados da batalha enquanto a situação não fosse melhor esclarecida. O anúncio do Armistício Belga, enquanto isso, ia preparando o público para as más notícias."[15]

---

13 Ver acima, p.70.

14 Halifax, que como vimos nada deixou registrado sobre esse episódio, escreveu nessa noite em seu diário: "Pensava que Winston estivesse falando sobre o mais assustador dos absurdos, apoiado por Greenwood, e eu, depois de agüentar aquilo por algum tempo, disse extamente o que pensava deles, acrescentando que se aquilo era realmente o que tinham em mente e se aquele era o ponto central da questão, nossos caminhos deveriam se separar ... Fico desesperado quando [Churchill] se deixa levar pelo turbilhão das emoções num momento em que devia pôr sua cabeça para pensar e raciocinar" (Halifax Diary, 27 de maio, 1940). Isso evidentemente mostra que Halifax não fora convencido por Churchill. Entretanto, devemos considerar que seu diário foi escrito principalmente — de fato, exclusivamente — para sua família. Não era um diário político, embora o trecho acima pareça mais do que um desabafo de amargura e ele estivesse possivelmente expressando sua posição (se isso é o que parece) com vistas ao futuro. Ao mesmo tempo, pode ser significativo que essa sua reconstrução ("eu disse exatamente o que pensava deles"), inclusive a ameaça de renúncia, não figure no registro dessa sessão do Gabinete de Guerra. Com relação a isso, Roberts (*The Holy Fox*, p.221), está provavelmente certo: "A ameaça de [Halifax] em 27 de maio tivera um grande efeito sobre Churchill, que não desejava ver seu governo tão publicamente, tão rapidamente e tão fundamentalmente dividido, sobretudo no que diz respeito ao que a opinião pública perceberia como uma questão de guerra ou paz. Naturalmente Halifax também sabia disso e sua intenção seria mais a de uma dura advertência do que propriamente uma ameaça séria de renúncia."

15 CAB 65/ 7, WM 143 (40).

Antes dessa sessão, Churchill havia recebido um extenso despacho de Spears, de Paris, que tivera uma longa conversa com Reynaud.[16] Churchill foi dormir à meia-noite, depois de ter pedido um uísque com soda muito fraco. Seu ânimo estava melhor do que na noite anterior. Mas sua situação não estava segura. Depois de dois dias de debates longos e exaustivos, seu espírito resoluto, ao final, não havia de todo prevalecido.

* * *

A despeito de todo o clima de sigilo que envolvia o Gabinete de Guerra, pela primeira vez alguma coisa do que acontecia lá vazou para fora. John Colville escreveu em seu diário: "Existem sinais que denotam derrotismo em Halifax. Ele diz que nosso objetivo não pode ser mais o de esmagar a Alemanha, mas o de preservar nossa integridade e independência. Felizmente Ironside foi embora."[17] Hugh Dalton escreveu em seu diário: "Depois de ter examinado os papéis mais importantes e secretos, disseram-me no Ministério que não precisavam de mim essa manhã, porque só aqueles que fazem parte do Gabinete de Guerra estarão lá ... Alguns sinais de derrotismo são visíveis em certo documentos secretos." Dalton, depois do almoço, teve um rápido encontro com Attlee: "os ministros e os oficiais de alta patente receberão ordem expressa do P.M. para não falarem nem parecerem derrotistas."[18] Nos

---

16 "[Reynaud], na minha opinião, estava amarelo de medo ... Se fosse por ele, segundo disse, iria até o fim, mas não podia esconder o fato de que se os alemães avançassem sobre o Sena, outros, prontos para negociarem, iriam substituí-lo ... Descobri o desmancha-prazeres que está por trás de Reynaud, uma figura pessimista, gorda e hipócrita que senta na sala junto à dele, despejando derrotismo em seus ouvidos. É o tenente-coronel de Villelume, seu conselheiro particular para assuntos militares, em quem ele deposita grande confiança ... Se [Villelume] é só a metade desonesto e dissimulado do que aquilo que mostra, ele já deixou Fagin de longe para trás ... O povo francês ainda não está com raiva. Está firme e calmo, mas confuso" (PREM 3/188/6).

17 Colville, *The Fringes of Power*, p.140.

18 *The Second World War Diary of Hugh Dalton*, p.23. "Em 27 e 28 de maio, Roosevelt soube por Kennedy e pelo escritório londrino do *Chicago Daily News*, de Knox, que uma parte do Gabinete estava falando sobre a possibilidade de uma paz negociada" (Reynolds, *The Creation of the Anglo-American Alliance*, p.115.) (Como esses jornalistas americanos de segunda linha em Londres sabiam algo que os proprietários dos jornais

diários de Harold Nicolson — tanto o publicado como o não publicado — não há qualquer indicação de que ele soubesse sobre o áspero debate no Gabinete de Guerra.[19]

Nancy Astor (política nascida nos Estados Unidos que foi a primeira mulher a sentar na Câmara dos Comuns) escreveu numa carta, nesse dia: "As notícias são ruins, mas me disseram que não tão ruins quanto parecem."[20] O *Manchester Guardian* de 27 de maio publicou a palavra com que Nicolson designava os espalhadores de boatos: *chatter-bugs* ["vírus boateiros"]. "O país está passando por uma virulenta forma de epidemia de boatos". No dia anterior, Duff Cooper havia falado para o rádio da França em francês. Isso foi publicado no *Times* de 27 de maio sob o título "Armadilha de paz alemã para a França", fazendo supor que algo das discussões secretas sobre uma possível retirada dos franceses da guerra havia vazado. (Os repórteres da opinião pública de Duff Cooper eram conhecidos como Cooper's Snoopers ["bisbilhoteiros de Cooper"].) Tanto o *Daily Express* como o *Yorkshire Post* davam a entender que a entrada de Mussolini na guerra era agora praticamente inevitável. As informações passadas pelo correspondente em Roma do *Daily Telegraph* eram agourentas: "O Duce recebeu hoje seus conselheiros militares. As falas pelo rádio são ameaçadoras. É verdade que os italianos comuns continuam extremamente amigáveis, mas com medo de que logo estejam envolvidos na guerra." Nesse mesmo dia: "Novas atrações nos teatros de Londres entram em cartaz nessa semana ... apesar das atuais dificuldades."[21] Um tópico na primeira página do

---

ingleses não sabiam ou sobre o que estavam vagamente informados?)

19 Num rápido bilhete para sua mulher, de sua sala no Ministério da Informação: "Tenho medo de que as notícias esta tarde sejam realmente muito más, e que devamos contar com que os alemães cerquem uma boa parte de nosso exército e ocupem toda a Bélgica e o norte da França. Devemos também enfrentar a possibilidade de os franceses fazerem a paz em separado, principalmente se a Itália entrar na guerra ... Acho melhor você nada dizer sobre isso por enquanto" (*The Diaries and Letters of Harold Nicolson*, p.90).

20 Astor Papers, 1416/1/2.

21 Uma delas, *The Peaceful Inn* ["A estalagem pacífica"], de Dennis Ogden, é classificada por George Orwell, em 31 de maio em seu diário, como "uma porcaria pavorosa". O interessante é que, sendo uma peça lançada em 1940, ela não faça qualquer referência, direta ou indireta, à guerra. Também entravam em cartaz *Portrait of Helen* ["O retrato de Helen"], de Audrey Lucas, *The Tempest* ["A tempestade"], com John Gielgud e

Daily Mail relatava que "quinze cidades à beira-mar no sul do país estavam para serem declaradas "áreas de evacuação. As crianças cujos pais quisessem vê-las fora de lá, deveriam ser enviadas para Midlands e Wales." Essas cidades, inclusive Ramsgate, com seus hotéis e pensões "para férias", ainda publicavam anúncios naquele jornal.

O noticiário sobre a guerra quase sempre era impreciso, enganador ou até falso. (*News Chronicle:* "Calais encontra-se definitivamente em nossas mãos." "Motim de 300 austríacos na Noruega." "Os franceses mantêm o controle do Somme." "60 mil nazistas feridos na Áustria." *Daily Herald:* "Tropas alidadas mantêm-se firmes na guarda dos portos de Calais, Dunquerque, Ostende e Zeebrugge.") No entanto, a impressão geral passada pela imprensa era a de que havia qualquer coisa surpreendentemente calma no país. A bolsa de valores não mostrava grandes flutuações (tampouco mostrava a bolsa de Paris). O sermão do cardeal Arthur Hinsley na catedral de Westminster foi interrompido por uma mulher que gritou "Paz!" Ninguém se levantou contra ela.[22] Uma pequena cena aparece retratada no *News Chronicle:* "Um homem entrou na noite passada num *pub* perto de Staines". Era um jogador de críquete vestindo roupa de flanela branca. Nisso, falou um outro homem, de rosto vermelho: "Ele devia ter vergonha." "Falando de mim?" "Na verdade, estou. Com a guerra do jeito que está, não é hora para críquete." "Bom, então vou perguntar uma coisa. O que é que você fez

---

cenário de Oliver Messel, *Ghosts* ["Fantasmas"], de Ibsen, e *Dr. Brent's Household* ["O lar do Dr. Brent"], de Edward Percy, que seria levada no Richmond. No *Times* do dia 27 de maio aparece uma interessante carta ao editor, de Clive Bell (uma personagem saída do Bloomsbury), de Charleston: "Comprei um jornal anunciado como *Sports,* quarta edição. Ele possuía oito páginas, seis das quais dedicadas a corridas de cavalos e de galgos ... se o governo não parar com todo esse tipo de corridas durante a guerra, suas exigências no que toca à vida, ao trabalho e aos bens de todos os cidadãos dificilmente serão tomadas com seriedade." Por outro lado, Harold Nicolson, no dia 24 de maio em seu diário não publicado, observava: "Para Leicester, onde houve um enorme jantar do 1936 Club. Tive uma excelente recepção e encontrei o moral de todos muito elevado. Não é complacência, pois coloquei em votação nominal a seguinte questão: deveria o Derby ser suspenso temporariamente? Oitenta e oito por cento dos votos foram a favor da suspensão."

22 Uma carta ao editor do *News Chronicle* assinada por um certo A.B. Young, de Tunbridge Wells, dizia: "Chegou a hora de trazer de volta Lloyd George e colocá-lo no Gabinete de Guerra. Sua nomeação traria mais força e alívio."

esta tarde?" "Li jonais, escutei rádio, e me senti adoentado." "Antes você tivesse jogado críquete." Um ou dois dias depois, uma massa de soldados, cansados mas sorridentes, vindos de Dunquerque, viram através das janelas do trem um grupo vestido de flanelas brancas jogando críquete nos gramados verdes de Kent, a uma certa distância das estações da Southern Railway, onde uma multidão de homens e mulheres se havia reunido espontaneamente para oferecer chá, limonada e sanduíches às tropas e animá-las.

O relatório dos dias 26 e 27 de maio do Mass-Observation, *O moral no domingo e na segunda-feira*, afirmava que "há um aumento muito pequeno, mas significativo, outra vez no fatalismo, no interesse geral e na qualidade da opinião. Se persistir a ausência de notícias como conseqüência de uma política deliberada, é provável que o faça aumentar. Há riscos envolvidos." No domingo, 26 de maio: "Há, no entanto, um aumento nas observações que denotam falta de confiança nos jornais que não reflete especificamente o pronunciamento oficial sobre as notícias." Segunda, 27 de maio: "A opinião, hoje, está ainda mais confusa. As pessoas vivem em estado de suspense, aguardando por notícias seguras. Existe uma angústia subjacente, embora aqueles que dizem que vai ficar tudo bem se igualem em número àqueles que demonstram angústia ... Há uma parcela crescente de mulheres que dizem que preferem não pensar no assunto e que, propositalmente, se recusam a escutar rádio." Em Bolton, as pessoas se mostram cada vez mais relutantes em emitir opiniões, tal como em Londres. Em Liverpool, as opiniões expressas denotam um grande avanço no realismo e um declínio no pensamento positivo, quando comparadas com as de algumas semanas atrás." "A parte leste de Suffolk continua calma como sempre, apesar das extensas operações militares que estão por toda parte — isso tem causado aborrecimento em alguns fazendeiros." "Oxford: Diversas queixas da falta de notícias nos jornais, o que, em geral, é entendido como más notícias. Mas todo mundo está muito confiante de que no fim venceremos. Diversos comentários favoráveis ao novo governo."[23]

O moral: quadro geral das situações — expedido alguns dias depois e avaliado na última semana: "Nas investigações sobre o moral efetiva-

23 FR 142.

das por todo o país no mês de maio, verificaram-se inúmeros elogios feitos de forma inconsciente a Hitler, e inúmeras expressões de um sentimento de inferioridade com relação à Alemanha."[24] Uma razão numérica entre "otimismo e pessimismo" (sendo otimismo um índice numérico variando em torno de 1) mostrou que o pessimismo aumentou após 21 de maio: do dia 22 a 24 de maio, 1,24; do dia 25 a 27, 1,04, crescendo depois até 2,17 entre os dias 28 e 30 de maio, e caindo para 0,76 do dia 31 de maio a 2 de junho, quando finalmente chegaram notícias melhores de Dunquerque.

---

24 FR 159.

capítulo 6

Terça-feira, 28 de maio

Moral, opinião e imprensa. — "Certamente não podemos deixar o povo na ignorância dessa maneira." — Estrangeiros e refugiados. — Instruções de Churchill e o primeiro Gabinete de Guerra. — Seus pronunciamentos na Câmara dos Comuns. — O segundo Gabinete de Guerra. — O golpe de Churchill. — Ele vence.

Vamos inverter a seqüência usual destes capítulos começando, em vez de terminar, com um exame do moral e da opinião dos ingleses. Por todo esse período, a informação, a opinião e mesmo o sentimento chegavam atrasados em relação ao que realmente estava acontecendo, mas agora havia algumas indicações de que a opinião pública estava mais atualizada sobre a situação militar. Contudo, com exceção de uns poucos homens, a maioria das pessoas nada sabia sobre o conflito entre Halifax e Churchill no Gabinete de Guerra — ou seja, sobre o fato de que tanto a liderança de Churchill como o curso de suas ações estavam sendo desafiados. Mas esse era um fato que trabalhava a favor de Churchill. Naturalmente o conhecimento do público sobre um racha no Gabinete de Guerra iria afetar e mesmo constituir uma ameaça ao moral nesses tempos críticos. Examinando em retrospecto — e não falo apenas de um retrospecto de décadas, abrangendo também os recentes documentos do Gabinete postos à disposição dos historiadores —, a ausência de conhecimento sobre essa crise governamental contribuiu para a tendência nacional de acreditar durante todo esse período, e mesmo mais tarde no verão desse ano e durante a Batalha da Grã-Bretanha, que desde a ascensão de Churchill como primeiro-ministro, em 10 de maio, sua liderança no país era não só popular, mas inquestionável e inquestionada. Charles de Gaulle costumava admirar a habilidade de Churchill "*pour remuer la lourde pâte anglaise*", sua capacidade para "sovar a pesada massa de pão inglesa": uma frase bem ao gosto francês para referir-se à força dos discursos de Churchill — mas isso em junho e julho.

As pessoas não sabiam o que estava "realmente" acontecendo em Dunquerque. Mas por volta de 28 de maio, as primeiras notícias sobre a possibilidade da perda de toda a Força Expedicionária Britânica começava a vir à tona — exatamente quando a maré em Dunquerque, na direção de um sucesso relativo da evacuação em massa, começava a virar. Havia ainda, então, um descompasso entre o que estava acontecendo e o que se sabia; Margery Allingham lembrava-se daquele dia, sobre a deserção do rei da Bélgica: "De todos os socos dados contra o vento, e foram muitos, esse foi o mais aniquilador de todos." E prosseguindo: "Bem no encalço da Bélgica vieram as notícias sobre Dunquerque."[1] Isso está de acordo com o relatório do Mass-Observation de 28 de maio — "todos os observadores concordam que as notícias [sobre a Bélgica] representaram um grande choque para as pessoas, realmente abalando-as" —, mas "a impressão em seu todo não é pessimista e as pessoas ainda estão quase sempre dizendo que no fim venceremos."[2]

O *relatório sobre o moral* observava que "há um novo aspecto no fato de que muitas pessoas, enquanto se mostram confiantes e fazem comentários, usam expressões e metáforas que implicam um considerável grau de incerteza ou de admiração pela tremenda capacidade de Hitler.... Para muitas mulheres, ele se tornou uma figura misteriosa, com qualquer coisa de mística e astrológica. Não importa o que dissesse que faria, ele o faria. A charge de Low, no *Evening Standard* [de 30 de maio, presumivelmente desenhada um ou dois dias antes], mostrava Hitler numa caminhonete sem capota olhando ao longe através do Canal; do lado da caminhonete estava escrito LONDRES 18 de Agosto, e atrás, uma lista com nomes de outras capitais e datas, cada uma riscada para indicar a conquista. Aparentemente, a intenção seria a de ridicularizar Hitler, mas o efeito inconsciente sobre as pessoas foi exatamente o oposto."[3] No entanto, mais importante era o fato de que "não achamos

---

1 Allingham, *The Oaken Heart*, 188, p.189.

2 FR 159. Entretanto, isso está em desacordo com o relatório passado (ver acima, p.154) no sentido de que o pessimismo em relação ao otimismo estava mais alto durante os dias que vão de 28 a 30 de maio.

3 FR 159. Entretanto, uma charge anterior que acabou ficando até mais famosa, "Vão

que as pessoas sejam essencial e simplesmente apáticas. Elas são apenas contraditoriamente apáticas, porque não sabem o que fazer ou como fazer, e sob a nova liderança de Churchill, com relação a muitas coisas, ainda não conseguem lidar com o que poderia ser considerado ou facilmente enquadrado como um mínimo de requisitos para o conhecimento e o exercício da vida civil — vale dizer, o conhecimento de como lidar com uma bomba incendiária em seu primeiro estágio.... Por exemplo, há uma tendência entre as pessoas no Ministério da Informação a pensar que, em virtude do governo ter mudado e porque existe um enérgico primeiro-ministro e um enérgico chefe de gabinete junto ao ministro, a massa das pessoas conseqüentemente também mudou." Contudo, havia um comentário favorável no relatório do *moral hoje* nos dias 28 e 29 de maio sobre a fala no rádio do ministro da Informação, Duff Cooper, no dia 28: ela foi "em geral bem recebida e ouvida por cerca de metade da população. A maioria gostou da exposição franca dos fatos e ficou impressionada com seu jeito confiante. A opinião geral era a de que ele falou a verdade, por mais grave que fosse, o que levou os ouvintes a tornarem-se mais confiantes.... A cada momento cresce mais um gosto consciente, baseado na solidariedade, pela transmissão de suas falas, e as pessoas estão começando quase a apoiar-se nele para dizer-lhes como a situação deve ser encarada. Com relação a isso, é naturalmente imprescindível que, em qualquer circunstância que seja, ele jamais as decepcione, como muitos líderes o fizeram no passado."[4]

A análise do dia 29 de maio, no *moral hoje*, é tão detalhada e inteligente no que toca às complexidades da opinião pública que merece ser citada em detalhes. "A opinião ainda está sob um estado de choque resultante do noticiário da rendição belga. De maneira geral, no entanto, o moral é bom. As pessoas estão pelo menos *mais calmas.* Não se nota, no momento, uma grande ansiedade com relação ao medo

---

todos atrás de você, Winston" (na qual se via um Churchill decidido, de expressão feroz, com as mangas arregaçadas e punhos cerrados, marchando à frente de uma grande multidão caracterizada da mesma forma, da qual fazia parte Chamberlain e Halifax), havia produzido bastante efeito. Dalton, depois de terminada uma reunião do Gabinete em 28 de maio, falou dela a Churchill que evidentemente reagiu rindo com satisfação.

4 FR 155.

de uma invasão, mas no que diz respeito à BEF a ansiedade cresce na medida em que se toma cada vez mais consciência da real situação."

> Quando foram dadas as notícias sobre a Bélgica no início da tarde, houve um tremendo choque. Mas mesmo assim muitas pessoas não chegaram a ter uma compreensão total do que se passava. Principalmente porque não atinavam muito bem com os comunicados, algo confusos, dados pelo rádio e pela imprensa, segundo os quais o governo belga havia decidido permanecer junto de seu exército, etc., etc.... As pessoas continuavam a acreditar nisso, em parte porque muitas não entendiam perfeitamente as notícias e os boletins informativos, e em em parte porque *queriam* acreditar...
>
> Essa falta de compreensão normalmente acontece quando uma grande parcela da população se vê sob o impacto de algum fato desagradável .

Uma charge do *Punch*: "Enquanto isso, na Inglaterra, a população inteira, confrontada com a ameaça de invasão, ficou em total estado de pânico."

A análise que se seguia relatava que as pessoas mais instruídas e com melhor condição de vida eram geralmente as mais pessimistas, quando não fosse por seu conhecimento da geografia do outro lado do Canal. Ao mesmo tempo, a rendição belga fez brotar "recriminações raivosas" contra o rei da Bélgica e até, num caso ou outro, contra os Estados Unidos, principalmente tratando-se de pessoas com menos escolaridade. "Em conseqüência, as implicações da posição atual ainda não puderam ser perfeitamente avaliadas. Ontem, com relação à BEF, as opiniões eram vagas e de caráter pessoal. Hoje, há uma consciência cada vez mais acentuada de que a BEF talvez seja forçada a render-se se as coisas piorarem. Em alguns casos isso é sentido de maneira muito intensa."

Terça-feira, 28 de maio, verificou-se o primeiro exemplo de uma consciência amplamente difundida. Mas ainda: "Até o momento não existe uma preocupação verdadeira. Uma grande parcela ainda expressa francamente o sentimento de confiança, embora nos últimos dias a certeza sobre a *inevitabilidade* de nossa vitória venha perdendo terreno a passos firmes. Isso não quer dizer que as pessoas não estão encarando a situação com seriedade, mas sim que elas não estão ainda perfeitamente esclarecidas, e a tendência a uma opinião mais estável (devido à firme condução do país) observada durante o último ou os dois últimos dias faz com que as pessoas se mantenham mais controladas."

Em termos gerais, a precisão desses relatórios e dessas avaliações da opinião pública e do sentimento popular concordam quase sempre com os registros desse dia deixados pelas pessoas em seus diários.[5] Por coincidência, George Orwell começou a escrever seu diário de guerra justamente nesse 28 de maio: "Este é o primeiro dia em que não foram publicados os resultados do Turfe nos jornais ... Apesar de seis das oito páginas do *Star* terem sido dedicadas às corridas ... Antes ver a BEF desmantelada do que a sua capitulação. As pessoas estão falando mais sobre a guerra, mas ainda muito pouco. Como sempre até agora, é impossível escutar qualquer comentário nos *pubs* etc. Ontem à noite, E [Eileen, sua mulher] e eu formos ao *pub* para escutar o noticiário das

---

5 Sobre a diferença entre opinião pública e sentimento popular, ver acima, p.37-8. Não existem diferenças entre esses dois fenômenos que obviamente se superpõem, embora ambos apareçam nos relatórios do Mass-Observation e do Ministério da Informação. O uso que fazem do termo "opinião pública" abrange os registros de sentimento popular.

nove horas. Se não tivéssemos pedido, a moça que atende no balcão não teria ligado o rádio, e a impressão era de que ninguém escutava."[6]

Orwell não atribuía esse desinteresse pouco natural à burrice ou ao torpor. Dois dias depois escrevia: "Segundo tudo indica é impossível para as pessoas compreenderem que estão em perigo, embora razões não faltem para pensar que a Inglaterra venha a ser invadida dentro de poucos dias, e todos os jornais estão dizendo isso. [Cyril] Connolly diz que as pessoas vão então entrar em pânico, mas eu não penso assim."[7]

Em 28 de maio, Evelyn Waugh tirou um dia de folga em seu trabalho e foi para Londres: "Chegando lá, soube da notícia da rendição belga na rua junto com mulheres que vendiam bandeirinhas para comemorar o 'dia do animal'... Fui para o Ministério da Informação onde Graham Greene propunha um esquema para as forças armadas alistarem escritores oficiais, sendo que ele próprio queria tornar-se fuzileiro naval.... Eu disse que o negócio de escritor oficial podia ser conveniente se nos encontrássemos permanentemente num papel defensivo no Extremo Oriente, ou se eu ficasse incapacitado e fosse posto para treinar. Voltei para encontrar o acampamento em estado de grande desânimo. O comandante foi para Aldershot e lhe disseram que preparasse as tropas para receber as piores notícias da BEF e manter o moral elevado."[8] O comitê político de Harold Nicolson reuniu-se de manhã para discutir as notícias da Bélgica: "De um ponto de vista estritamente cínico, essa maneira de dar a notícia ao povo inglês não foi tão ruim assim. Pelo menos perimitiu-lhe sentir que o desastre foi devido à covardia belga, como de fato até certo ponto foi." Depois, nesse dia de tarde, Nicolson teve de fazer uma exposição na Câmara dos Comuns sobre a estimativa orçamentária do Ministério da Informação: "É um sentimento estranho este de estar na mesma tribuna que Gladstone esmurrava enquanto discursava. Não estou nem um pouco nervoso e pouco sei das coisas a não ser desta tarefa que tenho de dar conta. Se não fosse por esse sofrimento estúpido da guerra, eu teria encarado isso como um grande momento de minha vida."[9]

---

6 Ele continuou esse diário até 28 de agosto de 1941 e voltou a escrevê-lo em 14 de março para parar em 15 de novembro de 1942.

7 Em *Collected Essays, Journalism, and Letters of George Orwell*, p.340-41, 342.

8 *The Diaries of Evelyn Waugh*, p.470-71.

9 Diário, não publicado, em Balliol College, p.46.

Na noite anterior, Nicolson havia concordado que todo o sistema de comunicados de guerra "devia ser alterado e que certamente não podemos deixar o povo na ignorância dessa maneira." Nos dias 28 e 29 de maio parece que isso deu resultados: algumas das reportagens sobre a guerra nos jornais foram menos absurdas. Mas muitas das notícias eram enganosas ou estranhas. Na página de opinião do *Daily Express* de 28 de maio lia-se: "notícia grave". "A notícia é grave. A cada hora ela se torna mais grave. Não dá para que se tenha pretensões nem no que toca à BEF na Bélgica, nem com relação às tropas francesas e belgas que estão com ela." (Isso *depois* da rendição da Bélgica.) No entanto, o artigo principal do *Daily Mail* tinha o título "Fé em Weygand": "Ainda estamos contando com Weygand. Aguardamos o momento para contra-atacar." Isso, seis dias depois de uma derradeira e tímida tentativa de fazer qualquer coisa parecida com um contra-ataque, não fazia o menor sentido. Uma manchete no *Daily Mirror* dizia: "3 ases da RAF abatem 100" (?).

Uma das tendências mais estranhas era a de encorajar o sentimento de otimismo com relação à Rússia — expressa, independentemente um do outro, nos tópicos de pelo menos três jornais. (Isso teve precedentes em 1914, quando a Inglaterra foi inundada por boatos acerca de tropas da Rússia, aliada da Inglaterra, que teriam chegado ao país; dizia-se então que algumas delas foram vistas com neve nas botas.) A idéia de nomear Sir Stafford Cripps, de acordo com a sua vontade, para embaixador na União Soviética foi de Halifax (uma escolha desastrosa, mas isso que só se soube muito mais tarde).[10] O *Daily Mirror* do dia 28 publicou editoriais otimistas sobre a Rússia: "Não temos nada a perder e só a ganhar fazendo um acordo comercial e um pacto de amizade com a União Soviética." No *News Chronicle*: "A Rússia sem dúvida não demonstra qualquer desejo no momento de ajudar Hitler a manter sua guerra." Isso era incorreto, não passava de um pensamento positivo (inclusive de escrita positiva) que seria característico, pelo menos, de um setor da imprensa britânica depois da invasão da Rússia por Hitler

---

10 Esses dois homens, embora de idéias extremamente opostas, possuíam traços em comum: Cripps, como Halifax, era do tipo religioso puritano — dispéptico, de hábitos ascéticos e saído de Yorkshire.

e em épocas posteriores. No mesmo dia, o *Manchester Guardian* publicava mais uma charge de Low: Stalin, com ar cauteloso mas simpático, ouvia Cripps, com uma aparência de vendedor inglês que batia na porta do Kremlin, abrindo-a — outro exemplo de pensamento muito positivo. (Bem depressa V.M. Molotov estaria, a mando de Stalin, dando parabéns a Hitler por ocasião do triunfo alemão sobre a França.)

No mesmo *Manchester Guardian:* "As fábricas de Blackburn cardando, fiando e tecendo ontem às 6 da manhã, em vez de 7:45.... A semana de trabalho é agora de 55 horas e meia." Tecelões empregados com os Messrs. Taylor nas fábricas industriais de Hartley em Westburton, perto de Bolton, recusaram-se a trabalhar com um pacifista, apesar de tratar-se de um voluntário nos serviços de procedimentos anti-reides." Havia muitas suspeitas também com relação às pessoas estrangeiras. O *News Chronicle* de 28 de maio relatava que o "Conselho de Finchley decidira, na noite anterior, despedir 40 estrangeiros do órgão da defesa civil de Finchley." Na Mala postal" do *Daily Mail* lia-se: "Centenas de leitores escrevem pedindo um tratamento muito mais rigoroso para os estrangeiros." Por outro lado, ao mesmo tempo, a associação de boxe amador cancelava o campeonato desse ano em Wembley Pool, "agora um centro para refugiados." E no *News Chronicle:* "Resposta a Hitler: os cuidados com as crianças polonesas refugiadas na Inglaterra." E agora uma nota bem própria daqueles tempos (edwardianos): "A fuga de Lady Dudley."[11]

---

11 "Uma das últimas pessoas a embarcar no navio quando Boulogne estava sendo evacuada sob o fogo da artilharia foi a viúva de Lord Dudley, conhecida por muitos de seus leitores mais velhos como Miss Gertie Miller of the Gaiety. Lady Dudley estava em sua *villa* em Le Touquet [como também Wodehouse], onde ela costuma passar a primavera. A primeira vez que apareceu no palco foi no papel de menina ingênua numa pantomima levada no St. Jame's Theatre de Manchester, em 1892." Compare isso com o episódio relatado por Orwell em 30 de maio: "Connolly contou que recentemente um navio estava saindo do norte da França com refugiados a bordo e alguns passageiros comuns. Os refugiados eram em sua maioria crianças que tinham sido metralhadas e estavam num estado terrível. Entre os passageiros estava Lady — que tentou colocar-se no início da fila para entrar no bote, e que, ao ser ordenada para pôr-se atrás, disse indignada:

— Sabe com quem está falando?

— Pouco me importa quem você é, sua bruxa miserável. Pode ir pegando seu lugar na fila, respondeu o comissário.

* * *

É dessa época que um breve — e forçosamente incompleto — relatório sobre as impressões dos observadores estrangeiros, inclusive de refugiados, pôde ser autorizado. Essas impressões não podem naturalmente ser atribuídas com precisão ao dia 28 de maio; elas referem-se mais às reações à atmosfera britânica durante a última semana de maio; o rápido exame que fiz dos despachos publicados, dos livros de memórias e de outros papéis dos embaixadores e secretários estrangeiros foram compilados em função desse período. Eles estavam melhor informados do que os jornalistas estrangeiros lotados em Londres; os relatos dos jornalistas daquele tempo não têm muito interesse. Não devemos esquecer-nos de que as impressões de observadores que ocupam posições privilegiadas são quase sempre valiosas (isso vem desde as instruções e práticas dos embaixadores na república veneziana no século XVI, aos quais se pedia não só para ficarem atentos a suas observações pessoais como também para reunirem todos os tipos de informações que talvez fossem mais importantes do que suas atividades de negociadores).

De modo geral, a maioria dos embaixadores e ministros que atuavam em Londres era anglófila; muitos simpatizavam com o novo governo de Churchill. A exceção, como vimos, era Joseph P. Kennedy, o embaixador americano, uma desastrosa escolha de Roosevelt que achou ser uma grande jogada política a nomeação de um americano com sangue irlandês. Desde essa época já escreveu-se tanto sobre Kennedy que é fácil fazer o inventário de suas inclinações. Ele odiava Churchill; achava a estrutura do império britânico e da sociedade inglesa irremediavelmente antiquadas; acreditava que o nacional-socialismo e o fascismo, bem como a Alemanha e a Itália eram preferíveis ao comunismo e à Rússia; na verdade, eram prováveis baluartes contra o comunismo. Em suma, em maio de 1940 (e ainda durante algum tempo depois), Kennedy era um derrotista; mas Roosevelt (bem como Halifax e o Ministério das Relações Exteriores) sabia disso; esse o motivo por

---

Interessante se for verdade" (*Collected Essays, Journalism, and Letters of George Orwell*, 2: 341).

que as mensagens pessoais de Kennedy para Roosevelt não surtiam muito efeito.[12] O embaixador francês, Charles Corbin, estava extremamente pessimista, consciente dos laços desgastados que amarravam Londres a Paris; seus despachos para o governo francês eram inteiramente preocupados com essa matéria e dão poucas pistas sobre o que ele pensava do moral e da opinião dos ingleses.[13] O italiano Bastianini estava dividido — ou melhor, navegava cautelosamente entre sua lealdade de longa data a Mussolini e sua simpatia por aquilo que Halifax buscava, mas por volta de 28 de maio ele sabia que a decisão pela guerra fora tomada em Roma. Mesmo assim, seu despacho para essa cidade, três dias depois, dava uma acurada descrição do moral britânico: pela primeira vez numa semana, ele estava inegavelmente em alta.[14] O embaixador soviético, Ivan Maisky, era uma personagem ardilosa que, durante certo tempo, cultivou suas relações com Churchill e os churchillianos, uma aproximação que este, um tanto injustificadamente, atribuiu a suas inclinações pró-britânicas — nada disso aparece em seus despachos que, na época, foram enviados ao Kremlin. O embaixador de Franco na corte de St. James era o duque de Alba, um aristocrata descendente de antigas linhagens inglesas. Em maio de 1940, a simpatia de Alba por Churchill ainda não era muito evidente, mas no seu caso, ao contrário de alguns diplomatas espanhóis dessa época, não se percebia nele qualquer simpatia pela Alemanha. No fim de maio, os ministros da Dinamarca e da Bélgica viram-se numa posição muito difícil: o

12 Entretanto, Churchill e Roosevelt estavam conscientes da potencial influência política de Kennedy, razão por que continuavam a transmitir suas correspondências por meio da embaixada americana em Londres, temperando aqui e ali com algumas observações elogiosas a Kennedy. Não queriam que ele sentisse que estava sendo evitado porque os dois não confiavam nele. Mas à medida que o verão avançava, Kennedy soube estar sendo preterido e se queixou amargamente disso a Roosevelt. Em outrubro, voltou aos Estados Unidos e depois aposentou-se.

13 Um funcionário da embaixada, o diplomata e escritor Paul Morand, que fora designado para lá por seus conhecimentos impecáveis da língua e dos modos ingleses, não acreditava muito na capacidade dos ingleses para resistir e sobreviver. Esse personagem originalmente anglófilo, muito culto, foi aos poucos desiludindo-se, nos anos 30, por aquilo que viu como um declínio, se não uma degeneração das virtudes e qualidades britânicas. Depois do armistício francês, ele se juntou a Pétain e foi ministro do regime de Vichy na Romênia.

14 *Documenti diplomatici italiani*, série 9, vol.4, p.522.

primeiro ainda representando um governo já sob o controle alemão, e o segundo (Cartier de Marchienne, um diplomata da velha-guarda), vivendo o terrível dilema de saber se mantinha sua lealdade ao rei ou ao governo belga que fugira para a França e protestava contra a capitulação do rei. O ministro polonês, conde Eward Raczynski, dava uma esplêndida demonstração de espírito firme e decidido. Entre os neutros, os ministros da Suécia (Björn Prytz) e o da Hungria (György Barcza) não só eram anglófilos mas também estavam muito impressionados com Churchill — como estavam outros observadores estrangeiros — e com a disciplina e o patriotismo tanto do povo como da classe alta que, durante os últimos 10 dias de maio, pareciam ter aceito a drástica restrição de suas liberdades pessoais e ainda por cima o drástico confisco governamental de muitos bens e investimentos no exterior, além da taxação de seus rendimentos, tudo sem um lamento.

Nesses últimos dias de maio de 1940, a Inglaterra abrigou mais de 100 mil refugiados, enquanto mais deles ainda estavam chegando da França. Vimos que o povo desconfiava bastante dos estrangeiros. Isso somado à ansiedade dominante com relação a possíveis espiões e aos chamados quinta-colunas contribuíram para que o governo decidisse isolar os refugiados vindos da Alemanha, Áustria e Tchecoslováquia na Isle of Man. O mesmo não se deu com os refugiados recentemente chegados ou que estavam chegando da Holanda, Bélgica e agora da França; por sinal os soldados franceses evacuados de Dunquerque eram generosamente tratados tanto pelo governo como pelo povo. Um desses, o excelente historiador francês Marc Bloch, um dos primeiros a sair de Dunquerque, ficou muito impressionado com a disciplina calma e firme dos ingleses, sobretudo quando comparada com a confusão e indecisão dos oficiais franceses que ele iria encontrar alguns dias depois ao desembarcar novamente na França para continuar na guerra. As lembranças dispersas dos refugiados da Europa Central, muitos dos quais judeus, dizem pouco da impressão que a Inglaterra de 1940 lhes causou: eles estavam com medo do futuro, o que era natural, e a fleuma de seus hospedeiros às vezes os confundia e angustiava-os. Como na maior parte de outros casos, suas lembranças da Inglaterra mais tarde nesse verão e durante a *Blitz* são mais reveladoras e motivadoras.

* * *

Aqueles que estavam informados nesse dia 28 de maio se mantinham pessimistas com relação a Dunquerque. Alexander Cadogan estava presente no Gabinete de Guerra essa manhã. Mais tarde nesse dia, ele escreverá em seu diário: "As perspectivas quanto à BEF estão mais negras do que nunca. Dias pavorosos!"[15] O general Pownall, comandante das forças de Gort, tinha uma opinião interessante sobre a cautela alemã: "É verdade que ainda não fomos submetidos às mesmas provas por que outros passaram e nem tivemos de enfrentar os ataques que sofreram, e foi só por acaso que os alemães, quando nos encontraram, fizeram uma trégua para buscarem o sucesso em outras partes onde haveria — talvez, quem sabe? — uma área descoberta ou um lugar defendido por qualquer de nossos aliados?"[16] Quatro anos depois, Pownall sentiu-se compelido a escrever: "Jamais me esquecerei o que senti durante a quinzena negra de maio de 1940, quando a captura ou o aniquilamento de toda a BEF parecia quase inevitável. Até hoje ainda não entendo como isso pôde ser evitado."[17]

O próprio Churchill não acreditava que mais de 50 mil pudessem ser retirados de Dunquerque. Essa manhã ele escreveu umas instruções marcadas com "estritamente confidencial": "Nestes dias negros o primeiro-ministro ficaria grato se todos os seus colegas no governo, bem como os oficiais de alta patente, mantivessem o moral elevado em seus círculos; não minimizando a gravidade dos acontecimentos, mas mostrando confiança na nossa capacidade e no firme desejo de continuar a guerra até que seja dobrada a vontade do inimigo de colocar toda a Europa sob seu domínio. De forma alguma se deve contemporizar com a idéia de que a França fará uma paz em separado; mas não importa o que aconteça no continente, não podemos duvidar de nosso dever, e, certamente, usaremos de todas as nossas forças para defender a ilha, o império e a nossa causa."[18] Churchill também fez uma minuta para o general Ismay, cedo nessa manhã. Entre outras coisas escreveu: "Se a França ainda continuar nossa aliada após uma declaração de guerra

---

15 Cadogan, *Diaries*, p.291.

16 Pownall, *Diaries* 1: 352.

17 Ele escreveu isso em 1º de abril de 1944, na longínqua Burma (ibid. 2:158).

18 Churchill, *Their Finest Hour*, p.91-92.

dos italianos, seria extremamente conveniente que as frotas, atuando em conjunto nos dois extremos do Mediterrâneo, empreendessem uma ofensiva de ação rápida contra a Itália.... A estratégia puramente defensiva pretendida pelo comandante-em-chefe no Mediterrâneo [Andrew Browne Cunningham] não deve ser aceita.... Nesta conjuntura, os riscos têm de ser os mesmos em todas as áreas onde se travam combates. Imagino que o Almirantado tenha um plano para o caso de a França tornar-se neutra."[19]

"O próprio Churchill não acreditava que mais de 50 mil pudessem ser retirados de Dunquerque..." A BEF chega de volta, e uma multidão de homens de capacete se junta a centenas de outros que retornam à Inglaterra.

19 CA 20/13.

Não temos qualquer prova de que seu inimigo Hitler soubesse alguma coisa sobre as divergências com Halifax no Gabinete de Guerra, mas Hitler ainda pensava e esperava que os ingleses vissem a luz, como ele dissera. Nessa manhã, um despacho importante do embaixador inglês no Japão, Sir Robert Craigie, foi mostrado no Gabinete. Um dia antes, ele havia encontrado o ministro das Relações Exteriores japonês num almoço e pedira a Craigie "uma entrevista particular": "Ele perguntou se eu não achava que a Alemanha, logo, faria mais propostas de paz.... A minha impressão é a de que o [ministro japonês] pedira uma entrevista particular para passar informações que devem ter chegado a ele de alguma fonte alemã. Eu gostaria de encorajá-lo nessas confidências," escreveu Craigie. "Mas não gostaria de questioná-lo muito de perto sobre a natureza das verdadeiras propostas, pois tenho medo de encorajar a crença de que estamos dispostos a considerá-las."[20]

O Gabinete de Guerra reuniu-se às onze e meia. Quase todas as matérias referiam-se à rendição belga. (Ao contrário dos franceses e de quase toda a imprensa inglesa, Churchill não se mostrava apressado em condenar o rei Leopoldo: "Não resta dúvida de que a história irá acusar o rei por ter não só nos envolvido como também os franceses na queda da Bélgica. Mas não cabe a nós julgá-lo.") Duff Cooper, o ministro da Informação, então, insistiu "para que se fizesse uma exposição franca sobre a situação desesperada da Força Expedicionária Britânica. Ele temia que, a não ser que essa se tornasse pública, a confiança do povo se veria seriamente abalada e a população civil deixaria de acreditar nas promessas do governo de uma vitória final." Churchill disse que nessa tarde faria um discurso na Câmara dos Comuns expondo o que estava acontecendo, tanto em Dunquerque como nas suas cercanias. Mas acrescentou: "Seria irrelevante tentar uma previsão do sucesso desta operação no estágio atual."[21]

Em seguida — e isso é significativo —, Churchill teve uma conversa particular com Chamberlain, quando lhe perguntou se ele estaria de acordo com um convite a Lloyd George para integrar o governo. Ambos sabiam que Lloyd George era, para usar uma só palavra, derrotista;

---

20 FO 371/ 24407.

21 CAB 65/ 7, WM 144.

poucos anos atrás, havia falado de Hitler nos temos mais elogiosos possíveis; e ainda há poucos meses, dissera no Parlamento que a paz oferecida por Hitler devia ser considerada seriamente.[22] Ambos sabiam que Lloyd George odiava Chamberlain — daí por que, por lealdade, Churchill teve que consultar Chamberlain. Essa era a segunda vez que Churchill escrevia a Lloyd George. (Vimos que, em 13 de maio, ele lhe havia oferecido o posto de ministro da Agricultura.) Agora Churchill lhe escrevia novamente, mas declarando que esse convite estava na dependência da unanimidade do Gabinete de Guerra em que se incluía Chamberlain. A carta foi enviada no dia seguinte.[23] Lloyd George recusou o oferecimento. Não trabalharia ao lado de Chamberlain. A principal intenção de Churchill, naturalmente, era a de não só fortalecer a confiança como também a unidade nacional. Mas havia outra coisa por trás disso: se o pior se tornasse ainda pior ... E o pior se tornaria pior? Churchill era suficientemente estadista para pensar nisso também.

Ele voltou ao Almirantado, onde almoçou rapidamente. Havia preparado um breve discurso para fazer na Câmara dos Comuns. Não havia aparecido por lá durante uma semana, mas pensava que esse discurso sobre a situação da guerra devia ser feito agora. Relatou aos parlamentares os detalhes da capitulação belga. Novamente preferiu (depois de refletir um pouco) não atacar o rei da Bélgica: "Não é minha intenção sugerir a esta Casa que deveríamos tentar, nesse momento, fazer o [seu] julgamento." Mas o governo belga, depois de fugir para a França, se tinha dissociado do rei e proclamado sua intenção de continuar na guerra. Sobre isso, disse Churchill: "Sejam quais forem nossos sentimentos com relação aos fatos e até onde os conhecemos, devemos lembrar-nos de que o sentimento de fraternidade entre os muitos povos que sucumbiram diante da força do agressor, e entre aqueles que

---

22 Depois de encontrar-se com Hitler em 1936, ele comparou *Mein Kampf* com a Carta Magna e disse ser Hitler "a ressurreição e o caminho" para a Alemanha (Roberts, *The Holy Fox*, p.69).

23 Os papéis de Lloyd George encontram-se na biblioteca da Câmara dos Lords, G/4/5/48. Em junho, Lloyd George disse ao seu secretário que ele "não faria parte daquela gangue. Vai haver uma mudança. O país não se deu conta do perigo pelo qual está passando." Em 6 de junho, Churchill fez nova tentativa, depois de consultar tanto Chamberlain como Halifax. Mas Lloyd George mais uma vez recusou.

ainda o enfrentam, terá um papel importante em dias melhores do que estes que estamos vivendo." Em seguida, abordou o assunto que preocupava todos: os ingleses em Dunquerque. "O estado de espírito das tropas é muito bom, elas estão lutando dentro da maior disciplina e com grande tenacidade, e eu, naturalmente, me abstenho de dar quaisquer pormenores daquilo que, com a poderosa ajuda da Royal Navy e da Royal Air Force, elas estão fazendo ou esperam fazer. Pretendo fazer uma exposição nessa Câmara sobre a posição geral quando o resultado da intensa luta que ora se trava possa ser conhecido e medido. Isso, talvez, não possa ser realizado até o começo da próxima semana." (E assim foi: seu comparecimento na Câmara se deu em 4 de junho, depois de terminado o capítulo de Dunquerque. Foi o segundo de seus mais memoráveis discursos, com a emocionante passagem que começava "Lutaremos nas praias..."). E ele terminava com eloqüentes palavras de encorajamento bem ao gosto churchilliano:

> Enquanto isso a Câmara deverá preparar-se para enfrentar tempos duros e difíceis. Eu tenho apenas a acrescentar que nada do que possa acontecer nesta batalha deverá isentar-nos da obrigação de defender a causa mundial a que nos dedicamos; nem deverá destruir-nos a confiança no poder de marcharmos em frente, como em outras ocasiões de nossa história, em meio à dor e à desgraça, para a derrota final de nossos inimigos.

O discurso de Churchill foi relativamente breve. Houve somente dois comentários, aquele feito por um membro do Partido Trabalhista, H.B. Lees-Smith: "Como ele vai fazer outro discurso na semana que vem, não é hora para qualquer discussão. Por isso, me limitarei a uma única observação. O que quer que ele tenha para dizer dentro de dias ou semanas ou meses, nem de leve conseguimos ainda abordar as questões que afligem este país." O outro comentário foi feito por Sir Percy Harris, um liberal: "Tudo que tenho a dizer é que o grave pronunciamento do primeiro-ministro reflete não apenas o sentimento de toda esta Casa, mas também o sentimento de toda a nação."[24] Belas palavras e não sem conteúdo; mas no que concerne à frase "o sentimen-

---

24 Hansard (Relatório dos debates do Parlamento), 28 de maio de 1940.

to de toda esta Casa" é interessante observar que não houve um membro do Partido Conservador que se pronunciasse. De todo modo, Churchill viu-se espicaçado pelo representante trabalhista: "nem de leve conseguimos ainda abordar as questões que afligem este país."

Mas o que dizer de que não era hora para discussão? Certamente não na Câmara, mas era no Gabinete de Guerra e com Halifax. Churchill havia pedido ao Gabinete para reunir-se numa das salas da Câmara dos Comuns — por conveniência, dissera ele. Isso sem dúvida era verdade, mas ele tinha mais alguma coisa em mente. Dirigiu-se então para onde estava marcada a sessão do Gabinete, que começaria às quatro horas. Para o lugar exato onde seria travada mais uma batalha entre ele e Halifax.

> O ministro das Relações Exteriores disse que Sir Robert Vansittart[25] havia agora descoberto o que a embaixada italiana tinha em mente, em outras palavras, que deveríamos dar uma demonstração clara de nosso desejo de ter a Itália como mediadora.
>
> O primeiro-ministro disse que não havia dúvida de que o propósito francês fosse o de ver o Signor Mussolini atuando como mediador entre nós e Herr Hitler. Mas que ele estava determinado a não adotar essa posição.
>
> O ministro das Relações Exteriores disse que a proposta discutida com M. Reynaud, no domingo, era a que se segue: que deveríamos dizer que estávamos prontos para lutar até a morte por nossa independência, mas que, uma vez esta assegurada, estaríamos dispostos a fazer certas concessões à Itália.
>
> O primeiro-ministro achava que os francesses estivessem querendo empurrar-nos por uma encosta abaixo. A posição seria inteiramente diferente quando a Alemanha fizesse uma tentativa frustrada de invadir este país....
>
> O ministro das Relações Exteriores disse que não devemos ignorar o fato de que poderemos obter melhores termos do que talvez daqui a três meses, quando a França tiver saído da guerra e nossas fábricas de aviões tiverem sido bombardeadas.

---

25 Levantar o nome de Vansittart naquele momento talvez fosse uma atitude calculada da parte de Halifax. É fato que Vansittart mantivera boas relações com os italianos, em épocas anteriores a 1940. Por outro lado, ele era conhecido como sendo extremamente antigermânico.

Foram referidas as várias possibilidades, ora em desenvolvimento, para a defesa contra os bombardeios noturnos.

O primeiro-ministro, então, leu um resumo que continha suas opiniões. Para ele, o ponto essencial era o fato de M. Reynaud querer fazer-nos sentar numa mesa de conferência com Herr Hitler. Uma vez reunidos em torno da mesa, iríamos descobrir que os termos oferecidos afetariam nossa independência e integridade. Quando, nesse ponto, fôssemos levantar e abandonar a conferência, teríamos descoberto que todo o nosso espírito de resolução, que hoje nos anima, teria desaparecido. M. Reynaud havia dito que, se pudesse salvar a independência da França, ele continuaria a lutar. Estava claro, portanto, que o objetivo de M. Reynaud era o de terminar a guerra.[26]

O ministro das Relações Exteriores disse que M. Reynaud também quis que os aliados dirigissem um apelo ao presidente dos Estados Unidos.

O primeiro-ministro pensava que se poderia acrescentar um parágrafo ao esboço delineado pelo Lord presidente [Chamberlain] para mostrar que estávamos, em princípio, prontos para subscrever esse apelo.

O ministro sem pasta [Greenwood] achava que M. Reynaud se mostrava muito inclinado a vender a idéia do apelo. Isso era mais uma tentativa para tirar o corpo fora.

O primeiro-ministro disse que voltava a insistir em que os franceses desejavam abandonar a guerra, mas não queriam quebrar as obrigações deles constantes do tratado. O Signor Mussolini, caso venha a ter o papel de mediador, irá retirar-nos o poder de golpear. Impossível imaginar que Herr Hitler seja tolo o bastante para permitir que continuemos com nosso rearmamento. Seus termos irão deixar-nos inteiramente à sua mercê. Não iremos obter termos piores se continuarmos a lutar, mesmo no caso de sermos vencidos, do que aqueles que, hoje, são expostos à nossa frente. Se, entretanto, dermos prosseguimento à guerra e a Alemanha atacar-nos, não resta dúvida de que sofreremos algumas avarias, mas eles também sofrerão sérias perdas. O seu suprimento de gasolina estará talvez reduzido. Poderá chegar o momento em que sentiremos necessidade de dar fim à luta, mas então os termos não serão mais mortais do que aqueles que agora nos são oferecidos.

O ministro das Relações Exteriores disse que ele ainda não percebia o que na tentativa de mediação sugerida pelos franceses parecia tão errado ao primeiro-ministro.

---

26 Isso não estava "claro", nem era justo para com Reynaud.

O Lord presidente [Chamberlain] disse que, sob o aspecto de uma análise desapaixonada, era justo lembrar que a alternativa de prosseguir com a guerra não deixava de ser uma aposta considerável. O Gabinete de Guerra estava de acordo com essa visão realista do caso.

O primeiro-ministro disse que as nações que caem lutando voltam a levantar-se, mas aquelas que se rendem docilmente estão acabadas.

O ministro sem pasta [Greenwood] disse que qualquer caminho que tomemos virá acompanhado de um grande perigo. A linha da resistência, não resta dúvida, era uma aposta, mas ele não sentia que esse fosse o momento para uma capitulação final.

O ministro das Relações Exteriores disse que nada em suas palavras poderia remotamente ser descrito como uma capitulação final.

O primeiro-ministro disse que a chance de nos oferecerem termos decorosos, no momento, era de uma em mil.[27]

Eram agora cinco horas. Foi nesse momento que Churchill lançou mão daquilo que foi chamado por alguns de golpe. Ele pediu ao Gabinete de Guerra para interromper a sessão e retomá-la às sete horas. Organizara-se de modo a dirigir-se a todo o Gabinete, ou seja, àqueles que, embora compondo o Gabinete, haviam ficado de fora do grupo dos cinco homens do Gabinete de Guerra. A reunião aconteceu em sua sala na Câmara dos Comuns. Durou cerca de uma hora. O espírito decidido de Churchill impressinou e dominou todos. Já vimos o seu relato sobre isso e também o de Dalton nas primeiras páginas deste livro. A questão decisiva na fala de Churchill ficou para o final. Churchill admitia (se assim se pode dizer) que havia pensado "se não faria parte de sua obrigação considerar negociações" com Hitler. Mas concluíra que "seria tolice pensar que, se tentássemos fazer paz agora, conseguiríamos melhores termos dos alemães do que se resolvêssemos a questão pelas armas. Os alemães iriam pedir nossa frota — chamariam isso de 'desarmamento' —, nossas bases navais, e muito mais ainda. Seríamos um país escravo, embora um governo inglês que seria uma marionete de Hitler fosse estabelecido — 'sob Mosley ou alguém do gênero'. E onde iríamos estar no fim de tudo isso?" Herbert Morrison, um ministro trabalhista, "perguntou sobre a evacuação do gover-

27 CAB 65/13, WM 145.

no e esperava que ela não fosse feita apressadamente. O primeiro-ministro respondeu que de forma alguma esta seria feita assim, ele era contra qualquer evacuação a não ser que as coisas realmente se tornassem impossíveis em Londres, 'mas um mero bombardeio não nos fará sair daqui.'"[28]

Há dois argumentos que contrariam a interpretação segundo a qual Churchill teria preparado um golpe ao reunir seus antigos seguidores. Era conveniente que ele se dirigisse ao Gabinete inteiro naquele momento, pois há mais de uma semana que não se encontrava com a maioria de seus componentes. O mais importante é o fato de que o Gabinete em sua totalidade era formado por 29 ou 30 ministros, dos quais pelo menos uma dúzia (senão mais) eram conservadores, herdados do governo anterior de Chamberlain. Os novos membros do Gabinete e os churchillianos não somavam mais do que outra dúzia. No entanto, como recorda-se Dalton, "Nenhum deles expressava a mais leve sombra de discordância." Não sabemos quem exatamente ou quantos, depois de terminada a reunião, foram até Churchill dar-lhe palmadinhas nas costas. Isso não importa. Churchill se sentia mais do que encorajado; ele agora sabia que tinha seu caminho livre.

Menos de uma hora depois de os outros ministros se dispersarem, Churchill retornou ao Gabinete de Guerra. Essa última reunião começou às sete. Foi uma sessão breve. Churchill contou-lhes o que havia acontecido com os outros ministros: "Eles não ficaram alarmados com a posição na França, mas mostraram a maior satisfação possível quando eu lhes disse que não havia qualquer possibilidade de abandonarmos a luta. Ele não se lembrava em toda sua vida de ter ouvido um grupo de pessoas que, ocupando altos postos na vida pública, se expressassem de maneira tão enfática."

---

28 Diário de Dalton: ver capítulo 1. Um outro relato do que Chuchill disse se encontra no diário de Leo Amery: "Winston relatou-nos toda a história de maneira muito clara e realística, de forma alguma minimizando a extensão do desastre ou de outros desastres que talvez se seguissem, como uma marcha triunfante sobre Paris ou uma rendição dos franceses." (Numa nota de pé de página escrita à mão por Amery lê-se: "Ele nos contou que não esperava retirar mais do que 50 mil de Dunquerque.") "Uma coisa ele deixou claro: o fato de que seria a maior loucura, neste momento, fazer concessões tanto à Itália como à Alemanha, dois poderes que pretendiam destruir-nos. De qualquer modo, até que a maré virasse não havia nada a fazer a não ser lutar" (Amery, *The Empire at Bay*, p.619).

Halifax pensou, então, que não tinha como levantar qualquer objeção. Ele somente referiu-se à proposta do apelo a Roosevelt, sugerida por Reynaud.

Churchill "pensava que um apelo aos Estados Unidos naquele momento era extremamente prematuro. Se houver uma corajosa resistência de nossa parte contra a Alemanha, isso nos trará a admiração e o respeito dos americanos; mas um apelo rastejante, feito agora, terá a pior conseqüência possível. Ele, portanto, com relação a esse assunto, não era a favor de qualquer aproximação no momento."[29]

Era o fim. Ele vencera Halifax. Partiu, então, para o Almirantado, onde jantou às oito e meia e depois, já tarde da noite, rascunhou um telegrama para Reynaud. Ele lhe disse que o Gabinete de Guerra estava de acordo: não havia, no momento, razão para fazer concessões a Mussolini.[30]

Era o fim. Como muito a propósito escreveu Andrew Roberts: "O instinto de Churchill provara que ele estava certo. Halifax havia tentado dar lógica e razão a um problema que há muito estava destituído dessas duas coisas.... Halifax acreditava não existir nada de especialmente patriótico na adoção de uma atitude de 'morte ou glória', quando a chance de morrer era maior, sobretudo porque nada havia de traiçoeiro numa honesta tentativa de abreviar uma guerra que a Inglaterra estava visivelmente perdendo."[31] Isso é o melhor que se pode — e se deveria — dizer de Halifax. Mas o melhor de Churchill era — como provou ser — melhor do que isso.[32]

---

29 CAB 65/ 13.

30 Mas, como um prêmio de consolação para Reynaud: "... sem excluir a possibilidade de uma aproximação com o Signor Mussolini numa outra ocasião, sentimos que este não seria o momento apropriado" (CAB 65/ 13. 235 Dipp. 28 de maio de 1940). Entretanto, "o efeito sobre o moral inglês, agora elevado, seria perigoso. A situação somente iria melhorar se mostrássemos que ainda temos firmeza em nossos corações e confiança em nós.... Se nos mantivermos firmes talvez nos salvemos do destino da Dinamarca ou da Polônia" (Bell, *A Certain Eventuality*, p.17: CAB 65/ 13, WM 145 conclusões).

31 Roberts, *The Holy Fox*, p.226.

32 "Em outubro de 1942, Sir Orme Sargent escreveu a Halifax sobre como os acontecimentos de 25 a 28 de maio deveriam ser reproduzidos na história oficial da guerra, de Sir Llewellyn Woodward. Halifax, que em fevereiro de 1941 se mostrava inquieto com relação a isso, respondeu com uma desconcertante imparcialidade. Afirmou que 'jamais houve a idéia no governo de sua majestade, então ou em qualquer momento que seja, de

pedir a Mussolini para intermediar os termos entre os ingleses e a Alemanha', e prosseguiu dizendo que o assunto das conversas com Bastianini e das discussões subseqüentes no Gabinete ... era apenas a neutralidade da Itália e jamais uma intermediação com a Alemanha. Halifax deu a entender que o máximo que a Inglaterra estava disposta a oferecer a Itália era um assento na diretoria da companhia que administrava o Canal de Suez. 'The Holy Fox' podia ouvir os cães latindo, farejando-lhe a reputação, mas tudo que podia fazer era colocá-los numa trilha falsa das menos convincentes.

"Ele não estava sozinho. Churchill escreveu em *Their Finest Hour* que 'As futuras gerações talvez possam ficar curiosas sobre o fato de que a grande questão de continuarmos sozinhos na luta jamais fez parte da agenda do Gabinete de Guerra ... Estávamos muito ocupados para perder tempo com questões irrealistas e acadêmicas'. Realmente, as futuras gerações podem achar digno de nota o fato de ter havido cinco reuniões [na realidade, nove], algumas das quais durando quatro horas e tratando exclusivamente desse assunto" (ibid., p.227-8).

capítulo 7

Sobrevivência

Um visão distanciada sobre a guerra. — O significado de Dunquerque. — "É hora de encarar os fatos." — Halifax trazido de volta. — Uma Inglaterra antiquada. — Churchill e a Europa. — Fortissimo.

Os historiadores vêem-se tentados a exagerar a importância de seus assuntos e temas. Esse o motivo por que agora me sinto compelido a discutir meu caso. Tivesse Hitler vencido a guerra estaríamos vivendo num mundo diferente. Isso é indiscutível O que se discute é a importância crucial dos dias que vão de 24 a 28 de maio de 1940, em Londres. Foi esse realmente o ponto crítico? E se os alemães tivessem ganho a batalha nos ares na Grã-Bretanha? E se Hitler houvesse capturado Moscou? E se ele tivesse vencido em Stalingrado? E se o dia D houvesse falhado? Qualquer um desses acontecimentos poderia ter mudado o curso da guerra. No entanto, o que eu discuto é que Hitler nunca esteve mais perto de uma vitória final do que durante esses cinco dias de maio de 1940. Isso exige uma explicação — serei breve.

A batalha aérea na Grã-Bretanha foi muito importante, mas não seria decisiva para o desfecho final da II Guerra Mundial. Uma derrota da Royal Air Force teria tornado mais fácil o desembarque alemão na Inglaterra, mas uma invasão bem-sucedida em território inglês seria dificilmente administrada. Hitler sabia disso: no início ele relutou em ordenar a ofensiva aérea alemã; e apenas poucos dias depois de ela ter sido iniciada (em 14 de agosto), ele já sabia que não seria decisiva. E o que as pessoas não sabiam em 1940 era o que mais tarde ficamos sabendo: que nenhum grande país pode ser conquistado por meio exclusivamente de operações aéreas. Além do mais, a decisão de Roosevelt de alinhar cada vez mais os Estados Unidos à Inglaterra já fora tomada antes da Batalha da Grã-Bretanha.

Se Hitler houvesse capturado Moscou ou forçado Stalin a procurar alguma forma de capitulação, isso não quer dizer que os ingleses (e os americanos) teriam deixado de levar a guerra adiante. O mesmo aplica-se à conquista alemã de Stalingrado.

Se o dia D em junho de 1944 falhasse, talvez Hitler e Stalin tivessem tentado alguma negociação; talvez uma segunda tentativa de invadir a Europa ocidental não tivesse sido possível na época; mas não existe o menor motivo para acreditar-se que a aliança anglo-americana não continuasse com seu propósito firme de combater o Terceiro Reich.

Tudo isso pode parecer extremamente otimista e confiante quando já não se está mais na alça de mira. Há, no entanto, uma condição muito especial — ou um sinal — relacionada com o tema deste livro. Se Hitler tivesse vencido em Moscou ou em Stalingrado ou na Normandia, ele não teria vencido *sua* guerra. Mas teria sido imbatível. Essas duas coisas não são iguais. Seu objetivo era dominar a Europa e a maior parte da Rússia européia — e fazer ou forçar a Inglaterra, a Rússia e os Estados Unidos a aceitarem tal vitória alemã da II Guerra Mundial. Mas em novembro de 1941 Hitler sabia que isso já não era possível. A partir de então, sua estratégia tornou-se "fridericiana", uma reminiscência daquela de Frederico, o grande: conseguir vitórias suficientes para romper a coalizão artificial de seus inimigos — ingleses, americanos e russos, capitalistas e comunistas, Churchill e Roosevelt e Stalin — e, dessa maneira, fazer com que um ou outro negociasse com ele. Isso não aconteceu. Mas poderia ter acontecido. Tivesse ele triunfado na Rússia, tivesse ele triunfado nas praias da Normandia, a posição de Churchill e de Roosevelt teria ficado muito difícil, para dizer o mínimo. Assim era como Hitler via a guerra, e não sem razão. A derrota da União Soviética,[1] a derrota dos ingleses e americanos nas praias não significaria somente que esses últimos teriam de repensar toda sua estratégia; tal derrota teria possivelmente conduzido a uma forte oposição dos ingleses e mais especialmente, talvez, do povo americano a líderes que ha-

---

1 Muitos teriam dito: "Pelo menos o comunismo foi derrotado. E isso foi uma coisa tão ruim?"

viam declarado que nada conviria a não ser a vitória total sobre a Alemanha, ou seja, nada que não fosse sua rendição incondicional. Em suma, Hitler poderia ter forçado seus inimigos a aceitarem uma espécie de empate.

Tudo isso é especulação, mas não uma especulação sem substância. E sinto-me compelido a apresentá-la de forma a argumentar que o homem que estava atravessado no caminho de Hitler era Churchill. Em maio de 1940, nem os Estados Unidos nem a Rússia soviética estavam em guerra com a Alemanha. Nessa época, *havia* razões para que um governo britânico tivesse pelo menos o cuidado de averiguar se um compromisso temporário com Hitler era de alguma forma possível. Churchill pensava e havia dito que não, que até mesmo as primeiras e cautelosas medidas seriam como subir por uma encosta escorregadia; ele estava certo, e não só do ponto de vista moral. Tivessem os ingleses deixado de lutar em maio de 1940, Hitler teria vencido *sua* guerra. Por isso, os alemães nunca estiveram tão perto da vitória como nesses cinco dias de maio de 1940. Graças a Deus Hitler jamais soube disso. Acreditava que mais cedo ou mais tarde (de preferência mais cedo) Churchill seria forçado a deixar seu posto. Nisso Hitler errou, porque Churchill prevaleceu. Aqui devo repetir o que afirmei na primeira página deste livro: Churchill e a Inglaterra não tinham condições de vencer a II Guerra Mundial; no final, os Estados Unidos e a Rússia teriam. Mas em maio de 1940, Churchill foi aquele que não *perdeu* a guerra.[2]

Isso justifica muita coisa, talvez tudo — inclusive o resgate (se foi o que parecia ser) das tropas em Dunquerque, e até mesmo a Batalha da Grã-Bretanha. Nós, os últimos sobreviventes desses dias de maio, também não sabemos. Muitas pessoas não sabem disso hoje, e esta a razão por que escrevo este livro. Um pouco mais adiante voltarei a falar de

---

2 Aqui devo questionar Andrew Roberts, quase sempre excepcional e em geral brilhante, na conclusão de sua biografia de Halifax: "A afirmação muitas vezes repetida de que, se Halifax tivesse se tornado primeiro-ministro ao invés de Churchill, nós poderíamos ter perdido a guerra é tão hipotética quanto hiperbólica. Churchill teria continuado atuando no lado operacional, com Halifax suprindo a liderança política. A história ficaria sem as falas encorajadoras e motivadoras que vinham do nº 10, e Halifax poderia ser relegado a primeiro-ministro 'honorário', mas a Inglaterra não perderia a guerra como resultado disso" (Roberts, *The Holy Fox*, p.308). Eu não estou certo disso.

Dunquerque. Mas devemos lembrar-nos de que em 28 de maio poucas tropas haviam conseguido escapar de Dunquerque; e, o que é mais importante, de que Churchill havia declarado que a Inglaterra continuaria a lutar, *não importa o que* acontecesse em Dunquerque. O que lá aconteceu fortaleceu sua posição; mas o que contou mesmo foi sua determinação.

Na quarta-feira, 29 de maio, a rotina doméstica de Churchill voltou ao normal.[3] Seu novo secretário, John Colville, escreveu em seu diário: "o trabalho incessante de Winston é impressionante." Entre outras coisas Churchill viu-se encorajado por uma carta do cardeal Hinsley, primaz da Igreja Católica na Inglaterra: "o cardeal é enérgico e duro, e eu não posso ver que mal faria se ele deixasse perfeitamente claro para seus irmãos de terras distantes que, aconteça o que acontecer, nós iremos lutar até o fim."[4] Ele também se viu encorajado pelas notícias que chegavam de Dunquerque, um assunto, por sinal, que vamos abordar pela última vez.

* * *

O momento decisivo em Dunquerque foi nesse dia, quarta-feira, 29 de maio. Nessa manhã, Gort ainda pensava que uma evacuação em grande escala talvez não fosse possível; no entanto, à medida que o dia avançava os prognósticos foram melhorando. Durante esse dia e essa noite mais de 47 mil homens partiram dos portos e das praias, numa quantidade quase três vezes maior do que a do dia anterior. (Em 30 de maio, partiram 53.800, em 31 de maio, 68 mil, em primeiro de junho, 64.400, e daí para frente o número se reduziria para 26 mil em cada um dos três dias restantes. O número de tropas francesas levadas pelos navios ingle-

3 A agenda mostra que ele teve como convidado para o almoço o Primeiro Lord, A.V. Alexander. De tarde, foi entrevistada outra candidata para os serviços domésticos. Ele convidou Chamberlain e a esposa para jantar na noite seguinte. Durante o dia, também chegou do Tesouro uma nota escrita à mão em resposta à indagação de Churchill sobre seu salário como primeiro-ministro e os impostos deduzidos de sua renda. O valor era de £1.737, 12 shillings e 7 pence (Diário de Churchill, CA). Foi nesse dia que Churchill começou a afixar suas posteriormente famosas tirinhas de papel com a frase "Ação hoje" em algumas de suas ordens.

4 PREM 4/ 22/ 3.

ses não aumentou muito até 31 de maio, mas depois foram trazidas por ordens expressas de Churchill. No final do dia 4 de junho, o total era de 338.226 homens, entre os quais 125 mil franceses.) O reides de bombardeio da Luftwaffe foram intensos no dia 29, e além do mais os alemães estavam chegando bem perto de Dunquerque, de modo que a artilharia de campo podia iniciar o bombardeio da cidade, não somente pelo lado sul mas também pelo oeste. Houve cenas feias, reveladoras de um moral em baixa em que se incluíam desentendimentos violentos entre ingleses e franceses, mas de modo geral prevaleceram a disciplina e a ordem, o que não era fácil em meio aos constantes recuos e à situação sem precedentes nas praias, quase sempre caótica. Sobretudo ao longo do perímetro, os franceses lutavam tanto quanto ingleses.[5] No final do dia, Churchill, cheio de otimismo, enviou uma mensagem a Spears para ser entregue a Reynaud: quase 50 mil já foram retirados e "espero que essa noite sejam evacuados mais 30 mil. O front pode vir a cair a qualquer momento ou lugar, as praias e os embarques podem tornar-se impossíveis devido aos ataques aéreos e ao fogo das artilharias vindo do sul e do oeste. Ninguém é capaz de prever até quando vai durar a boa maré, ou quantos homens somos capazes de salvar daqui para frente. Desejamos que o maior número possível de tropas francesas se inclua na operação de retirada."

"O front pode vir a cair..." Churchill começava a perceber que os alemães estavam cautelosos, que não estavam atacando Dunquerque propriamente. Em 31 de maio, o general Fedor von Bock escreveu em seu diário: "Quando finalmente chegarmos a Dunquerque, [os ingleses] já terão ido embora!" Ele estava inclinado a botar a culpa em Rundstedt; pensava que, desejando poupar seus blindados, Rundstedt havia influenciado Hitler. Talvez a influência fosse recíproca. Há uma minuta de Churchill, de 2 de junho, endereçada aos comandantes do estado-maior, na qual ele deixa entrever que supunha qualquer coisa dessa ordem: a retirada das tropas britânicas era composta de homens "cuja têmpera [os alemães] já haviam testado e ante a qual haviam se

---

5 Disse o general Ismay no Gabinete de Guerra, essa manhã: "Os franceses não estavam dispostos a bater em retirada, mas Lord Gort pressionou-os para voltarem porque os ingleses não podiam esperar por eles" (CAB 65/ 13 WM 146).

recolhido, sem ousar realmente impedir a partida."[6] Nesse mesmo dia, escreveu Ironside em seu diário: "Eu ainda não entendo como é que os boches [*sic*] nos deixaram livrar a BEF dessa maneira. Chega a ser fantástico como conseguimos fazer isso enfrentando todo aquele bombardeio e poder de fogo."[7]

Hitler era um homem misterioso. Nunca saberemos quais seriam as intenções (para não dizer os motivos) da ordem de trégua, em 24 de maio, que fez com que o cerco de Dunquerque dependesse, antes de tudo, da força aérea de Goering. Vimos que Hitler, posteriormente, deu diversas explicações — ou melhor dizendo, justificações — às pessoas de seu círculo, a última delas antes do fim da guerra em 1945, quando disse que havia dado uma "pequena oportunidade" a Churchill, que não soube apreciá-la. Isso era sem dúvida uma racionalização.[8] Hitler podia estar sendo sincero, mas não honesto. Em 31 de maio, ele escreveu a Mussolini, que lhe tinha informado que a Itália entraria na guerra em 5 de junho; ele não disse uma palavra sobre como esperava influenciar os ingleses. Ao contrário. Disse que os ingleses estavam sendo destruídos em Flandres: "Somente uma percentagem muito pequena de homens derrotados... alcança o litoral inglês." Ele também pediu a Mussolini para adiar a entrada da Itália na guerra por mais alguns dias.[9] Queria ser o único autor da vitória.

Churchill era menos misterioso e mais honesto. "Depois de sobreviver ao pior dos desafios à sua liderança", escrevi em *The Duel*, "e depois de ter evitado a catástrofe inglesa em Dunquerque, sua firmeza

6 De Churchill para Ismay, CA 20.13. Numa carta escrita posteriormente aos primeiros-ministros das colônias sobre o combate aéreo em Dunquerque, Churchill escreveu que Dunquerque era uma espécie de terra de ninguém.

7 "Isso me faz pensar que os boches seriam igualmente capazes de desembarcar homens na Inglaterra a despeito de um bombardeio. Se os alemães dispusessem de uma esquadra poderiam ter dificultado nosso embarque. O que estavam fazendo seus submarinos?" (*The Ironside Diaries*).

8 Sua primeira racionalização ocorreu em 2 de junho, registrada pelo representante do general Halder nos quartéis de Hitler: havia "uma ligeira diferença entre a Itália e a Alemanha. O principal inimigo da Itália se tornara a Inglaterra. O principal inimigo da Alemanha era a França, "e os ingleses logo estariam dispostos a negociar termos razoáveis de paz" (Diário de guerra de Halder, citado em Lukacs, *The Duel*, p.105).

9 *Documenti diplomatici italiani, 1939-1943*, series 9, vol. 4, p.520.

de espírito (talvez mais do que a sua confiança) estava tão forte quanto antes, ou até mais" — ao passo que a "confiança de Hitler era mais forte do que sua firmeza de espírito. Ele ainda especulava sobre o que os ingleses poderiam fazer." Churchill telegrafou a Keyes em 28 de maio, depois da decisão do rei da Bélgica de render-se a Hitler: "O que podemos fazer por ele?... Nossa única esperança é a vitória, e a Inglaterra, não importa o que aconteça, jamais abandonará a guerra *enquanto Hitler não for derrotado ou deixarmos de ser uma nação*." [10] O itálico é meu. Churchill havia sobrevivido ao desafio de Halifax. Mas seu verdadeiro oponente não era Halifax e sim Hitler. Suas mãos estavam, talvez temporariamente, livres. Mas as mãos podem estar livres e os braços não serem fortes o suficiente. Churchill sabia disso perfeitamente. Sua mente agora ocupava-se com a pergunta: tentariam os alemães invadir a Inglaterra mesmo antes de terem conquistado a França? Ele pensava que não; e nisso estava certo. Mas estava errado ao pensar — ou melhor, ao esperar — que os franceses poderiam segurar os alemães em alguma parte da França, não importa onde fosse. Isso não aconteceria. Mas ele estava preparado para o pior. Um exemplo disso aparece em sua detalhada minuta desse dia extremamente cheio que foi o 29 de maio, onde ele é veemente no que toca à necessidade de reorganização do exército na Inglaterra, e envia um plano radical e detalhado que está resumido em quatro parágrafos curtos.[11]

Dentro do Gabinete de Guerra, nada de muito importante aconteceu nesse dia. Houve uma longa discussão sobre as instruções a Gort em Dunquerque e também sobre a evacuação de Narvik, no norte da Noruega. Halifax falou somente uma vez: "Ele não se sentia de todo feliz com as instruções explícitas que haviam sido passadas a [Gort]. Estava de acordo com que se desse continuidade a uma luta impenitente, mas gostaria de que fosse enviada a Lord Gort uma mensagem que expressasse a confiança implícita que o governo depositava nele e em

---

10 Em seu esplêndido discurso de 4 de junho, Churchill não foi tão complacente com Leopoldo III quanto fora em 28 de maio. (O correspondente de Londres do *Manchester Guardian*, em 30 de maio escreveu: "Tem havido uma atitude generosa, surpreendentemente de quase todo mundo, para que se deixe o rei Leopoldo entregue a sua consciência e à história.")

11 PREM 3/ 22/ 13.

qualquer ação que julgasse apropriada como último recurso a ser empreendido. Não havia desonra em abandonar a luta para salvar um punhado de homens do massacre." Churchill disse "que numa situação desesperada qualquer homem de coragem estava autorizado, na falta de ordens precisas no sentido contrário, a usar o próprio discernimento, e que por isso não mudaria as instruções dadas a Lord Gort. Nosso objetivo era o de assegurar a evacuação de tantos homens quanto possível e depois causar o máximo de perdas ao inimigo. Um dia ganho podia significar mais 40 mil homens retirados. Um comandante, em circunstâncias tão desesperadas e angustiantes como essa em que Lord Gort no momento se encontrava, não deveria ser confrontado com a difícil escolha entre resistência e capitulação."[12] Esse foi o último lampejo de um conflito aberto entre Churchill e Halifax no Gabinete de Guerra.

Cadogan esteve presente e deu um relato desolador em seu diário: "Notícias desagradáveis. Conseguimos recuperar 40 mil homens, atualmente numa média de dois mil por hora. Mas o final será terrível. Houve uma discussão feia sobre as instruções a serem enviadas a Gort. W.S.C. vociferou um tanto teatralmente. Contrariado por [Chamberlain e Halifax], cedeu no que foi possível. As relações marcadas pelo medo irão tornar-se mais tensas. Isso é culpa de Winston... teatralmente..." Contudo dois dias depois: "Até o meio-dia conseguimos retirar 164 mil homens — um milagre!" No dia seguinte: "Gabinete às onze e meia; a evacuação está indo às maravilhas."[13]

Não há dúvida de que o resultado final de Dunquerque fez com que o prestígio de Churchill aumentasse muitíssimo. Tivessem os alemães capturado o grosso do exército inglês, forçando uma rendição, o brilho de um tal triunfo hitlerista lançaria uma enorme sombra negra sobre os habitantes da ilha, envolvendo centenas de milheres de prisioneiros britânicos, e talvez também sobre a posição e o futuro de Churchill. Mas, como vimos, ele havia declarado que, acontecesse o que acontecesse em Dunquerque, a Inglaterra continuaria a lutar, e parece que tinha a maior parte do povo inglês o apoiando. Coisa parecida

---

12 CAB 65/ 13. WM 146.

13 Cadogan, *Diaries*, p.292, 293.

aconteceu quando a França por fim caiu; isso não afetou sua liderança nem seu prestígio. Ele, é claro, sabia que Dunquerque não era uma vitória. Como disse em 4 de junho: "As guerras não são vencidas por meio de retiradas". Por volta dessa época, ele encontrou pela primeira vez com aquele que mais tarde seria o famoso general Bernard Law Montgomery, que estava furioso com o fato de muita gente encarar Dunquerque como uma vitória: "Ele criticava as fitas nos ombros do pessoal das tropas, marcadas com a palavra Dunquerque. Eles não eram heróis. 'Se as pessoas não entendiam' que o exército havia sofrido uma derrota em Dunquerque, então 'nossa ilha corria sério perigo.'"[14] Churchill via as coisas quase da mesma maneira. Ele tinha consciência do despreparo do exército se fosse preciso enfrentar uma invasão. Preocupava-se também com o moral dos ingleses. Desde então muitas pessoas (e na época algumas poucas também) viam Dunquerque como um mito necessário. Outros viam como qualquer coisa parecida com a Batalha do Marne em 1914. A verdade talvez esteja entre uma e outra dessas duas coisas.

De qualquer modo, em 29 de maio de 1940, o desdobramento do resultado final de Dunquerque estava apenas no começo. Nem o Gabinete de Guerra nem o povo inglês sabiam disso. As reações deste, como quase sempre, não acompanhavam o curso dos acontecimentos. Para os propósitos deste livro, que não são os de uma história militar, a reconstrução dos fatos é tão essencial quanto uma visão geral do que estava acontecendo em Duquerque; provavelmente até mais do que isso.

* * *

Vimos que até o final da tarde de 29 de maio, Churchill não estava confiante quanto à sobrevivência da maior parte do exército cercado em Dunquerque. As pessoas, a opinião e a imprensa nesse dia demonstravam um soturno pessimismo; foram necessários dois ou três dias para que elas se pusessem a par do desenvolvimento dos fatos, para perceberem as primeiras notícias alentadoras provenientes de Dunquerque. Os jornais de 29 de maio (lembre-se de que a maioria dos

14 Luckacs, *The Duel*, p.144.

textos foi composta durante a noite anterior) refletiam isso. O artigo principal do *News Chronicle* de 29 de maio era típico: "É hora de enfrentarmos os fatos, de admitir o pior. Com a rendição do exército belga, a BEF parece ter ficado imobilizada. Escapar pelo mar é a menor de todas as esperanças. Sair pelo sul é uma possibilidade igualmente remota."[15] A primeira página do *Daily Mail* levava o título "Como a BEF caiu na armadilha" O artigo que se seguia, escrito pelo correspondente do jornal junto à BEF, começava assim: "A Força Expedicionária Britânica está, hoje, praticamente sitiada. Esta é uma posição muito grave causada pela rendição do exército belga." Muitos jornais ainda davam bastante espaço para as notícias belgas do dia precedente. O *Daily Express:* "Precisamos guardar toda a nossa raiva para nosso único inimigo, Hitler."[16] O artigo principal do *Daily Telegraph* dizia: "De nada adianta fechar os olhos para os fatos ou medir as palavras. A Força Expedicionária Britânica e as divisões francesas estão cercadas por três lados e pelo ar. Todos correm o perigo de não poder sair de Dunquerque." Na mesma página havia dois artigos elogiando os franceses: "O efeito do desastroso rompimento da linha [ou seja, da capitulação belga] significa um endurecimento das atitudes"; a França "se manteve heroicamente de pé em face do duro golpe da rendição belga ... O povo parisiense está mostrando um estoicismo de um gênero quase sempre descrito como anglo-saxônico." (Talvez seja uma falsa bravura para esconder o medo. Mas a verdade é que o moral parisiense conservou-se em alta até aproximadamente 10 de junho.) O *Yorkshire Post*, como outros jornais nos condados, eram enfáticos em seus elogios à unidade nacional e ao novo governo.

A análise da Mass-Observation sobre o moral dava o seguinte resumo: "A grosso modo, as pessoas no momento estão calmas, mas crescentemente ansiosas ... Pois enquanto antes as pessoas estavam mais confiantes na vitória, apenas com uma vaga idéia do que a luta por

15 "Bolsa de valores não despencou."

16 Do muito conhecido colunista William Hickey: "Para o povo inglês, a rendição de Leopoldo foi tão inacreditável quanto perturbadora"; "numa casa de chá, ouvi uma mulher dizer em tom queixoso: 'mas ele era um rapaz de tão boa aparência'; e num restaurante caro, ouvi um homem dizer: 'estou terrivelmente chocado com isso. Ele foi de Eton'."

ela pudesse significar, agora estão compreendendo até certo ponto as dificuldades que têm pela frente. Elas não compreendem totalmente, sobretudo aquelas — e são maioria — que saíram da escola aos 14 anos e nunca atravessaram o Canal ou falaram com um alemão. Mas pelo menos a época de pensamento positivo exagerado acabou."[17]

Na noite de 29 de maio, escreveu Harold Nicolson em seu diário: "Estamos criando uma linha de La Coruña ao longo das praias que cercam Dunquerque e esperamos evacuar algumas poucas tropas." (Isso demonstra que Nicolson, agora ocupando uma alta posição no Ministério da Informação, não entendeu a situação: o que aconteceu em La Coruña em 1809 guarda pouca semelhança com Dunquerque em 1940, e quando Nicolson escreveu essas linhas muito mais do que algumas poucas tropas já haviam partido para a Inglaterra.)[18] Dois dias depois, ele escreveu a sua mulher: "Minha querida, como a coragem é infecciosa. Meus sentimentos, por causa de tanta bravura, estão se tornando muito mais fortes e a confiança vem crescendo em mim." Nesse mesmo dia, em Oxford, C.S. Lewis escreveu a Owen Barfield: "Coisa estranha, tenho reparado que desde que as coisas se tornaram realmente ruins, todo mundo que encontro está menos desanimado.... Mesmo agora, não me sinto tão mal como talvez me sentisse se alguém houvesse profetizado essa situação 18 meses atrás."[19]

---

17 "Londres demonstra uma ansiedade mais sistemática ... do que as províncias" (FR 159).

18 "Encontrei uma carta raivosa do embaixador da França dizendo que nossa imprensa está pondo toda a culpa no exército francês. [Não era assim.] ... Espero melhorar a situação ... O trabalho é urgente e cumulativo como quando da Conferência de Paz em Paris. Mas então éramos felizes naqueles dias, sem estar vivendo em estado de medo" (*The Diaries and Letters of Harold Nicolson*, p.91). Em trechos de seu diário não publicado, Nicolson registra o encontro com o correspondente americano Vincent Sheean naquela noite: "um admirador incondicional de Winston Churchill. Ele vai usar de toda sua influência para que os Estados Unidos venham em nossa ajuda. Diz ele que nosso maior perigo são os isolacionistas que concentram seus argumentos no fato de ser tarde demais para virem ajudar a Inglaterra."

19 Citado em Lukacs, *The Last European War*, p.417. Isso não é o melancólico fatalismo que recolhemos das lembranças de Leonard (e deVirginia) Woolf: "Nós também enchemos tanto quanto possível nossa vida social durante quatro dias, com muitos de nossos amigos vindos para jantar. Por exemplo: nas duas idas a Londres de 21 a 24 de maio e na outra de 4 a 7 de junho, vimos T.S. Eliot, Koteliansky, William Plomer, Sybil

Recordando-se desses dias, Margery Allingham, mais tarde, escreveu para seus amigos americanos: "Vocês são pessoas calorosas; nós somos uma gente fria que já foi calorosa mas ainda conserva calor nesses momentos. Nossos corações são velhos, duros e ainda sinceros, apesar da podridão da superfície." Por volta de 29 a 30 de maio, dizia ela pensativa: "Houve quem se queixasse da qualidade dos tecidos de seus edredons. Houve quem pensasse que os cassetetes fossem feitos de farinha. Houve quem se recusasse a acolher refugiados. Houve quem dissesse que éramos covardes por retirarmo-nos de Dunquerque e que devíamos ter ido em frente e derrotado todo mundo. Houve quem dissesse que preferia ver seus frutos apodrecerem do que deixar o Instituto das Mulheres colocar as mãos neles. E assim por diante. Agora que reflito sobre isso, ninguém fez nada não-cooperativo. Era tudo conversa e estamos lutando para dizer o que quisermos. Observações sem importância, todas elas, um trabalho dos diabos para recordá-las, depois de um ou dois meses, como eu mesma posso atestar."[20]

Vera Brittain irá recordar mais tarde os últimos dias de maio em Londres: "Martin e eu andávamos em Regent's Park em meio às sombras dos amores-perfeitos arroxeados e dos tremoços coloridos de rosa pálido. É como se fosse domingo, observei para ele, pois o parque está tão deserto que parece um feriado de sol, quando todo mundo que tem uma coisa sobre rodas vai para o campo. Desde que a maioria das balaustradas de ferro foi removida dos parques e das praças de Londres para ser convertida em armamentos, Regent's Park parece uma vasto campo verde, muito fresco e fulgurante. Umas poucas pessoas idosas sentavam-se em cadeiras e alguns jovens navegavam em botes com velas listradas. Novamente ... surge a ilusão de paz, devido principalmente à beleza do verão, dos perfumes e dos sons. Sentimos como se

---

Colefax, Morgan Forster, Raymond Mortimer, Stephen Spender, Kinsley Martin, Rose Macaulay e Willie Robson.

Havia nesses dias um mau agouro, uma ameaçadora irrealidade, uma sensação de que se vivia um sonho ruim, de que quando se estivesse a ponto de acordar dessa horrível irrealidade era para cair numa realidade ainda mais horrível ... Havia uma atmosfera curiosa de plácido fatalismo, de quem espera pelo inevitável, e a aura disso ainda perdura no relato de nossos dias em Londres, dado por Virginia em seu diário" (Leonard Woolf, *The Journey Not the Arrival Matters*, p.53-54).

20 Allingham, *The Oaken Heart*, p.255

observássemos o funeral das civilizações européias elegantemente conduzido. Tal como o império romano dever ter sido antes da chegada dos bárbaros.[21]

* * *

Hitler tinha de fato alguns lampejos de compreensão do que estava ou não acontecendo em Londres em maio de 1940. Ele estava esperando e planejando, depois apenas esperando e, depois de julho, esperando contra todas as esperanças, que houvesse um racha em Londres que levasse os ingleses a se livrarem de Churchill. Esse era um ponto capital: pois nunca, durante toda a guerra, foram as esperanças de Hitler mais justificadas do que nesses cinco dias — ou seja, antes do término de Dunquerque, antes da rendição da França e antes da ofensiva aérea contra a Inglaterra. Mas havia um descompasso de tempo entre seu raciocínio e a informação. Somente no princípio de junho é que ele começou a pedir, a coletar e a ler todo o tipo de informação do serviço de inteligência referente a Londres. (Ao contrário do que se pensa, ele lia muito e rapidamente.) Churchill sabia disso; algumas vezes (sobretudo em julho) ele permitiu que se abastecesse agentes alemães fora do país com estranhos tipos de informações ambíguas, com o propósito de fazer Hitler hesitar e retardar os preparativos de sua invasão. A isso podemos acrescentar que o trabalho inglês de decifrar os códigos militares alemães ("Enigma" e, posteriormente, "Ultra") era fragmentário e incipiente no verão de 1940. Mas tudo isso pertence aos últimos meses do duelo dos dois, não ao mês de maio.

Para Churchill, Dunquerque, embora não sendo uma vitória, constituiu um alívio. Mas o alívio durou pouco, foi logo obscurecido pela queda da França, fato de enorme significação. Imediatamente depois de Dunquerque, Churchill fez um de seus grandes discursos, em 4 de junho. Imedatiamente depois do colapso do governo francês, ele fez outro discurso famoso, em 18 de junho. Mas o efeito imediato desses discursos sobre o povo inglês foi limitado. Tiveram um efeito cumulativo (ou, para usar um dos adjetivos favoritos do cardeal Newman, ilativo).

---

21 Brittain, *England's Hour*, p.41.

Em 28 de maio, um documento do Ministério das Relações Exteriores sugeria que "os planos mais secretos deveriam considerar a possibilidade de uma evacuação da família real e do governo para alguma parte do império ultramarino, de onde a guerra poderia prosseguir se as circunstâncias impedissem que sua continuação fosse regida do Reino Unido, e para a remoção *imediata* das jóias da Coroa, do trono, das barras de ouro, dos títulos de valores e das pedras preciosas da Inglaterra para outra parte do império." Em primeiro de junho, Churchill rejeitou isso num memorando: "Acredito que devemos fazê-los arrependerem-se do dia em que tentarem invadir nossa ilha. Nenhuma discussão sobre isso deve ser permitida."[22] Mas o general Pownall lembrava-se de, "certa vez no início de junho", ter ouvido Winston dizer com relação ao assunto: "Eu me pergunto se vamos conseguir detê-los"— "Um *insight* do que realmente lhe passava pelo mente. Os grandes discursos para levantar o moral são necessários, mas não necessariamente, ou mesmo na maioria das vezes, eles refletem o pensamento interior daqueles que os fazem."[23]

Exceto em algumas poucas ocasiões sem importância, Edward Halifax não assumiu mais posições contrárias às de Churchill no Gabinete de Guerra. (Chegou, inclusive, em 13 de junho, a adotar, num dado momento, a imagem da "encosta escorregadia" usada por Churchill: se os franceses estiverem para pedir armistício "eles estarão rolando por uma encosta escorregadia que os levará a perder sua frota, e no fim até a liberdade."[24] No entanto, em seus diários (escritos, como sabemos, para circular somente na família), ele ainda era às vezes muito crítico com relação a Churchill.[25] Então, houve o incidente de 17 de junho —

---

22 Gilbert, *Companion Volume*, p.187, n. 1

23 Pownall, *Chefe do estado-maior* 2: 339. É preciso observar, no entanto, que Churchill tinha o hábito de especular em voz alta e discutir francamente as questões mais importantes dentro de seu círculo. Sir Edward Bridges: "Em discussões como esta, ele nada deixa escondido. Costuma expressar suas opiniões abertamente... ou sobre as diversas maneiras como se espera que a situação possa desenvolver-se" (*Action This Day*, p.22-3).

24 Lukacs, *The Duel*, p.103.

25 30 de maio, depois de uma reunião do gabinete: "Winston estava num espírito combativo e discursivo. Jamais vi uma mente tão desordenada. Estou chegando à conclusão de que seu processo mental é daquele tipo que opera por meio da fala. Como isso

um dia terrível, na manhã seguinte após Pétain substituir Reynaud na França, quando a capitulação francesa tornou-se uma certeza. "Rab" Butler, o subsecretário de Halifax, encontrou o embaixador sueco em Londres, Björn Prytz, em St. James's Park. Ele pediu-lhe para subir até seu escritório. Lá, disse a Prytz que "nenhuma oportunidade seria desprezada para formalizar um compromisso de paz se fossem oferecidas condições razoáveis.... os durões intransigentes [disse como se referisse a Churchill] não poderiam obstruir o caminho das negociações." Prytz ainda estava no escritório quando Butler saiu para falar com Halifax. Ao voltar à sua sala, Butler disse a Prytz que Halifax tinha um recado para ele: "É o bom senso e não as bravatas o que dita a política do governo britânico" — embora Prytz não devesse interpretar isso como uma aceitação de paz a qualquer preço. Em seu telegrama urgente para Estocolmo, Prytz acrescentou que suas conversas com outros proeminentes ingleses (principalmente certos membros do Parlamento) deixavam entrever que Halifax poderia substituir Churchill na chefia do governo num prazo de dez dias. O ministro italiano em Estocolmo, sabendo em poucas horas da história, exagerou a importância das notícias e relatou (erradamente) que o embaixador inglês em Estocolmo se tinha aproximado do governo sueco fazendo indagações sobre propostas de paz. Mas não foi assim. Um dia depois o próprio Prytz corrigiu o significado de seu telegrama. Esses detalhes são conhecidos dos historiadores diplomáticos da época.[26] A esses, podemos acrescentar uma carta de Churchill para Halifax, atualmente disponível nos Arquivos de Churchill, datada de 25 de junho: "Caro Edward. Está bem claro para mim, a partir desses telegramas e de outros, que Butler usou uma linguagem particular com o embaixador sueco, e certamente os

---

é exatamente o inverso do que se dá comigo, é irritante." 19 de junho: "É realmente um cérebro extraordinário esse de Winston, venho observando-o e nunca vi nada igual: uma curiosíssima mistura de emoções infantis com o raciocínio de um adulto." 24 de junho: "Palavrório de Winston..." (Documentos de Halifax, A. 7.8.4.) Esses diários passaram por uma revisão que limpou muita coisa. A correspondência com sua mulher, que não gostava de Churchill, ainda está guardada numa canastra lacrada no Muniment Room, Garrowby. Em 5 de julho, Halifax disse a Victor Cazalet que Churchill estava começando a ficar arrogante e impaciente: "É quase impossível conversar cinco minutos com ele" (Gilbert, *Companion Volume*, p.483-4).

26 Lukacs, *The Duel*, p.132-3, e também p.150-1.

suecos ficaram com uma forte impressão de derrotismo. Nessas circunstâncias melhor seria se você descobrisse por meio dele mesmo as coisas que ele tem a dizer. [Na sessão secreta na Câmara dos Comuns, eu] assegurei ao atual governo que todos os seus membros estavam resolvidos a lutar até a morte, e fiz isso assumindo a responsabilidade pela decisão de todos."[27] Halifax respondeu três dias depois, defendendo Butler. E o caso parou aí. Quando Hitler fez sua grande oferta de paz à Inglaterra em seu discurso de 19 de julho, Churchill preferiu não responder, pedindo a Halifax que o fizesse, o que o ministro das Relações Exteriores fez calma e friamente.

Em dezembro de 1940, Churchill pediu a Halifax para tornar-se embaixador nos Estados Unidos, sendo substituído no Ministério das Relações Exteriores por Anthony Eden (o que não foi a melhor escolha, apesar de tratar-se de um churchilliano). Lady Halifax sentiu-se humilhada. No entanto, Halifax revelou-se um excelente embaixador. (O mesmo se deu com outros antichurchillianos, como Samuel Hoare, que Churchill praticamente expulsou de Londres em maio, designando-o para o posto de embaixador na Espanha. O patriotismo desses ingleses — diferentemente de muitos embaixadores de outros países que ocupavam postos chaves —, inquestionavelmente prevaleceu sobre suas inclinações políticas ou ideológicas.)

É curioso notar que aquilo que seu biógrafo Andrew Roberts chamou de "whiggismo" de Halifax — ou sua tendência para pensar em termos pragmáticos no campo político —, prevaleceu sobre suas crenças pessoais ou ideológicas e até mesmo sobre as religiosas. Em julho de 1944, Hugh Dalton anotou em seu diário uma conversa com Halifax: "Ele estava convicto de que nunca deveríamos deixar-nos chegar ao ponto de pensar o que seria melhor: uma cooperação com os americanos ou com os russos? Devemos empenhar-nos ao máximo com os dois e, sobretudo, devemos sempre tratar os russos com a maior consideração, nunca deixando-os pensar que temos segredos com os americanos dos quais estão excluídos."[28] Halifax ainda era embaixador em Was-

---

27 CA, 20/ 2.

28 *The II* World War Diaries of Hugh Dalton, p.767. Compare Halifax aqui com o Churchill de outubro de 1943, como ele se acha relatado por Pownall, em *Chief of Staff* 2: p.109-10: "Churchill não gosta nem um pouco dos russos e de seus modos, e não

hington, em março de 1946, quando Churchill fez seu famoso discurso em que menciona a cortina de ferro, em Fulton, Missouri. Halifax estava de cama com gripe e ditou algumas linhas à sua mulher para serem entregues a Churchill. Em essência, dizia que Churchill não deveria ter sido tão duro com a Rússia soviética, que Stalin "havia entendido completamente errado o que você disse em Fulton" e que por conta da relação entre os dois países durante a guerra Churchill devia pensar em ir a Moscou para conversar com Stalin.[29] (Muito próprio de um pilar da Igreja Anglicana. Alguém, certa vez, perguntou a Churchill sobre sua relação com a Igreja. Seria ele um pilar da Igreja — talvez como Halifax? Não, respondeu Churchill. Mas ele era um dos suportes.)

* * *

Voltando a junho de 1940, passemos rapidamente em revista os grandes acontecimentos do verão, durante o qual Churchill foi transformado em salvador da Inglaterra.[30] Em 4 de junho, Dunquerque rendeu-se aos alemães. Seis dias depois, Mussolini declarou guerra. Uma semana depois se dá a capitulação da França diante de Hitler. Este país ainda esperava ouvir notícias promissoras da Inglaterra. Mas não houve nenhuma. O povo inglês via-se agora fortalecido pela liderança de Churchill e por suas palavras.[31] Em 16 de julho, Hitler emitiu sua diretriz, de certo modo cautelosamente elaborada, visando à preparação para inva-

---

tinha qualquer ilusão sobre eles. Se estão fazendo o que estão fazendo (e por sinal, muito bem) é para salvar a própria pele. A política futura deles será de acordo apenas com o que lhes convém e ninguém mais terá importância. Uma razão a mais, é claro, para manter-nos junto dos Estados Unidos."

29 Documentos de Halifax, A. 7. 7. 18. Churchill então telefonou (em 14 de março) para Lady Halifax: agradecia a sugestão, mas disse que não poderia fazer isso: "Seria como ter um cão raivoso em seus calcanhares, é como se eu tivesse ido procurar Hitler antes da guerra."

30 Essa denominação aparece numa das notas biográficas de pé de página em A.J.P. Taylor, *English History*.

31 Os índices indicadores da opinião pública, no que diz respeito à aprovação ou desaprovação do primeiro-ministro, são os seguintes: Chamberlain: novembro de 1939, 68%; janeiro de 1940, 56%; 9-10 de maio de 1940, 32%. Churchill: julho de 1944, 88%, 7% de desaprovação e 5% de indecisos.

dir a Inglaterra. Três dias mais tarde, ele fez seu discurso da vitória, longamente preparado, em que fazia uma última proposta de paz à Inglaterra e atacava Churchill em termos violentos. Não houve resposta de Londres. Em 31 de julho, Hitler convocou seus generais para dizer-lhes que se preparassem para uma guerra contra a Rússia soviética. Havia mais cálculo do que loucura nessa decisão. Ele disse que para a Inglaterra só havia duas esperanças: os Estados Unidos e a Rússia. Contra os Estados Unidos, ele nada podia fazer. Mas se a Rússia fosse eliminada, a última esperança britânica de um possível aliado na Europa teria desaparecido, e os americanos estariam ocupados com o Japão.

Nesse mesmo dia, 31 de julho, Franklin Roosevelt começou a agir. Até o final de julho, ele ainda não sabia ao certo se a Inglaterra conseguiria agüentar-se; caso não conseguisse, o Novo Mundo receberia a frota britânica.[32] Ele agora preparava-se para contornar o Congresso e oferecer cinqüenta destróieres velhos à Inglaterra, rompendo drasticamente a neutralidade americana. Isso foi anunciado entre 2 e 3 de setembro, exatamente um ano após a Inglaterra ter entrado em guerra contra a Alemanha. Nesse meio tempo, a Batalha da Grã-Bretanha prosseguia nos ares. Os alemães não derrotaram a força combativa dos ingleses. Em 7 de setembro, Hitler ordenou que se dirigisse a ofensiva aérea para o bombardeio de Londres. Em 16 de setembro, ele adiou o projeto de invasão. Quatro dias mais tarde, encurralou os vorazes japoneses numa aliança expressamente articulada para fazer frente aos Estados Unidos. No último dia do ano, o presidente Roosevelt anunciou

---

32 Ver o desenvolvimento da troca de comunicados entre ele e Churchill durante esse verão, em *Churchill and Roosevelt: The Complete Correspondence*. Essa coleção importante e única (os dois trocaram mais de 2.000 cartas durante a guerra, fora suas conversas freqüentes pelo telefone que não foram registradas) está prejudicada por alguns tolos comentários à margem feitos pelo organizador, Warren F. Kimball. Por exemplo, sobre a correspondência dos dois dias cruciais de 14 e 15 de junho, Kimball escreve que Churchill, "muito perturbado ... achou necessário avisar Roosevelt de que não se devia esperar que a Grã-Bretanha lutasse sozinha sem contar com a real esperança de uma intervenção militar americana. A ameaça de que um governo pró-germânico talvez substituísse seu Ministério era a primeira que fazia, e também foi essa uma das raríssimas vezes em que Churchill se desviou de sua estratégia de frisar que a Inglaterra estava disposta a lutar até o doloroso final." Isso não foi dito pela primeira vez; nem era uma ameaça, mas um aviso de que alguma coisa tinha de ser pensada; e tampouco significava que Churchill houvesse "desviado".

a Lei de Empréstimos e Arrendamentos em apoio à Inglaterra, ao mesmo tempo que afirmava serem os Estados Unidos, daqui para frente, o arsenal da democracia.

Londres agora era a capital da liberdade, uma fonte de esperança para os milhares de europeus que ouviam todas as noites a British Broadcasting Corporation. Essa situação encorajadora iria perdurar por toda a guerra. Mas, muito antes do fim, já se começara a sentir que o preço da vitória sobre Hitler seria uma Inglaterra diferente, uma outra civilização — e não apenas porque a Inglaterra não pudesse vencer a guerra sozinha. Os germes desses desdobramentos já estavam latentes nos primeiros dias de junho.

No domingo, 9 de junho, Charles de Gaulle voou para Londres pela primeira vez. "A capital inglesa tinha uma aparência de tranqüilidade, de quase indiferença. As ruas e os parques cheios de pessoas que pacificamente saíam para caminhar, as longas filas nas entradas dos cinemas, os muitos carros, os porteiros de ar imponente do lado de fora dos clubes e hotéis pertenciam a outro mundo que não o que estava em guerra." Sua conclusão não foi otimista: "O grosso da população não tinha idéia da gravidade dos acontecimentos na França ... Estava claro que na cabeça dos ingleses o Canal era ainda muito largo."[33] A Londres elegante talvez tenha decepcionado de Gaulle, contudo (é verdade, o Canal era ainda muito largo), as reações (e as lembranças) dos homens e mulheres ingleses não eram decepcionantes. Mrs. Robert Henrey lembrava-se desses primeros dias de junho: "É sempre uma alegria caminhar por Londres, ... suas cores tão fulgurantes me deixam cega. Como são elegantes as mulheres em Fortnum e em Mason! Quantos carros de luxo em Piccadilly."[34] Mrs. Henrey, à vista disso, sentiu-se mais fortalecida. E assim muitos outros; estrangeiros e anglófilos, estivessem ou não em Londres: eles viam a elegância e a calma imperturbável como símbolo vivo da alta civilização burguesa ocidental que representava a própria antítese da brutalidade maciça encarnada por Hitler e os alemães.

---

33 Charles de Gaulle, *War Memoirs*, p.62-63.

34 Henrey, *London Under Fire*, p.15.

Então veio a queda da França. Em março de 1938, o general Pownall citou as palavras da rainha Elizabeth, no século XVI: "Quando chegar o último dia do reinado da França, inquestionavelmente virá a destruição da Inglaterra."[35] Em 16 de junho de 1940, escreveu Pownall em seu diário: "Em Londres, dificilmente pode-se dizer que as pessoas estão alegres, não se tem muitos motivos para alegrar-se. Mas elas estão calmas e resignadas com a probabilidade de que, quando Hitler terminar com a França, ele se voltará para a Inglaterra. Elas naturalmente não sabem o que quer dizer o poderio alemão voltado para um país." No dia seguinte escreveu ele: "Como nações, nos tornamos balofos e preguiçosos. Possuímos grandes impérios, adquiridos para nós com o suor e o sangue de nossos antepassados, mas não tivemos cuidado suficiente para defendê-los. Hilter, pelo menos, suscitou o espírito de sacrifício em sua nação — entre nós, não existe um tal espírito de devoção.... As democracias são deficientes, na guerra e nos preparativos para a guerra, quando comparadas com as autocracias; acrescente-se a isso o enfraquecimento do moral que a democracia acarreta com sua complacência para com o povo e com sua competição por votos."[36] Ele achava que os versos abaixo, de Henry VI, parte 1, ato 1, cena 1, eram "curiosamente apropriados":

GLOUCESTER. Paris está perdida? Rouen rendeu-se?
EXETER. Como foram perdidas essas cidades? Que traição foi usada?
MENSAGEIRO. Nenhuma traição, mas falta de homens e de dinheiro;
Entre os soldados, murmura-se —
Que aqui vós sustentais diversas facções,
E que, enquanto se deveria ordenar e travar uma batalha,
Vós estais em disputa com vossos generais:
Um queria uma guerra de escaramuça com pouco custo;
Outro queria fugir rapidamente, mas lhe faltavam asas:
Um terceiro pensa que sem qualquer gasto,
A paz poderia ser feita por meio de belas e brilhantes palavras.
Acordai, acordai, nobres da Inglaterra!

---

35 *Apud* Raleigh, *English Voyages of the Sixteenth Century*, p.70.
36 Pownall, *Chief of Staff*, p.368-69.

Esses versos shakespeareanos eram “curiosamente apropriados” em mais de um sentido. Mas Pownall era pessimista demais com relação aos efeitos da queda da França e talvez também com relação à democracia. Um homem muito diferente de Pownall foi George Orwell. Ele também não se sentia motivado por aquilo que Mrs. Henrey enxergava. Mais tarde, nesse ano, Orwell escreveu que “a lady num carro Rolls-Royce é mais prejudicial ao moral do que uma esquadrilha de bombardeiros de Goering.” Talvez nisso ele se enganasse.[37] No entanto, em 1940, o patriotismo de Orwell (e seu tradicionalismo) assomou-se para dominar sua democrática consciência de classe. Em 1944, em “The English Class System” (“O sistema de classe inglês”), ele escreveu: “É significativo que, num momento de desastre, o melhor homem para unir o país fosse Churchill, um conservador de origem aristocrática.” (E não menos significativo é o fato de, em 1947, Orwell ter dado o nome de Winston Smith ao herói de seu romance *1984*, que, tendo nascido e sido assim batizado em 1945, realizou seu primeiro ato de revolta contra a opressão e o obscurantismo ao levantar o copo e fazer um brinde ao passado.)

“Conservador” e “aristocrático”: devemos, pela última vez, considerar esses adjetivos. Beaverbrook — outro homem muito diferente tanto de Pownall como de Orwell — recordava-se num discurso de 1964: “Estávamos muito mal preparados. O perigo estava além de nossa compreensão. Churchill, depois de assumir o cargo de primeiro-ministro, me disse: ‘No final vamos vencer, mas não sem perder as penas de nossa cauda.’”[38] Seria mais do que as penas da cauda — mas talvez essa não fosse a questão. O “reacionário” Churchill (e era assim que homens tão diferentes quanto Halifax e Hitler o consideravam) era mais e, ao mesmo tempo, menos conservador do que muitos homens de seu partido. Ele era mais e, ao mesmo tempo, menos aristocrático do que alguns de seus críticos ingleses, muitos dos quais devem ter pensado que sem as penas da cauda não haveria respeitabilidade. Chips Channon, um partidário fervoroso de Chamberlain, que não confiava

37 Certamente não tão errado quanto o escritor refugiado alemão Franz Borkenau, que Orwell citou em seu diário do tempo da guerra: “Franz Borkenau diz que a Inglaterra sem dúvida está agora no primeiro estágio da revolução” (p.341).

38 Citado em Smith, *The English Reader*, p.120.

e não gostava de Churchill, escreveu em seu diário na noite de 28 de maio, quando Churchill havia conseguido sua vontade: "Tenho toda a certeza de que existe um complô em marcha para alijar Halifax e todos os *gentlemen* da Inglaterra do governo e até mesmo da Câmara dos Comuns."[39] Todos os *gentlemen* da Inglaterra... Vimos que não eram poucos os que, principalmente entre os membros conservadores da Câmara, achavam Churchill não ser propriamente um *gentleman*. Eles cruzaram os braços em maio, não muito inclinados a aplaudir Churchill. Em junho, o silêncio de muitos das *tories* era "sinistro." Foi somente em julho que a maioria dos conservadores no Parlamento achou que era melhor expressar sua lealdade a Churchill.[40] Eles haviam sido eleitos em 1935, quase todos partidários de Chamberlain em 1937 e convencidos de que encarnavam a opinião das pessoas respeitáveis da Inglaterra. Respeitabilidade era o ponto chave. (Alguém que conheceu os dois disse-me certa vez: "eu respeitava Halifax mais do que gostava dele," mas "eu respeitava Churchill menos do que gostava dele.")

O arraigado conservadorismo do povo britânico — diferente do conservadorismo político e social dos parlamentares — era um grande patrimônio em 1940. A grande maioria não sabia — ou melhor, nem sequer chegava a conceber — que a Inglaterra poderia perder a guerra. Em seu patriotismo (um tipo de patriotismo antiquado e não um nacionalismo moderno), havia naturalmente um componente de orgulho tanto quanto de sentido de história. Podemos ter uma idéia disso num comovente trecho de um diário escrito por uma sensível mulher de classe média, em 5 de junho: "Hoje fui prolongando meu café da manhã para ficar lendo e relendo as notícias da evacuação de Dunquerque. Sentia como se dentro de mim houvesse uma harpa que vibrava e cantava — como a sensação de estar numa colina de zimbros sob um sol quente e brilhante ou de ver de repente, como quando se anda pelo parque, um grande canteiro de papoulas vermelhas, delgadas e lumino-

39 Citado em Lukacs, *The Duel*, p.100.

40 Roberts, em *Eminent Churchillians*, falando da oposição dos *tories* a Churchill: "A lenda precisa, portanto, juntar os inúmeros fragmentos espalhados por centenas de fontes públicas e particulares. Quando isso é feito, o quadro que emerge é radicalmente diferente da versão aceita pelos *tories*" (p.138). Eles odeiam "o homem intempestivo" (p.160). Mesmo depois de julho de 1940, e ao contrário do que muitos historiadores haviam escrito: "o Partido Tory ainda suspeitava dele" (p.183).

sas, em todo seu magnífico esplendor. Esqueci que era uma mulher de meia-idade, quase sempre cansada e com dores na coluna ... Era uma manhã muito quente e o trabalho foi um pouco atrasado, mas de certa maneira achei que tudo valia a pena e me senti feliz por ser da mesma raça dos salvados e dos salvadores."[41]

O povo inglês não sabia o quanto eram antiquadas as condições de seu país, quando comparadas com as da Alemanha de 1940. Isso não era só com relação aos armamentos e às táticas militares; era também com relação à estrutura das duas sociedades. Na Inglaterra, as tradições da democracia e do sistema de classes eram velhas; comparadas com essas, as instituições e a desenvolvida estrutura social da Alemanha de Hitler, com seu caráter populista e folclórico, eram mais modernas.[42] As condições da indústria e da finança inglesas, os hábitos, as modas, as formas de comunicação, os modos de se comportar e pensar dos ingleses eram ainda antiquados no sentido literal da palavra. Não basta atribuir tais condições ao cansaço nacional ou à decadência apática que se seguiu à I Guerra Mundial. Havia muitos hábitos, físicos e mentais, do final da era vitoriana ou pertencentes aos tempos edwardianos, que persistiam em 1940. Percebia-se isso nos sons, nos cheiros, no visual: a música de órgão nos cinemas, a fumaça de carvão, os vestidos floridos sobre a relva, o gosto por chá forte e por chocolate fraco, os clérigos

---

41 *Nella's Last War*, p.62.

42 Uma prova disso, surpreendente e chocante, estava no fracasso da evacuação das crianças de Londres no início da guerra (o plano do governo para o caso de possíveis ataques aéreos). Mais de um milhão de crianças da classe operária foram enviadas para casas de classe média no campo, quase sempre acompanhadas das mães. "O esquema [isso foi escrito na primavera de 1940] redundou em fracasso, e o trabalho do sociólogo é agora o de relatar o acontecido ... Segundo consta, centenas de anfitriões nas áreas de recepção ficaram descontentes e não estavam dispostos a passar pela experiência com novos visitantes, e centenas de mães voltaram para as zonas de perigo com a idéia firme de nunca mais voltar" (*War Begins at Home*, p.296). Um observador da M-O relatou: "A distância que separa os anfitriões de classe média e as crianças evacuadas, filhas de operários, é qualquer coisa de intransponível; a extrema penúria de algumas crianças [excessivamente sujas e com verminose] causa horror nas pessoas de classe média. Houve um caso em que uma mulher ficou louca com a imundice e as doenças de duas crianças. Não é certo que ela se recupere" (p.312). Um outro relata que "O principal obstáculo do esquema de evacuação foi o de se ter subestimado a diferença existente entre as várias camadas da população" (p.306). Coisas como essas não acontecem no Terceiro Reich.

anglicanos com suas polainas, o silêncio dos clubes e as conversas nos *pubs*. Examinando algumas cartas particulares dessa época — do ponto de vista não só do conteúdo, mas também do tipo de papel e da escrita à mão —, tem-se a sensação de um lugar e de um período que estão *velhos*. O choque dos meses de maio e junho de 1940, além da liderança de Churchill, representou um magnífico avanço no que toca não só à unidade nacional como também à rigidez da disciplina e à dureza do trabalho. Mas 1940 era ainda o fim de toda uma era — ou melhor, o início de seu fim.

* * *

Churchill via Hitler e seu Reich como a encarnação de algo mau e perigoso, tendo algumas fontes brutais bastante antigas, mas outras que eram alarmantemente novas. E sua visão era tal que ele se tornou não somente salvador da Inglaterra, mas também de muito mais — essencialmente, de toda a Europa. Ele tinha perfeita consciência disso. Em 28 de maio falou "da causa mundial a que nos devotamos." Em 14 de julho, declarou que a Grã-Bretanha estava lutando "sozinha, mas não apenas para si". Londres "era esta forte Cidade de Refúgio que abriga os títulos de propriedade do progresso humano e que é de profunda importância para a civilização cristã." Em 1941, numa transmissão para os Estados Unidos, disse: "Nestas ilhas britânicas, que parecem tão pequenas no mapa, estamos nós, os guardiões fiéis do direito e das mais caras esperanças de vários Estados e nações, hoje presos a uma base de poder e ali atormentados por cruel servidão." Essa preocupação com a Europa havia sido uma das principais diferenças entre as visões de Churchill e de Halifax, e, de fato, da maioria dos conservadores.[43] As memórias de seu ancestral Marlborough e os componentes edwardianos de seu caráter podem tê-lo motivado. Mas havia

43 Andrew Roberts: Halifax "cometeu um erro desastroso ao tentar tomar como base para as negociações políticas dos problemas europeus suas experiências indianas nas negociações com o Congresso" (*The Holy Fox*, p.41). Kenneth Rose: "O que mancha a memória dos chamados apaziguadores não é o fato de eles se terem deixado vencer pelas realidades econômica e estratégica de uma política de defesa; é o sicofantismo com que presenciaram a escravização humilhante da Europa" (*King George V*, 84).

mais do que isso. Churchill nem por um momento acreditou que a Inglaterra e o Império poderiam continuar subsistindo numa Europa inteiramente dominada pela Alemanha. Se o preço da independência e da democracia na Inglaterra acabasse sendo a transferência de boa parte do fardo imperial para os americanos, paciência; e se o preço da vitória na guerra fosse a aceitação tácita do domínio russo sobre grande parte da Europa oriental, isso também era inevitável: pois metade da Europa (que abrangia naturalmente toda a Europa ocidental) era melhor do que nada.[44]

Muito já se disse sobre sua visão e estratégia. E isso tudo podemos ver em retrospecto. Mas é importante que se saiba que, em essência, essa visão e estratégia já existiam desde maio e junho de 1940, quando a libertação da Europa, idealizada e conduzida pelos ingleses, estava longe de ser imaginada. Ao contrário: esse foi o momento em que tanto opositores ingleses como muitos dos povos derrotados da Europa ocidental estavam inclinados a aceitar o colapso da democracia parlamentar e a procurar algum tipo de acomodação com o triunfante Terceiro Reich. O rei Leopoldo e o marechal Pétain não foram casos únicos, houve um momento em que muitos, talvez a maioria, dos parlamentares da Holanda, Bélgica, Dinamarca e, naturalmente, da república francesa se moviam nessa direção. Esse estado de coisas logo — por volta de outubro de 1940 — iria mudar, porque a Inglaterra estava conseguindo agüentar-se, e por causa de Churchill. Sua referência a Londres como guardiã da civilização ocidental não era fruto de mera retórica: havia a presença de reis e rainhas da Europa ocidental exilados e vivendo em mansões, havia a presença colorida de seus soldados e marinheiros uniformizados pelas ruas (entre os quais os corajosos poloneses, centenas deles), havia concertos de Bach em seus escuros salões vitorianos, e havia o sinal — o primeiro compasso da Quinta Sinfonia de Beethoven — da British Broadcasting Corporation, que marcava o início das transmissões européias.

---

44 Mas Churchill também sabia que os limites da ocupação russa da Europa oriental tinham de ser definidos e mantidos tão longe do centro quanto possível (com relação a esse ponto, os americanos não estavam de acordo com ele), e que, como disse a de Gaulle em novembro de 1944, o domínio russo não duraria ("Depois da refeição vem a digestão"). Para Colville, em 1953, no Dia de Ano-bom, ele predisse que por volta dos anos de 1980 o comunismo teria desaparecido da Europa oriental.

Meio século mais tarde, surgiu uma nova geração de críticos de Churchill: uns lhe criticavam os pontos de vista, outros, as suas resoluções e ainda outros que criticavam as duas coisas. Sem contar com os críticos extremados ou simpatizantes do nazismo, temos as obras de historiadores profissionais como Maurice Cowling, David Reynolds, Sheila Lawlor, ou John Charmley (este, apoiado fortemente por Alan Clark). Aqui não não cabe descrever ou analisar detalhadamente suas obras, mas a essência de suas críticas revisionistas pode ser, assim, resumida: que Churchill não tinha qualquer plano em maio de 1940, a não ser o de continuar a guerra, na esperança de que alguma coisa sucedesse (à maneira de Micawber), embora ele mal soubesse o quê;[45] que o ódio obsessivo de Churchill por Hitler pode tê-lo cegado, pois se tivesse aceito uma acomodação com Hitler no mais tartar até 1941, o Império talvez tivesse sido salvo. Esse argumento tem sido também apresentado por certos historiadores alemães, especialmente por Andreas Hillgruber,[46] cujo maior empenho é o de mostrar que o principal objetivo de Churchill não era apenas a destruição de Hitler, mas tam-

---

45 Damos aqui exemplos de Sheila Lawlor (uma respeitável historiadora), tirados do seu *Churchill and the Politics of War* (*Churchill e a política da guerra*): "A provocadora biografia de John Charmley... tem sido usada igualmente por defensores e detratores no sentido de desfazer a aparência de mito que Churchill teceu em torno da própria conduta. Mas no que toca aos primeiros anos da guerra, o tratamento não é controvertido" (p.18) "Aparência de mito": é uma possibilidade, mas quanto ao "não controvertido": isso nunca. Lawlor continua: Churchill "foi ajudado pelos próprios acontecimentos — a queda da França, Holanda e Bélgica, além do ataque à Grã-Bretanha — e pela maneira como reagiu a eles. Suas características anteriores de reagir bombasticamente..." (p.43) Como, então são duas diferentes reações? "A decisão de Churchill de prosseguir com a guerra era mais razoável e tinha mais a ver com o que achavam Chamberlain e Halifax do que deixa supor sua retórica, mas foi exatamente sua retórica que, no verão de 1940, deu motivos para que se iniciasse sua caricatura do tempo da guerra" (p.87) Caricatura? Melhor seria dizer imagem: pois uma imagem não é independente da realidade, ao passo que uma caricatura é apenas uma parte dela. Sobre Chamberlain, diz ela: "Churchill, apesar de insistir em que não havia bode expiatório, que eram todos igualmente responsáveis, que todos eram culpados, não parou com suas críticas" (p.89). Não é verdade, ele parou: e o resultado foi muito benéfico para seu relacionamento com Chamberlain.

46 Hillgruber, um dos principais historiadores alemães da II Guerra Mundial, escreveu em seu volumoso e importante livro *Hitlers Strategie*, p.144 n. 1, que, "quanto a Hitler", suas ofertas à Inglaterra tinham um "significado sério" e "eram subjetivamente honestas."

bém a da própria Alemanha, numa política imperialista irracional de resultados lamentáveis. Que os alemães não tenham apreço por Churchill é compreensível. Mas seria justificável? Quem mais se interpôs no caminho de Hitler em 1940 — e quem estava comprometido com a restauração da lei e da democracia na Europa ocidental, inclusive na própria Alemanha?

* * *

Comecei esse capítulo, intitulado "Sobrevivência", com a frase: "tivesse Hitler vencido a guerra estaríamos vivendo num mundo diferente." E agora, no fim do capítulo, ou melhor, deste pequeno livro, devo mudar-lhe a dinâmica para finalizar com um *fortissimo*. No fim de maio de 1940 e ainda durante algum tempo depois, não somente o fim de uma guerra européia mas também o fim da civilização ocidental estavam próximos. Churchill sabia disso, inspirado por um tipo de consciência histórica que se vinculava a alguma coisa mais do que a uma retórica cativante. Damos aqui dois exemplos. Em 31 de maio, quando ele havia voado a Paris e impressionara pelo menos Reynaud com a força de sua determinação, ele também disse, ao término da reunião: "Se a Alemanha derrotar qualquer um de nós, ou ambos, ela não se mostrará clemente; estaremos *para sempre* reduzidos à condição de vassalos. Seria muito melhor se a civilização da Europa ocidental, com todas as suas realizações, encontrasse um fim trágico, mas esplêndido, do que se as duas maiores democracias continuassem a existir destituídas de tudo o que faz a vida digna de ser vivida." Dezenove dias mais tarde, quando a França caiu, ele voltou a bater na mesma tecla, com a mesma intensidade. "Se Hitler vencer e nós cairmos", disse ele, "então o mundo inteiro, inclusive os Estados Unidos, inclusive tudo aquilo que conhecemos e amamos, irá mergulhar no abismo de uma nova idade obscurantista, talvez ainda mais sinistra, talvez ainda mais *prolongada*, pois contará com as luzes de uma ciência pervertida."

Esses grifos são meus. Churchill havia entendido uma coisa que até hoje muitas pessoas não entendem. A grande ameaça à civilização ocidental não era o comunismo. Era o nacional-socialismo. A grande força no mundo, a mais dinâmica de todas, não era a Rússia soviética. Era o Terceiro Reich da Alemanha. O maior revolucionário do século XX não foi Lenin nem Stalin. Foi Hitler. Hitler não conseguiu somente fundir o nacionalismo e o socialismo numa força tremenda; ele tornara-se um novo tipo de governante que representava um novo tipo de nacionalismo populista. E mais, os remanescentes da velha ordem (ou desordem) não eram capazes de resistir-lhe; de fato, alguns de seus representantes conservadores, na Alemanha e em outras partes, estavam inclinados — por muitas razões, entre essas o medo do comunismo — a comporem-se com ele. Foi assim que em 1940 o veremos como representante de uma nova corrente.[47] Seu maior oponente reacionário, Churchill, era como o rei Canuto, tentando resistir a essa corrente e ao mesmo tempo fazê-la retroceder. E — *mirabile dictu* — esse rei Canuto conseguiu: por causa de sua determinação e — permita-me dizer — por causa da vontade de Deus, da qual, como todo ser humano, ele foi apenas um instrumento. Sem dúvida, Churchill não era santo, tampouco um homem religioso, e tinha muitas falhas. No entanto, ele conseguiu.

Se Hitler tivesse vencido, sua nova ordem também não teria durado para sempre, embora pudesse ter persistido por longo tempo. Em 1989, escrevi um livro sobre o duelo entre Churchill e Hitler em 1940. Agora, dez anos depois, podemos ver que, em 1989, não somente todo um século estava fechando-se, (o curto século XX que vai de 1914 a 1989), mas também que se fechava toda uma época, uma época que começara cerca de 500 anos atrás e que era, entre outras coisas, caracterizada pela luta e pela coexistência crescente da aristocracia com a democracia, sendo que, enquanto a segunda foi gradualmente firmando-se, a primeira foi gradualmente enfraquecendo. Agora começamos a viver numa época em que os remanescentes da época anterior se foram e em que a democracia global — inquestionada, com suas imprevisíveis circunstâncias, condições e perigos — está começando. Este não é o lugar nem o momento para se especular sobre isso. Mas o que precisamos entender é que a história dos 50 anos compreendidos entre

---

47 "Eu podia ouvir aquele tambor repercutindo diretamente da terra," recordou posteriormente Enoch Powell. "Powell percebia que a mente de Hitler estava voltada para guerra; pior, ele acreditava que os nazistas venceriam," escreve Derek Turner em "A Valediction for Enoch Powell", *Chronicles* (novembro, 1998). (Powell possuía um excelente histórico de guerra; ele tornou-se o mais jovem general de brigada do exército inglês.)

1940 e 1990 é inseparável do que aconteceu em 1940, assim como a Guerra Fria não foi senão um resultado da II Guerra Mundial. Na melhor das hipóteses, a civilização pôde sobreviver, e pelo menos uma pequena parcela disso se deve a Churchill em 1940. Na pior das hipóteses, ele ajudou a nos dar — especialmente a aqueles de nós que não são mais jovens mas que eram então — 50 anos. Cinqüenta anos antes que surjam novos tipos de barbarismos não encarnadas pelo poderio armado alemão ou russo, antes que nuvens de uma nova Idade das Trevas possam escurecer a vida de nossos filhos e netos. Cinqüenta anos! Talvez tenha sido suficiente.

Bibliografia

Fontes não publicadas

PUBLIC RECORD OFFICE, LONDRES/KEW

CAB 65 Conclusões do Gabinete de Guerra e apensos confidenciais
CAB 66 Memorandos do Gabinete de Guerra
CAB 69 Comitê de Defesa e Anexo Confidencial
CAB 99 Reuniões do Supremo Conselho da Guerra
CAB 127 Documentos oficiais particulares (Horace Wilson)
PREM 3 Documentos do primeiro-ministro
PREM 4 Documentos do primeiro-ministro
WO 216 Comandante-em-chefe da guarda imperial
INF Documentos do Ministério da Informação
FO 371 Documentos do Ministério das Relações Exteriores
FO 408 Documentos do Ministério das Relações Exteriores
FO 800 (800/323 Halifax 800/326 Mallet) Documentos do Ministério das Relações Exteriores
FO 1011 Documentos do Ministério das Relações Exteriores

CHURCHILL ARCHIVES, CHURCHILL COLLEGE, CAMBRIDGE (CA e CH/A)

1/ 355 1940 Correspondência
2/ 394-401 1940 Seção pessoal
20/ 1/ 8 Correspondência
22/ 3 Notas e correspondência do Gabinete

Documentos de Chartwell Household
Churchill. Correspondência particular
Cadogan, Sir Alexander. Diários
Colville, John. Diários
Cooper, Alfred Duff, Conde de Norwich. Diários e documentos
Halifax, Conde de. Documentos microfilmados (Ver também em York.)
Hankey, Lord Maurice. Diários e documentos
Jacob, Sir Ian. Diários
Margesson, Visconde David. Diários
Reeves (Emery: Révséz). Documentos
Vansittart, Sir Robert. Diários

Outras Fontes não Publicadas

Alanbrooke, Visconde (Sir Alan Francis Brooke). Documentos. King's College, Londres
Arquivos do Mass-Observation. University of Susse Falmer/Brighton
Astor, Nancy. Documentos. University of Reading
Butler, R.A. Documentos. Trinity College, Cambridge
Chamberlain, Neville. Documentos. University of Birmingham
Dalton Hugh. Documentos. London School of Economics
Eden, Anthony (Conde de Avon). Documentos. University of Birmingham
Esnouf, G.N. "British Government War Aims and Attitudes Toward a Negotiated Peace, September 1939 to July 1940" ("Objetivos e posturas do governo britânico com relação à paz negociada, de setembro, 1939 a julho, 1940" PH.D. diss., Cambridge, 1988. Na Biblioteca do King's College, Londres.
Halifax, Conde de. Documentos. Borthwick Institute, University of York
Ismay, Lord Hastings. Documentos. King's College, Londres
Lawlor, Sheila. "British Polices an Strategy, may 1940-march 1941" Ph.D. diss., Cambridge, 1980
Lloyd George, David. Documentos. House of Lords Record Office, Londres
Nicolson, Harold Papéis. Balliol College, Oxford

Fontes publicadas

Coletânea de Documentos

ADAP *Akten zur deutschen auswärgigen Politik, 1918-1945*, série D, vols.10, 11. Frankfurt e Bonn, 1961-65

AOK/KTB *Armeeoberkommando/ Kriegstagebuch des Oberkommandos der Wehrmacht.* P. Schamm, ed. Frankfurt, 1961-65

BBC/WAC BBC Centro de arquivos manuscritos. Caversham Park, Reading

Churchill And Roosevelt: The Complete Correspondence, vol.1 W. Kimball, ed. Princeton, 1985

The Churchill War Papers. Companion Volume 2. Martin Gilbert, ed. Nova York, 1995

DDI *Documenti diplomatici italiani, 1939-1943,* série 9, vol.4 Roma, 1965

Hansard House of Commons Record of Sessions (Registros das sessões da Câmara dos Comuns)

Hitler, Adolf. *The Testament of Adolf Hitler: The Hitler-Bormann Documents, February-April 1945.* Londres, 1959

Diários e Memórias

Allingham, Margery. *The Oaken Heart.* Nova York, 1941

Amery, Leo. *My Political Life,* vol. 2 Londres, 1955

_____. *The Empire at Bay: The Loe Amery Diaries, 1929-1945.* Londres, 1988

Among You Taking Notes: The Wartime Diary of Naomi Mitchison, 1939-1945. Dorothy Sheridan, ed. Londres, 1985

Baffy: The Diaries of Blanche Dugdale, 1936-1947. Norman Rose, ed. Londres, 1967

Boothby, Robert. *I Fight to Live.* Londres, 1967

Brittain, Vera. *England's Hour.* Nova York, 1941

The Diaries of Sir Alerxander Cadogan. David Dilks, ed. Londres, 1971

Chips: The Diaries of Sir Henry Channon. Robert James Rhodes, ed. Londres, 1967

Clark, Kenneth. *Another Part of the Wood: A Self-Portrait.* Nova York, 1974

Colville, John. *The Fringes of Power: Downing Street Diaries, 1939-1945.* Londres, 1985

Cooper, Duff. *Old Men Forget.* Londres, 1953

Dalton Hugh. *The Fateful Years: Memoirs, 1939-1945.* Londres, 1957

_____. *The Second World War Diary of Hugh Dalton, 1940-1945.* Ben Pimlott, ed. Londres, 1988

de Gaulle, Charles. *The Call to Honour, 1940-1942.* Vol.1 de *War Memoirs.* Londres, 1955

Eden, Anthony. *The Reckoning.* Londres, 1965

Engel, D. *Heeresadjutant bei Hitler, 1938-1943,* Stuttgart, 1974

Forrestal, James. *The Forrestal Diaries.* Walter Millis, ed. Nova York, 1951

Halder, F. *Kriegstagebuch, 1939-1942.* H. Jacobsen, ed. Stuttgart, 1962

Halifax, Conde de. *Fulness of Days.* Londres, 1957

The Diplomatic Diaries of Oliver Harvey. Londres, 1970

Henrey, Mrs. Robert. *The Siege of London.* Londres, 1946

Hewison, Robert. *Under Siege: Litterary Life in London, 1939-1945.* Londres, 1988

Ironside, William Edmund. *The Ironside Diaries, 1937-1940.* Roderick Macleod e Denis Kelly, eds. Londres, 1962

Ismay, Lord Hastings. *The Memoirs of Lord Ismay.* Londres, 1960

With Malice Toward None: A War Diary by Cecil H. King. W. Armstrong, ed. Londres 1970

Macmillan, Harold. *The Blast of War, 1939-1945.* Nova York, 1967

Milburns' Diary: An Engliswoman's Daily Reflections. 1939-1945. Peter Donnelly, ed. Londres, 1979

Nell'as Last War: A Mother's Diary, 1939-1945. Richard Broad e Suzie Fleming, eds. Londres, 1981

Nicolson, Harold. *1939-1945.* Vol.2 de *Diaries and Letters.* Nigel Nicolson, ed. Londres, 1967

The Collected Essays Journalism, and Letters of George Orwell: 1940-1943. Sonia Orwell e Ian Angus, eds. Londres 1968

Chief of Staff: The Diaries of Lieutenant General Henry Pownall. 2 vols. Brian Bond, ed. Londres, 1972, 1975

Raczynski, Edward. *In Wartime London.* Londres, 1962

Reith, Lord. *The Reith Diaries.* Stuart Charles, ed. Londres, 1975

Schroeder, Christa, *Er War mein Chef: Aus den Nachlass der Sekretärin von Adolf Hitler.* A. Joachimsthaler, ed. Munique, 1985

Thompson, W.H. *Fifty Minutes with Winston Churchill.* Londres, 1951

The Diaries of Evelyn Waugh. Michael Davie, ed. Londres, 1976

Woolf, Leonard. *The Journey Not the Arrival Matters: An Autobiography of the Years, 1939-1969.* Nova York, 1970

The Diary of Virginia Woolf. Vol. 5. Nova York, 1984

Outras Fontes Publicadas

Addison, Paul. *The Road to 1945: British Politics and the II World War.* Londres, 1975

_____. "Churchill in British Politics, 1940-1955." Em *The Political Culture of Modern Britain: Studies in Memory of Stephen Koss.* J.M.W. Bean, ed. Londres, 1987

Ansel, W. *Hitler Confronts England.* Durham, N.C., 1960

Aster, Sidney. *The Making of the II World War.* Londres, 1939, 1973

Bell, P.M.H. *A Certain Eventuality: Britain and the Fall of France.* Londres, 1974

_____. "British Public Opinion on the War and de French Alliance, September 1939-May 1940". Matéria datilografada em inglês de seu artigo em *Français et britanniques dans la drôle de guerre* (1979): 51-80

Birkenhead, Earl of. *Halifax: The Life of Lord Halifax*. Londres, 1965

Bond, Brian. *Britain, France, and Belgium, 1939-1940*. Londres 1975

Calder, Angus. *The People's War: Britain, 1939-1945*. Londres 1969

Cannadine, David C. *Aspects of Aristocracy*. New Haven. 1994

Charmley, John. *Churchill: The End of Glory*. Londres. 1993

Churchill, Winston Spencer. *Their Finest Hour*. Vol. 2 de *The II World War*. Boston, 1949

Colvin, Ian. *The Chamberlain Cabinet: How the Meetings in 10 Downing Street, 1937-9, Led to the II World War*. Londres, 1971

Cowling, Maurice. *The Impact of Hitler: British Politics and British Policy, 1933-1940*. Cambridge, 1975

Delpla, François. *Les Papiers secrets du général Doumenc*. Paris, 1992

_____. *La Ruse nazie: Dunkerque, 24 mai 1940*. Paris, 1992

Dilks, David. "Allied Leadership in the II World War: Churchill." *Survey* 21 n°s 1/ 2 (1975)

_____. "The Twilight War and the Fall of France: Chamberlain and Churchill in 1940." *Transactions of the Royal Historical Society*, 5ª série, vol. 28 (1978): 61-86

Feling, Keith *The Life of Neville Chamberlain*. Londres, 1946, 1970

Gates, Eleanor M. *The End of the Affair: The Collapse of the Anglo-French Alliance, 1939-1940*. Berkeley, 1981

Gilbert, Martin. *Finest Hour, 1939-1941*. Vol.6 de *Winston S. Churchill*. Boston, 1983

Gillam, Geoffrey. *Enfield at War, 1939-1945*, s/d

Green, Henry. *Caught*. Londres, 1943

Hillgruber, Andreas. *Hitlers Strategie: Politik und Kriegsführung, 1940-1941*. Düsseldorf, 1965

Howard, Anthony. *RAB: The Life of R.A. Butler*. Londres, 1987

Howard, Michael. *The Continental Commitment: The Dilemma of British Defence Policy in the Era of the Two World Wars*. Londres, 1972

Keyes, Sir Roger. *Outrageous Fortune: The Tragedy of Leopold II of the Belgians, 1901-1941*. Londres, 1984

Lamb, Richard. *The Ghosts of Peace, 1935-1945*. Londres, 1987

Lawlor, Sheila. *Churchill and the Politics of War, 1940-1941*. Cambridge, 1994

Lukacs, John. *The Last European War, 1939-1941*. Nova York, 1976

_____. *The Duel: 10 May—July 1940; The Eighty-Day Struggle Between Churchill and Hitler*. Nova York, 1991

Mass-Observation. *War Begins at Home.* Londres, 1940
Mortimer, John, *Clinging to the Wreckage.* Nova York, 1982
Moynihan, Michael, ed. *People at War, 1939-1942.* Londres, 1972
Neave, Airey. *The Flames of Calais,* Londres, 1972
Ponting, Clive. *1940: Myth and Reality.* Londres, 1990
Powell, Anthony. *A Dance to the Music of Time,* vols.7 e 8. Londres, 1964, 1966
Raleigh, Sir Walter. *English Voyages of the Sixteenth Century.* Glasgow, 1928
Reynolds, David. "Churchill and the British Decision to Fight On in 1940: Right Policy, Wrong Reasons." Em *Diplomacy and Intelligence.* R. Langhorne, ed. Cambridge, 1985
_____. *The Creation of the Anglo-American Alliance, 1937-1941.* Londres, 1989
_____. "1940: Fulcrum of the Twentieth Century?" *International Affairs,* 66 (1990).
Roberts Andrew. *The Holy Fox: A Life of Lord Halifax,* Londres, 1991
_____. *Eminent Churchillians,* Londres, 1994
Rose, Kenneth. *King George V.* Nova York, 1984
Simpson, A.W.B. *In the Highest Degree Odious: Detention Without Trial in Wartime Britain.* Londres, 1992
Smith, Godfrey, ed. *The English Reader: An Anthology.* Londres, 1988
Taylor, A.J.P. *English History, 1914-1945,* Oxford, 1965
Villelume, P. *Journal d'une défaite.* Paris, 1976
War Begins at Home: Mass-Observation. Londres, 1940
Wheeler-Bennett, Sir John. *King George VI.* Londres, 1958
_____. *Action This Day: Working with Churchill.* Memoirs by Lord Normanbrook, John Colville, Sir John Martin, Sir Ian Jacob, Lord Bridges e Sir Leslie Rowan. Londres 1968
Woodward, Sir Llewellyn. *History of the II World War: British Foreign Policy in the II World War.* 2 vols. Londres, 1971
Ziegler, Philip. *London at War, 1939-1945.* Nova York, 1995

Jornais (23-30, maio 1940)

Daily Express
Daily Herald
Daily Mail
Daily Mirror
Daily Telegraph
Illustrated London News
Manchester Guardian
News Chronicle
The Scotsman
Times (Londres)
Yorkshire Post

Créditos

Página 37 — AP / Wide World Photos. Reproduzido com permissão.

Página 44 — Dos arquivos do Imperial War Museum, Londres. Reproduzido com permissão dos curadores do Imperial War Museum, Londres.

Página 59 — Ian Colvin, *O gabinete de Chamberlain* (Nova York, 1971). frontispício

Página 74 — Fotografia de Bill Sumits, dos arquivos da revista *Life*. Reproduzido com permissão de Time Life Syndication, departamento de Time, Inc.

Página 148 — Coleção particular do Earl of Halifax, reproduzido em Andrew Roberts, *The Holy Fox: A Life of Lord Halifax* (Londres, 1991), 108.

Página 158 — *Punch, 14 de agosto, 1940. Reproduzido com permissão.*

Página 167 — Fotografia de PopperFoto / Archives Photo. Reproduzido com permissão.

Índice remissivo